beck'sche reihe

W0349014

bsr

Wozu nützt Religion? Sie hilft gegen Zufall, Leid und Tod, sagt der eine. Illusion! sagt der andere. Was ist intellektuell noch erlaubt, wenn man die Religionskritik ernst nimmt? Religion ist Opium, das mag sein – aber ist das Leben ohne Opium zu ertragen, sind nicht auch Musik und Fernsehen Opium? Ist heroischer Nihilismus angesagt, oder darf es ein postmodernes Christentum geben, das nur noch nach dem Trost, nicht mehr nach der Wahrheit fragt? Ist Christentum dann ein bloßes Therapeutikum, ein intellektuelles Sofa, auf dem sich die Denkfaulheit ausruht? Oder ist Christsein im Gegenteil ungesund? Erzeugt die christliche Nächstenliebe Neurosen? Gibt es Frömmigkeit ohne Glauben?

«... ein so bildungsgesättigtes wie unterhaltsames Buch, das in vielem an die Streitgespräche von Naphta und Settembrini im «Zauberberg» erinnert.»
Manfred Papst, NZZ am Sonntag

«Die Kunst des Briefeschreibens gehört verblichenen Jahrhunderten an. Auf welches Gedankenfeuer, auf welche Ekstasen der Subjektivität wir künftig wohl verzichten müssen, wird auf 270 Seiten anschaulich.»
Alexander Kissler, Süddeutsche Zeitung

Hermann Kurzke ist Professor für neuere deutsche Literatur an der Universität Mainz. Bei C. H. Beck erschienen von ihm: *Thomas Mann. Das Leben als Kunstwerk* (1999, Sonderausgabe 2006), *Novalis* (²2001), *Thomas Mann. Epoche – Werk – Wirkung* (³1997) und die Kirchenlied-Anthologie *Das Geistliche Wunderhorn. Große deutsche Kirchenlieder* (²2003).
Jacques Wirion ist Gymnasiallehrer, Essayist und Aphoristiker in Luxemburg. Er ist Präsident des Luxemburgischen Germanistenverbandes. 1993 hat er den Band *Saetzlinge* veröffentlicht.

Hermann Kurzke * Jacques Wirion

Unglaubensgespräch

Vom Nutzen und Nachteil der Religion für das Leben

Verlag C.H.Beck

Die erste Auflage dieses Buches erschien in gebundener Form
im Jahr 2005, die zweite Auflage 2006.

Erste Auflage in der Beck'schen Reihe. 2007

Gesetzt aus der Aldus im Verlag
Druck und Bindung: Druckerei C. H. Beck, Nördlingen
Gedruckt auf säurefreiem, alterungsbeständigem Papier
(hergestellt aus chlorfrei gebleichtem Zellstoff)
Printed in Germany
ISBN 978 3 406 54786 7

www.beck.de

Die Menschen sind ein ratlos Geschlecht. Sie wissen nichts zu tun aus sich selbst, und nicht das allergeringste fällt ihnen von selber ein. Immer ahmen sie nur die Götter nach, und je wie das Bild ist, das sie sich von ihnen machen, danach tun sie.

Pharao Echnaton in Thomas Manns Roman
Joseph und seine Brüder

Tot sind alle Götter.

Friedrich Nietzsche,
Also sprach Zarathustra

Inhalt

Vorwort 9

1. Frömmigkeit ohne Glauben 11

2. Heiliger Thomas Mann oder: Wozu Vorbilder? 28

3. Geist und Fleisch 49

4. Vom Kreuz des Fortschritts und vom Fortschreiten des Kreuzes 68

5. Die Frage nach dem Glück 86

6. Um Himmels willen 128

7. Von Krankheit und Gesundheit 141

8. Warum? Darum! Basta! Vor dem Lauf der metaphysischen Pistole 161

9. Sünde, eine Kosten-Nutzen-Rechnung 178

10. Altruismus ist ungesund! 195

11. Postmodernes Christentum? 220

12. Stichomythie 256

Druckvermerke, Quellenhinweise, Übersetzungen fremdsprachiger Zitate 271

Namenregister 278

Vorwort

Warum leide ich? Das ist der Fels des Atheismus. Das leiseste Zucken des Schmerzes, und rege es sich nur in einem Atom, macht einen Riß in der Schöpfung von oben bis unten.

Thomas Payne in Büchners Drama *Dantons Tod*

Also streichen wir die Götter! Andererseits ... andererseits neigt der Mensch – das «Engeltier» (Thomas Mann) – zur Frömmigkeit doch gerade dann, wenn er leidet! Not lehrt beten. «Wenn mir am allerbängsten / wird um das Herze sein, / so reiß mich aus den Ängsten / kraft deiner Angst und Pein.» (Paul Gerhardt) Jesus oder Valium? Oder gibt es ein Drittes, das beide entbehrlich macht: die Heiterkeit der Vernunft? Wie umgehen mit Glück und Leid, Zufall, Schmerz und Tod – das ist die zentrale Frage der Lebenskunst.

Aus einem zufälligen Anlaß und zögernden Anfängen entwickelte sich ein immer tiefer werdender Dialog, in dem zwei Lebensphilosophien, eine atheistische und eine christliche, aufeinanderstoßen. Der Originalbriefwechsel erscheint hier in einer überarbeiteten Form, einerseits gestrafft, um Banales und nur Privates erleichtert, andererseits stilisiert, redigiert und präzisiert, um die Alternativen möglichst plastisch hervortreten zu lassen.

Mainz und Luxemburg, Dezember 2004

Hermann Kurzke *Jacques Wirion*

1. Frömmigkeit ohne Glauben

Den Anfang machte eine Rezension:

Hermann Kurzke
Das gewaltige Buch unter kleinen Geistern

Pubertäre Aufsässigkeit, nicht mündige Souveränität bestimmt das Verhältnis repräsentativer Teile der deutschen Intelligenz zur Bibel. Erstaunliche Zeugnisse für diesen Sachverhalt sind hier anzuzeigen. Gleich zwei Verlage, und keine unbedeutenden, wollen die Bibel einem nicht mehr religiös, sondern nur noch kulturell an ihr interessierten Publikum anbieten. Anstatt aber die literarische Wucht der ausgewählten biblischen Bücher zum Sprechen zu bringen, sind die Autoren der Einleitungen, die den Lesern die nichtreligiöse Sicht schmackhaft machen sollen, mit Vatermord beschäftigt. Wie befangen sie sind! Wie unfrei, wie unsicher, wie von schlechtem Gewissen geplagt! Statt sich der Größe ihres Gegenstandes zu stellen, rächen sie sich an ihren unfähigen Erziehern. Statt erfrischende und verblüffende Lesarten zu finden, reiben sie sich an den abgestandenen Traumata, welche die Fehllesungen ihrer Kindheit hinterlassen haben. Daß Religion Niveau haben kann, ist ihnen entweder unbekannt oder nicht gegenwärtig. Nur ja sich nicht bei einem religiösen Gedanken ertappen lassen! Stets Überlegenheit heucheln, als gäbe es den Tod nicht, nicht Sünde und Gnade, nicht unaufhebbares Leid und nicht das Bedürfnis nach Erlösung! Die Macht der Bibel zeigt sich noch am niedrigen Niveau derer, die sie hier abtun. Man wird ihrer nicht lange gedenken, die Bibel aber wird bleiben.

[...]

Ludger Lütkehaus schließlich rechnet dem Schöpfer seine Denkfehler vor und hält es nicht für vermessen, am Ende sein eigenes Buch, eine philosophische Anti-Genesis, betitelt «Nichts», als Fortsetzungslektüre zu empfehlen. Wer ist Herr Lütkehaus, daß er sich mit Moses (oder wer immer das Buch Genesis geschrieben hat) auf eine Stufe stellt?

[...]

Auch Thomas Mann hat mit der Bibel sein Spiel getrieben, ohne deshalb den Respekt vor ihr zu verlieren. Er zeigt im Joseph-Roman auf bis heute unübertroffene Weise, wie man kultiviert mit der Bibel umgehen kann, ohne sich deshalb als Intellektueller aufzugeben. Daß Widersprüche bestehen zwischen dem wissenschaftlichen Weltbild und dem der Bibel, weiß er, aber auch, daß das Herz andere Gründe kennt als der Verstand. Er läßt sich die Bibel von der Bibelkritik nicht nehmen. Sein Verhalten zu diesem konglomerathaften Schriftmassiv, «welches bei hundert sagenhaften, anonymen, pseudonymen und mehr oder weniger historischen Verfassern als Ganzes sich selbst gemacht hat, weshalb ein volles Recht besteht, Gott seinen Verfasser zu nennen», ist pragmatisch, nicht dogmatisch. «Was ist, vernünftig gesehen, die Bibel? Sie besteht aus einer Menge sehr verschiedenartiger und unleugbar auch verschiedenwertiger literarischer Erzeugnisse des Judentums und Urchristentums: Mythen, Sagen, Novellen, Hymnen und sonstigen Dichtungen, historischen Berichten, Abhandlungen, Spruchsammlungen und Gesetzes-Codices, deren Abfassung oder richtiger deren Niederschrift sich auf einen sehr langen Zeitraum, vom fünften Jahrhundert vor bis ins zweite Jahrhundert nach Christus verteilt. Manche Bestandteile aber reichen ihrem Ursprung nach weit rückwärts über diesen Zeitraum hinaus: es sind Reste und Brocken grauen Altertums, die gleich gewaltigen Findlingen in dem Buche herumliegen.» Weit entfernt, den Rang des Buches in Frage zu stellen, gibt ihm diese Genese vielmehr seinen Wert. «Kalender der Weisung und des Trostes, Postille, Textbuch der kreisenden Feste, dessen großen, unverwechselbaren Tonfall wir in allen Stadien des Menschenlebens, bei Taufe, Hochzeit, Begräbnis vernehmen, ist das gewaltige Buch imprägniert von der Andacht, dem frommen Zutrauen, der forschenden Devotion und ehrfürchtigen Liebe langer Generationszüge von Menschen, ein Besitz des Herzens, unentwendbar, unberührbar durch irgendwelche Verstandeskritik.»

Ihre Rezension in der FAZ vom 22. Dezember 2000 über neue Bibel-Editionen und deren respektlose Einführungen hat mich verärgert. Als Mensch, der anderen zugesteht, daß sie ihren Respekt frei verteilen oder versagen, kann ich der Bibel keinen besonderen Status einräumen und keinen Schutz vor Kritik oder Respektlosigkeit zugestehen. Für mich gibt es keinen religiösen Sonderbonus, der bestimmte Texte von anderen unterscheidet. Sie mögen das als Profanierung empfinden, für mich ergibt sich die Qualität von Texten von unten her, nicht aber durch eine außertextliche Qualität wie etwa ihre Tradition und Herkunft. Autoritätsargumente suche ich hier so weit wie möglich außen vor zu lassen. Es ist zwar erstaunlich, daß man heute selten despektierliche Rezensionen über die anerkannten laizistischen Texte eines Epikur, Seneca oder Montaigne liest, und insofern kann ich Ihren Ärger, der dann wieder den meinigen hervorgerufen hat, verstehen. Was geht da in mir vor? Ich sehe – vielleicht zu Unrecht – hinter Ihrer Verteidigung der heiligen Texte die Vertreter der institutionalisierten Religionen, die immer wieder mit dieser Unantastbarkeit ihre Deutungen und ihr ungerechtes Treiben zu rechtfertigen suchten. Seit der Renaissance und der Aufklärung wurden diese Ansprüche erfolgreich angefochten, und die heiligen Texte werden seitdem zusehends ihrer Heiligkeit und Außergewöhnlichkeit entkleidet. Was bleibt, wenn man in ihnen nicht von vornherein vom Heiligen Geist inspirierte Äußerungen erkennen will? Ein Geschichtenbuch und ein parteiisches Geschichtsbuch.

Die Bibel kann die Respektlosigkeit so gut vertragen wie ein Text von Shakespeare oder Goethe. Wer respektlose Kritiker als kleine Geister hinstellt, belegt damit einen Mangel an Souveränität und Vertrauen in die Qualität der Texte. Was muß das eine schäbige Gottheit sein, die sich durch eine respektlos-blasphemische Haltung von Menschen beleidigt fühlt! Vermutlich ist es eben nur der kleinmütige Gläubige, der hier aufschreit, als hätte man ihn beleidigt. Genau das mag der Fall sein. Kritik und Blasphemie treffen immer nur Menschen, nie wirklich Höheres, weil dieses, wenn es denn bestehen sollte, erhaben wäre über solche Urteile.

Sie erwähnen Thomas Manns respektvollen Umgang mit den biblischen Texten. Nun gut, in den Geschichten um Jakob und Joseph wird die das Menschliche durchschauende und entlarvende Ironie nie respektlos. Sie steigert sich gar zum Humor, der eine der schönsten Gestalten der Liebe ist. (TM-Kenner und -Liebhaber haben sich nie durch die abwertende Bezeichnung der Kälte und Distanziertheit des Meisters irritieren lassen, weil sie in ihr eine Schutzvorrichtung eher als etwas Wesentliches der Person TM erkannt haben.) Was die Figur des Mannes Moses in der Erzählung *Das Gesetz* betrifft, so sieht das mit dem Respekt und der Liebe nicht so gut aus. Wie dem auch sei, für mich stehen Thomas Manns biblische Romane weit über der trokkenen biblischen Vorlage. Ich glaube, hier sollte man auch den Mut haben, diese tiefe Humanisierung des Mythos in unserer Zeit anzuerkennen im Unterschied zu Texten, deren religiöse Bedeutung insofern auch eine ideologische war, als sie die Überlegenheit des eigenen Volkes der Juden gegenüber dem fremden Volk der Ägypter zu betonen nicht müde wurden. Im biblischen Text wird Potiphars Weib keines persönlichen Namens gewürdigt, da aus der Perspektive des auserwählten Volkes allein ihre weibliche Verführungsgewalt über Joseph von Bedeutung ist. Wenn das keine negative Funktionalisierung ist! Thomas Mann gibt der Frau einen Namen, Mut-em-enet, und weit mehr: er gewinnt durch die ausführliche Schilderung einer infolge erzwungener Keuschheit – Potiphar war kastriert – ausbrechenden Leidenschaft Verständnis und Sympathie für diese Frau.

Was die Moderne an Religiosität verlieren mag, gewinnt sie an Humanisierung und Sensibilität um ein Vielfaches zurück, und deshalb kann ich blinden Respekt gegenüber heiligen Texten nicht gutheißen. Die Bibel ist eine Textsammlung voller poetischer und bedeutender Stellen. Ihr Ton ist auch nicht durchgehend nur religiös, so daß etwa im Unterschied zum Koran auch ein agnostischer Geist sich daran ergötzen mag. Nun, lieber Herr Kurzke, wird Sie vielleicht folgendes Statement so ärgern wie mich Ihr Anspruch auf Respekt: Religiöse Lobhudeleien, wie sie auch in der Bibel in rauhen Mengen vorkommen, haben für mich weniger Anspruch auf Respekt als humanistische, den Menschen als Menschen verstehende und darstellende Texte.

Hermann Kurzke *Brief 28. Januar 2001*

[...] danke für Ihren Brief, dessen Gedankengänge ich problemlos nachvollziehen kann. Ich kann ihn nicht gründlich beantworten, da gesundheitlich angeschlagen und überlastet, wollte aber vermerken, daß ich nicht Respekt um des Respekts willen angemahnt habe und nicht die fehlende Frömmigkeit der Vorwortschreiber kritisiere, sondern den Mangel an kultureller und literarischer Erschließung der Bibel.

Jacques Wirion *Brief 6. Februar 2001*

Es würde mich schon interessieren, mit einem religiösen Menschen – oder täusche ich mich da in Ihnen? – einen intensiven Gedankenaustausch zu haben über Bibel und Glauben. Wenn Ihnen das aus gesundheitlichen Gründen oder solchen der beruflichen Überlastung nicht möglich ist, so unterlassen Sie einfach eine weitere Antwort. In meiner Rolle als Gymnasiallehrer, der unter den vielen Korrekturen und den Unterrichtstätigkeiten für Schüler und junge Lehramtskandidaten laboriert, kann ich mir sehr gut vorstellen, was Sie im universitären Betrieb zeitweise durchmachen müssen. Gerade Leute, die sich mit Leib und Seele ihrer Lehrtätigkeit widmen, sind solchen Zuständen der Erschöpfung und des Ausgelaugtseins oft schutzlos ausgeliefert. Und das wird im Alter nicht leichter.

Zuweilen wundere ich mich, wie Thomas Mann noch als fast 80jähriger in der Wiederaufnahme seiner Hochstaplerstory einen Jungbrunnen seiner frühen Jahre erneut zum Fließen bringen konnte. Felix Krull, dieser unverwüstliche, immer frische Proteus, kennt keine Müdigkeit und ist jederzeit zur imaginären Belebung seiner Welt und Umwelt bereit. Wie ich seinen Schöpfer beneide, der noch wußte, wo er solche Blume der Jugendkraft pflücken sollte, «wenn es Winter wird, und die Mauern stehen sprachlos und kalt.»

Wenn Sie also Lust haben, mit einem halb pubertären Atheisten von 56 Jahren über Gott und die Welt einen brieflichen Diskurs zu führen, so stehe ich zur Verfügung. Meine Position ist, in Kürze, diese: Zu irgendeinem Glauben an einen personalen Schöpfer kann ich nicht zurück, weil ich die Empfindung habe, die Welt sei insgesamt nicht so eingerichtet, daß sie auch nur andeutungsweise auf eine solide und vertrauenswürdige Personalität verwiese. Und den Zufall kann ich nicht ehren. Daher sind mir die Lobestöne in zahlreichen Psalmentexten der Bibel ein Greuel. Ich bin also weder ein Falke noch ein Sturm, da ich keinen Turm erkennen kann, und angesichts der Negativitäten des Daseins bleibt mir jeder große Gesang im Halse stecken.

Hermann Kurzke *Brief 8. Februar 2001*

Ihre Anfrage mit der spöttischen Selbstcharakteristik («halb pubertär») erinnert mich an die Gattung des Glaubensgesprächs, der ich als noch spät und lange pubertierender Jüngling verfallen war. Man exekutierte es mit gleichaltrigen jungen Gottsuchern und mit Schwestern in spiritu (verbalerotisch entflammt), mit orthodox kirchentreuen Vätern und mit weißhaarigen Exerzitienmeistern (ja, man hatte einen geistlichen Berater zu haben, damals als Theologiestudent in München). Man war garantiert tiefschürfend und unbedingt existentiell, fragte triefend vor Betroffenheit nach dem quoad nos der Dogmen, las schwermütig von der eigenen Tiefe ergriffen Guardinis Schriftchen *Vom Sinn der Schwermut*, kniete halbe Stunden lang in dämmrig träumenden Kirchen, während draußen die Sonne brannte, und trainierte sein Glaubensorgan mit Hilfe von Karl Rahners Leitfaden *Von der Not und dem Segen des Gebetes*. (Die Not konnte man nachvollziehen, den Segen weniger.) Warum erinnern Sie mich daran? «Gleich einer alten, halbverklungnen Sage / Kommt erste Lieb und Freundschaft mit herauf; / Der Schmerz wird neu, es wiederholt die Klage / Des Lebens labyrinthisch irren Lauf ...» Wenig ist davon geblieben. Ich war nicht glücklich als junger Mensch. Die Glaubensgespräche waren eher Teil des Unglücks, als daß sie mir geholfen hätten.

Nun habe ich doch angefangen, Ihnen zu antworten, obgleich ich eigentlich nur sagen wollte, daß Sie mir bitte Zeit lassen sollen. Meine Truppen stehen schon an viel zu vielen Fronten, ich will eigentlich keine neue Front eröffnen. Ich melde mich wieder, aber vielleicht erst in sechs oder acht Wochen.

Hermann Kurzke *Kunstpostkarte (Edvard Munch, Madonna)*
2. April 2001

[...] obwohl ich mich gern mit Ihnen unterhalten würde, habe ich die letzten zwei Monate keinen Zeitpunkt dafür gefunden und bitte Sie um Verständnis!

Hermann Kurzke *Brief 26. Februar 2002*

Zufällig fiel mir Ihr Brief von vor einem Jahr erneut in die Hände, wo Sie um einen religiösen Gedankenaustausch nachsuchen. Auch wenn ich zu langen persönlichen Diskussionen nicht in der Lage bin, habe ich doch vielleicht etwas für Sie. Als Attachment finden Sie einen Artikel, der voraussichtlich in der WELT am Karsamstag erscheinen wird.

Hermann Kurzke
Frömmigkeit ohne Glauben
Aphorismen über Christentum als Kultur

Religion sei das Opium des Volkes, sagte Karl Marx. Das ist richtig, aber auch Musik und Theater, Romane lesen und Fernsehen, feine Gastronomie und Fernreisen sind Opium des Volks. Kultur ist Opium, großenteils. Ohne Opium ist das Leben gar nicht zu ertragen. Marx unterstellte, die Mangelhaftigkeit des menschlichen Lebens könne durch gesellschaftliche Veränderungen beseitigt werden. Sofern und soweit das der Fall ist, ist Opium verwerflich. Das Veränderliche muß verändert werden. Für das Unveränderliche aber braucht man Opium.

*

Bisher ist die Hoffnung nicht aufgegangen, daß die Menschen ohne Religion glücklicher seien. Das Ergebnis von zwei bis drei Jahrhunderten Vernunftglauben war nicht eine aufgeklärte und vom Sanftmutöl der Toleranz glänzende Gesellschaft. Es heißt, der Schlaf der Vernunft bringe Ungeheuer hervor. Aber auch der Religionsschlaf erzeugt Delirien. «Wo keine Götter sind, walten Gespenster» (Novalis). Die Menschen brauchen Götter, schreibt Thomas Mann im Joseph-Roman, «immer ahmen sie nur die Götter nach, und je wie das Bild ist, das sie sich von ihnen machen, danach tun sie.»

*

Die Annahme einer Kommunikationsfigur «Gott» erlaubt Diskurse, die ohne sie keinen Lebensraum haben, und zwar zentral wichtige Diskurse, die schwer oder gar nicht zu ersetzen sind und deren Wegfall psychisch kaum zu verkraften ist. Sie entlastet und befreit. Nichts verdrängt der mündige Mensch so sehr wie seine unaufhebbare Unmündigkeit. Nur der religiöse Mensch kann unbefangen zu dieser Unmündigkeit stehen. Das Mündigkeitsparadigma hat alles ihm Entgegenstehende der Verdrängung überantwortet: das Kindliche, Ratlose, Autoritätsabhängige, Weiche, Schutzbedürftige, Kranke, Verrückte, das aber doch in jedem steckt. Im Gespräch mit «Gott» haben der Einfältige Raum und das Küken; die Gebete zu ihm und die Lieder kennen die Metaphern des Kindes, des Opfers, des Schafs, des Wurms, des Verirrten und Verblendeten, des kranken Herzens und der kranken Seele.

*

Die Zeiten, in denen die christliche Religion Neurosen und Traumata erzeugte, dürfen wir heute als vergangen betrachten. Die Autoritäten, die sie als Hebel im Gewissenszwang mißbrauchten, gibt es nicht mehr. Um so strahlender tritt die Grundeigenschaft des christlichen Glaubens wieder hervor: Er ist nicht neurotisierend, sondern antidepressiv. Nicht mehr die Neurose ist heute die psychische Krankheit vom Dienst, sondern die Depression. Das Ich ist aus dem Feuer des antiautoritären Kampfes nicht souverän als Phönix hervorgegangen, sondern deprimiert als Aschehäufchen.

*

Der hochgemut Mündige kennt sich nur als Täter. Er ist nicht gewöhnt, die Welt vom Opferstandort anzuschauen, als Küken, Wurm und Schaf.

*

Verdrängt wird, wovon man sich nicht emanzipieren kann: Sünde, Leid und Tod. Daß wir Sünder seien, erlaubt uns der öffentliche Diskurs nicht mehr zu sagen, obgleich damit zunächst nur die Tatsache zum Ausdruck gebracht ist, daß es uns nicht gegeben ist, irgend etwas rundum und in jeder Hinsicht Richtiges zu tun. Jede «gute Tat» hat ihre Kollateralschäden, die ausgeblendet zu werden pflegen.

*

Der Glaube tritt dann in sein Recht, wenn andere Erklärungen versagen. Man wird heute nicht mehr an einen Donnergott glauben, dafür hat man die Meteorologie, aber es gibt des Unerklärten trotzdem immer genug. Ungeachtet aller Forschung liegen der Ursprung des Universums und der Ursprung des Lebens in undurchdringlichem Dunkel. Ein Urknall erklärt ja nichts, sondern verlagert nur die Frage weiter zurück, was da eigentlich geknallt hat, was vorher war und warum überhaupt etwas ist. Noch immer ist das Universum erhaben, und es tut der Ehre der Wissenschaft keinen Abbruch, wenn man die Metapher «Schöpfung» darauf anwendet. Bis heute kann die Bioindustrie kein Samenkorn synthetisch erzeugen, keine simple Kastanie herstellen, aus der dann, in die Erde gesteckt, ein Kastanienbaum wüchse. Noch immer ist das Leben, ist die Welt ein Wunder.

*

Zwei Bastionen der Unaufgeklärtheit widerstehen dem Zugriff des auf Mündigkeit pochenden Subjekts besonders hartnäckig: der Tod und die Kontingenz, die sich aller Planung entziehende Zufälligkeit unseres Lebens. Ob das unvorhergesehen Eintreffende, Krebs und Scheidung, der 11. September und die nicht bestandene Prüfung, ein Unfall oder der verlorene Autoschlüssel als Kette sinnloser Kränkungen oder als Gelegenheit zu Bewährungen verstanden wird, ist eine fundamental wichtige Frage der Lebens-Kunst. Liebesglück, das große Los und das unerwartete Stellenangebot lassen sich durch Leistung nicht erzwingen, sie sind kontingent; ob man sie als bloßen Zufall oder als Geschenk und Gnade betrachtet, verändert die Weltwahrnehmung beträchtlich. Ob blindes Fatum oder Führung und Geleit ins Leben hineingelesen werden, ist weniger eine Frage der Wahrheit als eine Frage der Kultur.

*

Die Kontingenz auszuhalten helfen alle Erfahrungen von Zeitordnung, helfen Riten des Tages-, Wochen- und Jahreslaufs, helfen das gemeinsame Frühstück und die Tagesschau, der regelmäßige Saunaabend wie der Sonntag, die Kirschblüte wie die Fastnacht. Es helfen aber auch Advent, Weihnacht, Aschermittwoch, Karfreitag, Ostern, Himmelfahrt, Pfingsten und Ewigkeitssonntag: der ganze grandiose Zyklus des Kirchenjahrs, der die eintönige Zeit durch Gliederung vieltönig macht, jeder Zeitspanne Sinn und Farbe zuspricht und so den Lebensüberdruß bannt.

*

Der Zufall verlangt täglich nach Deutung. Viele Menschen neigen zum Beispiel dazu, ihr Leben als Entwicklungsroman zu interpretieren, damit sie sich von jedem Zufall etwas Nützliches sagen lassen können. Der Zu-Fall ist so unerklärlich wie der Ein-Fall. Woher kommt das, was mir einfällt? Das Fremdwort Inspiration zeigt den religiösen Ursprung: «Spiritus» ist der Atem, mit dem Gott dem Lehmkloß Adam das Leben einhauchte, In-spiration also die Beatmung, die Beseelung und Belebung, die Einhauchung des Heiligen Geistes. Daß ein solcher Geist auch den Zufall steuere, ist ein tiefes Bedürfnis.

*

Ebenso wie die Kontingenz muß der Tod kulturell interpretiert werden. Es hat große Rückwirkungen auf das Leben, wie man den Tod versteht. Wer den Tod als puren Schluß auslegt, muß aus dem Leben das Äußerste an Genuß, Macht, Besitz und Sicherheit herauspressen, denn ein anderes hat er nicht zu erwarten. Aus der Todesangst resultiert Lebensangst – Angst vor Krankheiten, Schmerzen und Unfällen, eine panische Ichsucht. Das Gerangel um den Platz an der Sonne verschärft sich, während der Jenseitsgläubige gelassen bleibt. Ironisch blickt er auf die, die sich da abstrampeln, denn er kennt etwas Besseres. Der Blick auf ein ewiges Leben ist nicht finsterer Aberglaube, sondern verleiht Souveränität. Auch Sterbebereitschaft gehört zur Lebenskunst; sie vermag das Leben manchmal sogar zu verlängern, weil sie weniger stressig ist als das Kämpfen und Klammern. Die biblische Weltverachtung, das «Alles ist eitel» des Predigers Salomo, bedeutet nicht Flucht und Weglaufen, sondern eine tief gegründete Freiheit. Manchmal bringt diese Freiheit sogar die besseren Plätze in der Gesellschaft ein. Doch das darf nicht das Motiv sein, an sie zu glauben.

*

Wer sich einen Himmel vorstellen kann, ist von allem Irdischen weniger abhängig. Ein Himmel bedeutet eine nie ermüdende Feder, die die Sehnsucht der Menschen nach oben spannt und sie von der niederdrückenden Angst um sich selbst, die sonst die Wurzel aller Unmenschlichkeit ist, befreit.

*

Wer die Welt sucht, sagte Wim Wenders neulich (im *Stern*), der findet auch nur die Welt. Wer Gott sucht, gewinnt Freiheit von der Welt, weil er nicht mehr erpreßbar ist. Diese Freiheit nutzt er zu sachgerechtem, d.h. nicht von Ichsucht verzerrtem Handeln.

*

Meine Tochter kommt von der Schule und erzählt: Der Mensch stammt vom Affen ab. «Ich nicht», war meine (zweifellos überhebliche) Antwort. Wer den Menschen für Gottes Ebenbild hält, der will

Gott ähnlich werden. Wer den Menschen für einen Affen hält, muß sich mit Affenähnlichkeit zufriedengeben.

*

Goethe, nicht eben ein Frömmler, glaubte an das ewige Leben. Die Natur sei verpflichtet, ihm eine andere Form des Daseins anzuweisen, wenn die jetzige seinen Geist nicht ferner auszuhalten vermöge, sagte er zu Eckermann. «Der Mensch soll an Unsterblichkeit glauben, er hat dazu ein Recht, es ist seiner Natur gemäß.» Selbst wenn dieser Glaube eine melancholische Träumerei wäre, geboren aus der Sterbeangst eines alten Mannes, nur keck, nur inszeniert, «nur» Ästhetik, wäre er nicht verwerflich. Er kultivierte doch wenigstens ein sonst Tabuisiertes, gäbe ihm Sprache und Gestalt. Wenn die graue Wahrheit trostlos ist und Trostloses aus ihr folgt, ist es dann nicht Stärke, eine hilfreiche Fiktion zu pflegen? Novalis nennt den Himmel unbefangen ein «Erzeugniß des produktiven Herzens». Ist der Himmel deswegen zu verwerfen? Die barsche Ehrlichkeit, die die Unsterblichkeit niedermacht, ist achtbar, aber sie ist hilflos nach ihrem leichten Triumph und weiß nicht weiter. Es gibt keinen Sieg des Intellekts über den Tod. Das Unaufklärbare bewußt zu kultivieren ist intellektuell nicht weniger redlich als die unproduktive Tapferkeit, die dem Nichts «ohne Illusionen» ins Auge blicken will. «Welch ein freundlicher Augenblick wird es sein», verspricht Goethe ungeniert Eduard und Ottilie, die sich bis in den Tod geliebt haben, «wenn sie dereinst wieder zusammen erwachen.»

*

Es gibt eine natürliche Unfähigkeit, an den Tod zu glauben, ein natürliches Bewußtsein von der Unsterblichkeit der Seele. Der christliche Glaube kultiviert dieses Bewußtsein, indem er es mit Metaphern und Geschichten ausstattet. Er erlöst die Todeserfahrung aus dem wortlosen Grauen, gibt ihr Gestalt und Würde.

*

Der Himmel, die Hölle und das Letzte Gericht sind solche Metaphern. Wer die Vorstellung in sich trägt, daß er nach dem Tode vor dem Weltenrichter stehen wird, dessen ganzes Leben wird sich danach ausrichten. Um Verantwortung auch für diejenigen Verbrechen zu entwickeln, die sich im Verborgenen der eigenen Seele vollziehen, ist es gut, Geschichten von einem Richter zu überliefern, der alles sieht und ins Buch des Lebens schreibt.

*

Die Weitergabe des christlichen Glaubens ist hierzulande in einer schweren Krise. Der Traditionsfaden ist bei den meisten fast, bei vielen schon ganz gerissen. Was soll man tun? Die Intellektuellen sollten aufhören, das Fallende auch noch zu treten, denn es kommt nichts Besseres nach. Es ist Zeit für Neugier auf Religion. Es ist Zeit, religiös produktiv zu werden. Das Christentum ist nicht nur passiv erfahrene Offenbarung, es ist auch aktive Kulturarbeit. Die Bibel muß zu allen Zeiten weitergeschrieben werden. Erzählungen und Rituale, Fernsehspiele und Philosophien müssen um sie herum entstehen. Alle großen Kulturleistungen sind Apokryphen zur Bibel, alle großen Dichter Propheten und Evangelisten, die das Wort Gottes in die Sprache ihrer Zeit übersetzen.

*

Daß Nachfrage nach Mythen besteht, zeigt der Blick ins Fernsehprogramm und in die geräumigen Esoterik-Abteilungen der Buchhandlungen. Arbeit am Mythos erfolgt überall, aber auf eine verwilderte Weise. Viele Menschen bilden Privatmythologien aus, oft bestehend aus Erinnerungen an symbolische Situationen, Personen, Lieder, Orte, Gegenstände, die lebensentscheidende Erlebnisse markierten. Viele Menschen tun in der ersten Liebe ihren persönlichen Blick in den Himmel. Die Kultivierung solcher Privatmythologien ist wichtig, wirkt stabilisierend und identitätgebend. Eine öffentliche Kultur läßt sich freilich auf sie nicht gründen.

*

Die Erfahrungen der letzten beiden Jahrhunderte mit «neuen Mythen» waren schlecht. Nicht Führerkult und Feuersprüche, Tarotkarten, Horoskop-Idiotie, Schamanismus und Voodoo-Zauber werden uns weiterbringen. Anstatt Privatmythologien zu erfinden und obskuren Kulten zu frönen, ist es an der Zeit, die großen christlichen Überlieferungen mit Macht zu pflegen. Denn beliebig wählbar sind, das ist gegen die Theoretiker der Postmoderne zu erinnern, die Mythen nicht. Kulturell stark kann man nur in dem Bereich sein, in dem man lange Wurzeln hat. Man muß dankbar sein, daß es die großen christlichen Kirchen noch gibt. Sie haben bei allen Mängeln die Überlieferung bis heute getragen, und bis heute findet man in ihren Räumen mehr davon als irgendwo sonst.

*

«Was mich betrifft, so habe ich den Aufenthalt in Kirchen von jeher geliebt», sinniert Thomas Mann in den *Betrachtungen eines Unpolitischen*. Kirchen sind Orte der Freiheit von Politik und Gesellschaft. «Zwei Schritte seitwärts von der amüsanten Heerstraße des Fortschritts, und ein Asyl umfängt dich, wo der Ernst, die Stille, der Todesgedanke im Rechte wohnen und das Kreuz zur Anbetung erhöht ist. Welche Wohltat! Welche *Genugtuung!* Hier ist weder von Politik noch von Geschäften die Rede, der Mensch ist Mensch hier, er hat ein Herz und macht kein Hehl daraus, es herrscht reine, befreite, unbürgerlich-feierliche Menschlichkeit.»

*

Man tut im Gottesdienst Dinge, die im zivilen Leben kaum noch vorkommen: gemeinsam singen zum Beispiel oder knien. Was unter bürgerlichen Umständen theatralisch und exzentrisch wirken würde, die Kirche macht es möglich. Knien ist so anachronistisch, daß es als Kulturgeste schon wieder kühn erscheint. Vor Menschen sollte niemand knien müssen. Es ist jedoch erquickend, sich vor dem Allmächtigen zu beugen.

*

Christlicher Glaube, sagt die große Theologie gegen das hier Vorgebrachte, ist die Befreiung von Göttern, Mythen und Metaphern, ist keine Kompensation unserer Mangelhaftigkeit, sondern Leben aus der Gemeinschaft mit Gott, der in allem mächtig ist. Aber was tun, wenn dieser Glaube fehlt? Das Wort «Gott» war schon in zu vieler Munde, es braucht eine Schonfrist. Religiöse Diskretion nötigt dazu, nicht von Glaubenssätzen und Bekenntnisformeln zu sprechen, sondern in den Niederungen der Bilder und Analogien, der Mythen und Metaphern, Geschichten und Riten zu bleiben.

*

Da kein neuer Glaube geschaffen werden kann, bleibt nur: Imitieren des überlieferten Glaubens, Inszenieren, Imaginieren, Zitieren, Spielen. Liturgie ist Theater – das ist kein Einwand gegen sie. Die Ästhetik ist derzeit, wie Odo Marquard sagte, die diensttuende Universalphilosophie. Nicht nach der Wahrheit fragt der Ästhet, sondern nach der formenden Kraft, mit der die Religion als große Erzählung und kulturelles Regelwerk das Leben stabilisiert. In seiner Kirche werden nicht Dogmen verkündet, sondern Mythen kultiviert.

*

Der religiöse Ästhet erhebt nicht den Anspruch, den alten substantiellen Glauben wiederherzustellen und unumstößliche Gewißheit im Leben und Sterben zu geben. Sein Ziel ist bescheidener. Er fragt, ob es nicht förderlicher sei, die abendländischen Mythen zu pflegen (auch den Sonntag vor der Gier der Ökonomen zu beschützen), anstatt den Acker unbestellt zu lassen. An der alten christlichen Liturgie teilzunehmen hält er für besser als aufgeklärt zu verstummen. «Piété sans la foi» (Ernest Renan), Frömmigkeit ohne Glauben: er sieht darin eine paradoxe Möglichkeit. Er will nicht auf die Kultur verzichten müssen, die im Glauben steckt. Wo er keine eigene Sprache mehr erzeugt, zum Beispiel im Bereich der Eschatologie und der Kultur des Sterbens, schlägt er vor, die alte Sprache wenigstens im Zitat zu bewahren. Was gibt es Besseres, als am Grabe der Mutter zu sprechen: «Herr, gib ihr die ewige Ruhe, und das ewige Licht leuchte ihr.»

*

Daß die Kunst beschönigt, ist kein Argument gegen sie, als müßte man sie endlich der Verdrängung des Eigentlichen überführen. Das Beschönigen ist vielmehr ihre Aufgabe. Sie ist dazu da, das Gräßliche erträglich zu machen. Es ist Kultur, die Fratze des Todes zu schminken.

*

Ein ästhetischer Zugang zum Glauben ist nicht der alte Glaube selbst. Er ist wie die Brück' von Avignon, die nicht bis ans andere Ufer reicht. Man tanzt auf ihr, aber kommt nicht hinüber. Die Hoffnung darauf, daß vom anderen Ufer aus auch gebaut wird, ist niemandem verboten. Die Arbeit am eigenen Ich errichtet immer nur den einen Brükkenkopf. Der auf der anderen Seite ist unsichtbar. Aber sein Magnetfeld wirkt. Das Leben ist zweipolig. Goethe bemerkt im achten Buch seiner Lebensbeschreibung, daß die Wahrheit des Religiösen, wenn auch in verschiedenen Zeiten in mancherlei seltsamen Fabeln und Bildern überliefert, unentbehrlich sei. Man habe, fährt er mit ironischer Anmut und zierlicher Umständlichkeit fort, anzuerkennen, «daß wir uns in einem Zustande befinden, der, wenn er uns auch niederzuziehen und zu drücken scheint, dennoch Gelegenheit gibt, ja zur Pflicht macht, uns zu erheben und die Absichten der Gottheit dadurch zu erfüllen, daß wir, indem wir von einer Seite uns zu verselbsten genötigt sind, von der andern in regelmäßigen Pulsen uns zu entselbstigen nicht versäumen.»

Jacques Wirion *Brief 28. Februar 2002*

Vielen Dank für Ihren Text, auch wenn er einen hartgesottenen Atheisten wie mich in vielerlei Hinsicht provoziert. Ich lese ihn als ein Dokument zur Beglaubigung meiner These von der Unehrlichkeit oder mangelnden Wahrhaftigkeit des Glaubens. Sie loben den Glauben aus praktischen Gründen in bezug auf Kultur und Lebenskunst, und genau das ist es, was ihn mir anrüchig macht und mich von ihm fernhält: sein praktischer Nutzen. Zwar bin ich keineswegs unempfindlich für die vielen interessanten Aspekte Ihrer Apologie, und trotzdem denke ich nicht, daß man den Glauben so pragmatisch verkaufen sollte. Sie heben – auf der Seite des Glaubens stehend – die

Vorteile des Glaubens hervor wie ein Sportler die Vorzüge seiner Sportart, ohne daß er dadurch irgendeinen Unsportlichen überzeugen könnte.

Hermann Kurzke *Briefentwurf 2. März 2002 (nicht abgeschickt)*

Ist das alles? Vielleicht ist das alles. Aber ich bin enttäuscht. Ich schreibe eine Art Manifest, die Summe jahrzehntelangen religiösen Nachdenkens, und Sie legen mich mit zwei Griffen auf die Bretter.

2. Heiliger Thomas Mann oder: Wozu Vorbilder?

Jacques Wirion *E-Mail 6. Mai 2002*

In meiner Eigenschaft als Präsident des Luxemburger Germanistenverbandes (LGV) komme ich noch einmal auf mein Angebot vom Dezember zurück und lade Sie zu einem Vortrag mit anschließender Seminarveranstaltung für Lehrer nach Luxemburg ein. Sie standen damals unter einem gewissen Druck und wollten nichts in diesem Sinne annehmen. Nun, im Frühling, den wir klimatisch zwar noch nicht so recht spüren können, sieht das vielleicht etwas anders und in meinem Sinne positiver aus.

In den Abiturklassen des literarisch ausgerichteten Unterrichts wird neben Goethes *Faust I* und *Faust II* (II,5) Thomas Manns *Der Tod in Venedig* als obligatorische Ganzschrift behandelt. Vielleicht wüßten Sie zu dieser zentralen Kunst- und Herzensangelegenheit vor Schülern und Gymnasiallehrern ein kräftig Wörtchen zu sagen. «Nun, ist das ein Wort?»

Hermann Kurzke *E-Mail 8. Mai 2002*

Sie schreiben so unwiderstehlich, daß wir zusammen ein bißchen konkreter nachdenken sollten. Auch war ich noch nie in Luxemburg, was sicher ein Mangel im Lebenslauf ist.

Thomas Mann läßt mich in der Tat nicht los. Dieser Tage habe ich eine Art Werkstatteinblick verfaßt und vier Prinzipien preisgegeben, von denen ich mich als TM-Biograph leiten ließ.

Hermann Kurzke

Teilhaben lassen am Glück
Wie und warum schreibt man eine Thomas Mann-Biographie?

1. *Während es in der Wissenschaft geboten scheint, die gewählte Methode zu reflektieren, wurde in meiner Thomas Mann-Biographie jede offene Thematisierung der Machart vermieden. Das Buch hat eine Methode, spricht aber nicht über sie, kommentiert sich selbst allenfalls symbolisch-indirekt an versteckten Stellen.*

Wer die Methode thematisiert, degradiert sein Werk zum bloßen Produkt einer Maschinerie und raubt ihm damit das Leben. Der Leser, dem man das Gestänge zeigt, merkt die Absicht und ist verstimmt, wie es in Goethes *Tasso* heißt (II,1). Schön ist, was ohne Interesse gefällt, schreibt Kant in der *Kritik der Urteilskraft* (§2). «Es ist sicher gut», meint der Erzähler im *Tod in Venedig*, «daß die Welt nur das schöne Werk, nicht auch seine Ursprünge, nicht seine Entstehungsbedingungen kennt; denn die Kenntnis der Quellen, aus denen dem Künstler Eingebung floß, würde sie oftmals verwirren, abschrecken und so die Wirkung des Vortrefflichen aufheben.» Die Methode zeigen heißt das Interesse zeigen, die Absichten zeigen, und dem Werk damit Freiheit und Schönheit nehmen. Goethes «Bilde Künstler, rede nicht» liefert die Kurzformel für diesen Sachverhalt.

Maßgeblich war also die Ästhetik des deutschen Idealismus. Aber ist sie nicht längst widerlegt? Ihre «Interessenfreiheit» als Ideologie demaskiert? Eine weitläufige Frage, die ausführlich zu verneinen hier der Raum nicht ist. Es reicht nur zu einem Glaubensbekenntnis: ich stehe in der Biographik für einen idealistisch gewendeten Freudianismus. Die Einsicht in die Triebmechanik dient mir nicht dazu, alles Hohe auf ein Niedriges zu reduzieren, sondern umgekehrt: die Ermöglichungsbedingungen des Hohen zu erklären. In seinem Gregorius-Roman *Der Erwählte* läßt Thomas Mann das Rezept verkünden: «Sehr wohl kann aus dem Schlimmen das Liebe kommen und aus der Unordnung etwas sehr Ordentliches.» Als Priester und Papst verkündet Gregorius die milde Lossprechung: «Selten hat der ganz Unrecht, der das Sündige nachweist im Guten, Gott aber sieht gnädig die Guttat an, habe sie auch in der Fleischlichkeit ihre Wurzel. Absolvo te.»

Die Ästhetik des deutschen Idealismus begegnet bei Thomas Mann in einer durch Nietzsche verschärften Version. Hinter dem Satz «Die Absichten zerstören das Kunstwerk» öffnet sich der Satz «Die Erkenntnis zerstört das Leben.» Das durchschaute Gefühl ist erledigt, das wußte schon Tonio Kröger. Eine Biographie, die ein Leben nicht durchschauend erledigen, nicht durch Erkenntnis töten will, es nicht reduzieren will auf eine psychologische Mechanik, die sich als Erklärung ausgibt, muß selber lebendig bleiben, sie muß Gefühl, Begeisterung, Leidenschaft, Abscheu, Bewunderung zum Ausdruck bringen. Hier liegt das zentrale Problem, denn Leidenschaft wird von der deutschen Universitätswissenschaft als das Unwissenschaftliche par excellence eingestuft.

Aber das Buch *hat* ja ein Gestänge, eine psychoanalytische Mechanik, die sich in einen dürren Satz zusammenfassen läßt: Thomas Mann ist ein asketischer Homosexueller, der den ihm auferlegten Triebverzicht in die imaginären Erfüllungen verwandelt, die die Kunst ihm bietet. Entwertet dieser Satz nicht alles, nimmt er nicht jede Freude am Lesen, sofern das ganze literarische Werk immer nur vom nämlichen zu handeln scheint? Anstatt diesen Satz als reduktionistischen Hebel zu verwenden, der alles Hohe niederzieht, will meine Biographie den Reichtum an Erfüllungen zeigen, der aus dieser einfachen Grundanlage gewonnen wird. Ausgangspunkt ist die Bewunderung für Thomas Mann, die Bewunderung für das, was er seiner Triebmechanik abgewonnen hat. Darum rede ich nicht von Neurose, sondern von Askese, nicht von Verdrängung, sondern von Keuschheit, sehe im Triebverzicht nicht Verklemmtheit, sondern eine Art Freiheit, in der Sublimierung des Triebs nicht den Verzicht auf das Eigentliche, sondern eine diesem Eigentlichen haushoch überlegene Kultivierungsleistung und nicht nur das: auch eine überlegene Triebbefriedigung. Ich bin sicher: Thomas Mann hat beim Schaffen in sich hineingelacht vor Glück. Den Leser teilhaben zu lassen an diesem Glück, nicht es zu denunzieren schien mir die Aufgabe zu sein. Das Leben als Kunstwerk: das ist keine verklemmte Steifigkeit, sondern ein Virtuosenstück des Subjekts, das den Trieben und Interessen gegenüber seine Souveränität behauptet.

2. Es gilt in der Wissenschaft als unerlaubt, literarische Werke als biographische Quellen zu verwenden. Das aber geschieht hier ständig, im Bewußtsein, daß für das Innere, Seelische oft keine anderen Quellen zur Verfügung stehen. Dem verdankt die Biographie zwar viel von ihrer Intensität, kann aber letzte Beweise für das sachliche Zutreffen des Geschriebenen nicht immer erbringen. Es gibt jedoch einige Prinzipien der Sicherung vor Mißbrauch, über die Rechenschaft abgelegt werden kann.

Das literarische Werk als biographische Quelle, ist das zulässig? Es ist sogar geboten. Als Mitmensch war dieser Mann versiegelt und ließ niemanden in sein Herz blicken. Mit virtuoser Disziplin hielt er eine Fassade aufrecht, ohne die zu leben er unerträglich gefunden hätte. Nur im Werk fühlte er sich frei, teilte er sich mit, auch seine Geheimnisse, geschützt durch die indiskrete Diskretion der Kunst. Die Biographie seines Herzens steht verzaubert in seinen Dichtungen. Wer auf diese Quelle verzichtet, kann immer nur die Fassade beschreiben. Gerade diejenigen Bereiche des Lebens, die für eine Lebensbeschreibung am wichtigsten sind, bleiben dann verschlossen. Bei der Biographie eines Ingenieurs oder eines Sportlers wird man sich ohne eine solche Quelle behelfen müssen. Bei einem Schriftsteller jedoch bietet sie das Entscheidende: das biographische Zentrum seiner Produktion.

Im Falle Thomas Mann haben wir das Glück, daß wir die biographische Deutung gegen Mißbrauch und Beliebigkeit sichern können. Dazu dienen vor allem die Tagebücher. Sie sind erhalten von 1918–1921 und von 1933–1955. Wichtige Zeiten fehlen – vor allem die bestimmenden frühen Jahre vor der Eheschließung. Eine systematische Durchsicht der erhaltenen Tagebücher auf Erinnerungen an jene Frühzeit sowie die ergänzende Heranziehung von Notizbüchern und anderen versteckten Hinweisen (z. B. gestrichene Passagen in Manuskripten, Unterstreichungen und Randbemerkungen in Büchern) ergibt jedoch so viel Material, daß sich auch aus den frühen Jahren zentrale Komplexe rekonstruieren lassen. Das betrifft vor allem die großen homoerotischen Erfahrungen, die «Galerie» der Geliebten von Armin Martens und Williram Timpe über Paul Ehrenberg und Klaus Heuser zu Franz Westermeier, die inzwischen alle biographisch ermittelt werden konnten. Zu jeder Geschichte gehören ganz bestimmte Motive. Wenn sie im literarischen Werk wiederkehren, wie die «Bleistiftschnitzel W. T.'s», ist man berechtigt, einen autobiographischen Kern anzunehmen und außer dem Motiv selbst auch seine Umgebung autobiographisch zu lesen.

Paul Ehrenberg zum Beispiel taucht auf als Ingeborg Holm in *Tonio Kröger*, als Baron Harry in *Ein Glück*, als Joseph in *Joseph und seine Brüder*, als Rudi Schwerdtfeger im *Doktor Faustus*. Thomas Mann selbst taucht analog auf als Tonio Kröger, der Inge liebt, als Baronin Anna, die unter Harrys oberflächlicher Flirtnatur leidet, als Potiphars Frau, die an der unerfüllten Liebe zu einem schönen Knaben fast zerbricht und, im Faustus-Roman, sowohl als Adrian Leverkühn wie als Ines Institoris. Häufig also als Frau. Der Tausch der Geschlechterrollen war das wichtigste Tarnungsmanöver. Um sie öffentlichkeitsfähig zu machen, schrieb Thomas Mann seine homoerotischen Erlebnisse literarisch in heteroerotische um.

3. *Subjektivität ist wissenschaftlich verpönt, Objektivität geboten. Dennoch gehen in diese Biographie auch private Lebenserfahrungen ihres Autors ein, teils versteckt, teils offen. Sie ist in einem vorsichtig auktorialen Erzählstil geschrieben, der persönliche Kommentare erlaubt. Es gibt Stellen, an denen bewußt im Zwielicht gehalten wird, ob eine Aussage von einer literarischen Figur, aus einer biographischen Quelle oder schlicht von mir selber stammt.*

«Jede erste Bewegung, alles Unwillkürliche ist schön; und schief und verschroben alles, sobald es sich selbst begreift.» (Kleist 1806 in einem Brief) Alles methodisch Erzeugte kann dann nur schief und verschroben sein. Unwillkürlich kann dann nur das sein, was ich an mir selber nicht durchschaue – meine Begeisterung, mein Tiefenwollen, mein Erleben. Der Biograph gibt sich ein Stück weit preis. Er beschreibt, was ihn bewegt hat. Ich habe zugelassen, daß Thomas Manns Leben sich in meinem abbildet, daß seine Erfahrungen von den meinigen Farbe erhalten, wo ich ähnliche hatte, und dort unerzählt bleiben, wo ich keine hatte. Daher schreibe ich viel über Religion, weil ich da ähnlich denke und empfinde wie er, dessen Hauptwerke religiöse Themen haben, und wenig über Richard Wagner, weil der Wagnerismus mich nicht ergriffen hat und ich nichts Originelles darüber hätte sagen können. Nur darüber schreiben, wo man Farbe geben kann, das ist unzweifelhaft ein subjektives Verfahren. Zu den versteckten Quellen dieser Biographie gehört insofern auch mein eigenes Leben.

Wie jede Biographie erzählt auch die meine von Toten, die die imaginäre Welt eines Lebenden bevölkern und von dieser ihr Leben erhalten. Zur Methode gehörte das «Tout comprendre c'est tout pardonner». Ich wollte bedingungslos verstehen, Thomas Manns Kriegsbegeisterung von 1914 zum Beispiel nicht als unverständliche Dummheit vorstellen, sondern mich so lange in sie versenken, bis sie mir plausibel wurde. Ich wollte nicht besserwisserisch über Thomas Mann stehen. «Verurteilen», so schreibt Thomas Mann schon früh an seinen ehemaligen Mitschüler Otto Grautoff, «zeugt immer von Verständnislosigkeit und psychologischem Nichtvermögen». Ich schildere einen, der sich alles in allem wacker geschlagen hat und in mancher Hinsicht sogar als Vorbild dienen kann.

4. *Erzählerische Verfahren der Spannungserzeugung werden bewußt verwendet, das in der Erzählforschung Gelehrte und das von Thomas Mann Gelernte praktisch umsetzend. An die Stelle einer chronologisch geordneten Vorstellung von Leben als Geschichte tritt eine durch Leitmotivstrukturen erzeugte zeitlos-metaphysische Strukturierung des Lebens als Kunstwerk. Die Konventionen der wissenschaftlichen Schreibweise wurden vermieden. Sekundärliteratur kommt im Text selbst nicht vor, auch in den Fußnoten dient sie nur dem Nachweis von Quellenfunden. Das geschieht nicht aus Hochmut, als verdanke man der Forschung nichts, sondern aus künstlerischen Gründen.*

Zu den künstlerischen Verfahrensweisen des Buches gehören so einfache wie das Fragen- und Rätsel-Stellen und das lange Hinauszögern von Antwort und Lösung. Die Zeit von 1933–36, in der Thomas Mann lange schwankte, ob und wie er sich öffentlich gegen Hitler wenden sollte, wird auf diese Weise erzählt. Die Spannung löst sich mit dem Satz: «Sie hielt gewaltig, schwer, die Befreiung aus den Banden, die ihn umstrickten und niederhalten wollten; allein der Antrieb, den er sich zu schaffen gewußt, war stärker.» Der Satz paßt gut, aber er stammt in Wirklichkeit aus dem Roman *Der Zauberberg*. Er fällt, als Hans Castorp sich endlich aus dem Bann des Zauberbergs befreit und in den Krieg zieht.

Solche Vermischungen sind ein häufig verwendetes künstlerisches Mittel des Buches. Der Effekt ist eine Ich-Erweiterung des Erzählers, eine partielle Fiktivisierung des Mitgeteilten, eine trittbrettfahrerische Teilhabe am Kunstkönnen Thomas Manns.

Diesem habe ich auch die Leitmotivtechnik abgelernt. Gewisse Motive wie «Urkram» oder «Heimsuchung» kehren immer wieder, schaffen Verknüpfungen über weite Strecken und zeigen die Statik dieses Lebens. Zitate als Klänge zu betrachten, deren Wiederauftreten Wiedererkennungswert hat und Stimmigkeitserlebnisse hervorruft, und ihnen damit eine rhythmisierende Funktion zu geben war die ästhetische Absicht. Weil sein Leben ein Kunstwerk ist, ist es sachgemäß, daß auch die Beschreibung dieses Lebens ein Kunstwerk sei.

Jacques Wirion *Brief 9. Juni 2002*

Ihr Welt-Artikel über Biographik hat mich nicht nur erfreut, sondern beglückt. Einem Leben als Kunstwerk kann man eigentlich nur in künstlerischer Form gerecht werden. Ein ähnliches Übereinstimmungserlebnis hatte ich vor vielen Jahren bei der Lektüre von Wolfgang Hildesheimers *Mozart*. Am meisten hat mich damals das Vorwort beeindruckt, vermutlich weil es eine frühe Einsicht aus meiner Abiturzeit (1963) wieder belebte. Damals prägte sich mir eine Rundfunksendung tief ein, die sich kritisch mit den sentimentalen und kitschigen Mozart-Bildern in der Biographik befaßte. Obschon oder gerade weil ich nicht gläubig bin, stört mich fundamental in der Biographik die in gottloser Zeit durchaus verständliche Neigung, aus berühmten Menschen Heilige oder Abgötter zu machen. Heute schlägt das Pendel nach der entgegengesetzten Seite aus. Der Kammerdienerblick garantiert den Verkaufserfolg, und man flickt dem biographischen Objekt am Zeug, was der Harpprecht hält. Solche Nörgeleien lassen mich kalt, nicht weil ich sie nicht ernst nähme, sondern einfach, weil ich von der fundamentalen Schwäche jedes Menschen überzeugt bin. Vielleicht ist das ein Erbe meiner katholischen Sozialisation, aber mein Verhältnis zu Schuld und Sünde suche ich von einer den Menschen zugunsten der Gottheit erniedrigenden Tendenz zu befreien. Hier halte ich mich an Montaignes Reuelosigkeit in bezug auf die eigenen Mängel: «Ich habe noch Schlimmeres an mir als die Unzulänglichkeit: nämlich, daß sie mir kaum mißfällt und daß ich eingedenk der Lebensweise, die ich mir vorgenommen habe, kaum versuche, ihr abzuhelfen.» Er ist mit sich einverstanden. Was dann so weit geht, daß er meint: «Ich lasse mich gehen, wie ich gekommen bin, ich bekämpfe nichts ...» Nun, was die Arbeit am Ich anbelangt, so kann ich einer solchen Enthaltsamkeit nicht folgen. Denn diese Arbeit, oder genauer und passiver, diese Offenheit für kleine Verwandlungen finde ich im Augenblick schon sehr wichtig. Insgesamt aber hat mir der südfranzösische Edelmann eine Gelassenheit in diesen Fragen offenbart, die mich durchaus überzeugt und die ich nachahmenswert finde. Und damit komme ich zu dem Satz Ihres Essays in eigener Sache, der mich am meisten erfreut hat, weil er eine Bestätigung meiner Bemühungen um diese Thematik vor sechs Jahren enthält: «Ich schildere einen, der sich alles in allem wacker geschlagen hat und in mancher Hinsicht sogar als Vorbild dienen kann.» Auch ich habe mich damals, und zwar ebenfalls am Beispiel Thomas Mann, dieser in unserer Zeit eigentlich obsoleten Frage der Vorbildlichkeit angenähert. Den Schluß meines Vortrags will ich hier einfügen: Thomas Mann kann jedem sowohl durch sein Werk als auch durch seine Person ein Vorbild sein, der kein ideales Standbild auf einem Sockel erwartet, sondern einen Menschen, der ihm in der Erkundung des unerschöpflichen Labyrinths alles Humanen durch furchtlose Beleuchtungen und Aufdeckungen weiterhilft. Vergessen wir nicht: Seine Sensibilität, die zwar oft in Hypochondrie umschlug, war es auch, die seine ergiebige Selbstbeobachtung und -reflexion bedingte. Gerade dem alternden Menschen kann TM insofern als Muster und als Trost dienen, als sein Altern nicht Verknöcherung und Wahrnehmungsreduktion bedeutete, sondern in vielen Bereichen Umdenken und Öffnung.

Aber etwas konnte TM, dieser große Ironiker und Humorist, im Unterschied zu Montaigne nicht aufbringen: Gelassenheit dem eigenen Ich gegenüber. Auch so hübsche Ausdrücke wie «Selbstabschaffungspläne» für Selbstmord oder die Redeweise von den Hunden im Souterrain, die an die Kette zu legen sind, zeigen zwar ironische Distanz zum Ich, aber keinen Selbsthumor. Ich würde sogar noch weiter gehen: TM hat sich nicht wirklich geliebt.

Es würde mich interessieren, wie weit sich unsere Vorstellungen hier berühren oder nicht. Es scheint mir jedenfalls erstaunlich, wie sehr Berührungspunkte im geistigen Bereich dazu neigen, im Verbund aufzutreten. Allerdings gibt es zwischen uns ein Gebiet, wo diese Übereinstimmungen nicht bestehen: das religiöse. So das Leben will, werden wir uns zu dieser Frage, in der verschiedene Grundüberzeugungen zwar nicht leicht zu überwinden sind, noch brieflich oder im Oktober vielleicht in direktem Austausch äußern können. (Ich denke da besonders an Ihre Aphorismen über Christentum als Kultur.)

Jacques Wirion
Von der Lust, ein Vorbild zu sein

Aktuelle Gestalt der Vorbildlichkeit

Auf einer ganz primären und zugleich technisch perfektionistischen Ebene treibt vermutlich diese Lust all diejenigen an, die sich klonen lassen wollen. Sie finden ihre biologische Ausstattung, ja sich selbst als Ganzes so kostbar und mustergültig, daß sie unbedingt Duplikate davon herstellen möchten. Sie wollen unter allen Umständen vermeiden, daß dem humanen Genpool die einmalige Gipfelkonstellation ihrer geglückten Egobildung vorenthalten werde. Hier geht es nicht bloß um Nachahmung oder Ähnlichkeit, sondern um die perfekte Kopie eines perfekten Modells nach dem Prinzip: Wie gut, daß es mich noch öfter gibt als nur einmal.

In der Tradition

Ganz anders als bei diesem biotechnologischen Vorgang wirkt in der Beziehung Vorbild-Nachahmer ein sozialer Kommunikationsvorgang, der in der Geschichte der Kultur eine nicht zu unterschätzende Bedeutung hat. Doch die Lust, die es bereitet, als vorbildlich in Leben und/oder Werk nachgeahmt zu werden, ist nicht in allen Lebensaltern die gleiche.

Lebensalter

In der Jugend sucht der Mensch eher Vorbilder, als daß er selber ein solches für andere sein möchte. Er bildet sich noch, bevor er etwas vor-stellen kann, woran noch andere sich bilden könnten. Zudem ist der Tod, den der Ältere als Vorbild in seinen Nachbildern zu überwinden hofft, für den Jugendlichen kein Lebensthema. Das Schicksal des von seinen Mitschülern zuweilen beneideten, aber noch viel eher verachteten und meistens gemiedenen Musterknaben erklärt schon manches: Man möchte nicht frühzeitig als fertiges Idealmenschlein den anderen als Vorzeigeobjekt hingehalten werden, weil das den Frühreifen isoliert und aus der wärmenden Gemeinschaft der Gleichaltrigen ausschließt.

Wenn den jungen, sich noch selbst suchenden Menschen Geschwister oder Freunde imitieren, so ärgert ihn das und er empfindet es als billiges Plagiat, als Diebstahl an seiner Originalität, die er sich so mühevoll errungen hat. Der Imitator unterwühlt in seinen Augen die eigene noch ungefestigte Identität auf inflatorische Weise.

Die Wurzeln der Lust

Wer uns dann später in der Zeit der Lebensreife nachahmt, kann schon eher auf unser Vergnügen zählen. Diese Zuwendung schmeichelt nun der Eitelkeit. Wir werden bemerkt, erhalten Aufmerksamkeit für Eigenschaften, die als kostbar eingeschätzt werden. Ich bin wer, bin was wert. Wer mich nachahmt, hat «was an mir gefunden», was ja auch eine Umschreibung für die Liebe ist. Und wie überwältigend ist die Freude, geliebt zu werden.

Jeder sieht in der Nachahmung seines Wesens eine Bestätigung seiner Trefflichkeit und Originalität. Er weiß, daß er somit etwas Wertvolles repräsentiert, das zu überleben verdient. Und wie ein Führer hat er eine Gefolgschaft, die ihm folgt, und das schmeichelt dem Machttrieb.

Der dem Tode näher stehende, ältere Mensch, der in Beruf und Familie modellhaft wirkt und in jungen Menschen Nachahmer findet, gewinnt in diesen ein Unterpfand für ein neues, weiteres Leben. Er oder wenigstens Teile von ihm überleben in ihnen und das verschafft ihm neben der Eitelkeit, die sich von jeder Bewunderung geschmeichelt fühlt, ein starkes Lustgefühl.

Kontinuitäten

Dieser Prozeß verbindet schließlich auf eine beglückende Art des Austausches die Generationen. Die bewunderten Vorbilder haben ihre Musterhaftigkeit keineswegs allein aus sich selbst geschöpft, sondern sich ihrerseits an Vorbildern gebildet, so daß in einer Welt vermeintlich oberflächlicher und kurzlebiger Idolwirkungen auch tiefere Kontinuitäten aufscheinen.

Hermann Kurzke *E-Mail 12. Juni 2002*

Schön, wie Sie die Vorbildthematik von hinten aufrollen, von der Anti-Vorbildlichkeit des Klonens, des Plagiierens und Imitierens. Aus Annahme und Abwehr von Vor-Bildern besteht unsere Ichwerdung, entwickelt sich unsere Identität – die insofern nichts Ursprüngliches und Unableitbares ist, sondern ihre Einmaligkeit aus der Überlagerung vieler Imitatreste entwickelt.

Jahrhundertelang hat die Kirche die Vorbilder definiert – als Heilige, deren Leben den Trägern des gleichen Namens als Muster dienen sollte. Das Prinzip war nicht schlecht, nur müßte heute der Heiligenkalender ausgeweitet werden. Thomas Mann wäre ein solcher Heiliger, für dessen Namenstag eine Liturgie zu finden nicht schwer sein sollte.

Daß sich die Lust, ein Vorbild zu sein, aus der Sehnsucht nach Überwindung des Todes speist, bemerken Sie sehr trefflich. In anderen Menschen, jüngeren, stärkeren, fortzuleben ist eine schöne Illusion. Dem alternden Literaten hilft sie gegen die Angst, er schreibe nur für alternde Literaten. Ja, das geht natürlich auch uns an. Werden sich junge Menschen für das interessieren, was wir hier miteinander plaudern? Oder sind wir unweigerlich von gestern?

Die Großen der Vergangenheit beschäftigen mich seit einiger Zeit auch literarisch. Die antike Gattung der Totengespräche aufgreifend, entwerfe ich gelegentlich Szenen und Gespräche, die das Weiterleben wirklicher und fiktiver Personen in unserem Gedächtnis realiter als Leben nehmen und ausphantasieren. Derzeit stelle ich mir vor, was Gustav von Aschenbach nach seinem Tode mit Tadzio treibt …

Hermann Kurzke *Tagebuch 14. und 15. Oktober 2002*

Luxemburg. Gelungene TM-Bio-Lesung in Mersch, ca. 100 Besucher. Familie Wirion sehr sympathisch und kultiviert. Einladung zum Abendessen. Luxemburg-Stadt: protzige Idylle, kleiner als ich dachte.

Die Seminare über Tod in Venedig und Mario sehr anstrengend, 6 Stunden netto eigene Rede- und Gestaltungszeit. Am Nachmittag gegen 16 Uhr hatte ich meinen Sack geleert und mußte doch noch bis 17 Uhr durchhalten! Las dann noch verlegenheitshalber T.i.V.-Totengespräch, höfliches Schweigen. Ist alles bei weitem noch nicht gut genug, ist noch im Ansatz verkorkst. Jacques Wirion widersprach allerdings. Jetzt auf der Heimfahrt. Gute Deutschlehrer in Luxemburg, angenehmer Verkehr unter gebildeten Menschen, die trotzdem nicht ostentativ mit ihrer Bildung wedeln.

Jacques Wirion *E-Mail 17. Oktober 2002*

Trotz Ihrer Selbstkritik will ich Ihnen bestätigen, was ich zum Abschluß unseres Seminars sagte: Ich habe viele neue und wichtige Erkenntnisse über TM gewonnen und ich vermute, daß das für meine Kollegen auch zutrifft. Ihre *Tod-in-Venedig*-Fortsetzung hat mir besonders wegen ihrer empathischen Qualitäten gut gefallen. Sie läßt trotz ihres Charakters als Pastiche Ihr episches Talent erahnen.

Ihre religiöse Positionierung im Tischgespräch mit meiner Frau und dem Kollegen Léon Weis am Montagabend hat mich sehr nachdenklich werden lassen. Sie ruht für mich in einem Konservatismus, der das Überlieferte aus instinktiver Frömmigkeit schätzt. Ihre bewußte Konstruktion und Konzentration auf das Formale und Rituelle orte ich irgendwo zwischen Montaignes Gelassenheit und Auguste Comtes merkwürdiger Wissenschaftsreligion mit ihrem Kalender der positivistischen Heiligen der 7 Wissenschaften für die 7 Wochentage.

Auch ein klein wenig Dezisionismus scheint mir daraus hervorzulugen. Können wir die in der Tat notwendigen traditionellen Werte wirklich durch den Willen retten, indem wir das Wissen verleugnen?

Es ist mir in dieser kurzen Zeit unseres Kontaktes noch klarer geworden, was ich schon aus Ihren Texten und Briefen erahnt habe. Sie sind mir in vielen Haltungen sehr ähnlich – oder ich Ihnen. Ich empfinde Sie als konservativ und geistig offen zugleich. Vor etwa dreißig Jahren habe ich mich sehr intensiv mit der politischen und geistigen Position des Konservatismus beschäftigt, und immer motivierte mich in der Kritik am Konservatismus, die auf eine Erledigung aus war, diese Haltung, die sich dümmer stellt, als sie ist. Doch der Angriff mußte ergebnislos bleiben, weil er gegen mein eigenes Wesen gerichtet war. Doch das wurde mir erst allmählich bewußt.

Es gibt außer Ihnen nicht viele Menschen, denen ich mich in wichtigen geistigen Fragen so nahe fühle. Neben meiner Frau sind da noch interessanterweise zwei Psychologen und ein Priester im Ruhestand. Im Kontakt mit diesen Leuten empfinde ich ihren Glauben auf die Dauer nicht mehr als Hindernis in unserer Beziehung.

Meine Religionsfeindlichkeit seit dem 20. Lebensjahr stammt vermutlich aus einer kalten und abstoßenden Gottesvorstellung, die mit den sexuellen Bedürfnissen des jungen Menschen nicht vereinbar war. Tilman Moser hat das «Gottesvergiftung» genannt. Es war vermutlich auch eine verschleppte Loslösung vom väterlichen Element, das in der realen Person meines Vaters nur schwach vertreten war. Der Loslösungsprozeß benötigte stärkere Vaterfiguren zum Streiten und fand sie problemlos im autoritären Männerverein der kirchlichen Hierarchie, an dem ich dann in polemischen Texten mein Mütchen kühlte.

Da solche Prozesse aber selten zu vollständig befriedigenden Ergebnissen führen, bleibe ich ein Suchender. Aphoristisch habe ich das mal so auf den Punkt gebracht: Wunden sind Öffnungen.

Im Augenblick muß ich darauf achten, daß der Islam nicht zu meinem religiösen Prügelknaben wird, denn das Zeug dazu hat er durchaus. Die islamische Gotteskonstruktion ist in meinen Augen viel zu solide und monolithisch. Nichts entgeht ihr, keine Nische ist da, wo anderes wachsen oder gar blühen könnte. Der schwarze Stein (Hadschar) ist in meinen Augen ein schwarzes Loch, das alle kulturellen Energien religiös an sich zieht und erstickt.

Hermann Kurzke
Totengespräch Nr. XII. Von Strand zu Strand

Ihm war aber, als ob der bleiche und liebliche Psychagog dort draußen ihm lächle, ihm winke; als ob er, die Hand aus der Hüfte lösend, hinausdeute, voranschwebe ins Verheißungsvoll-Ungeheure. Und, wie so oft, machte er sich auf, ihm zu folgen. Tadzio war schon weit draußen, wo Wasser und Himmel schattengrau und dennoch leuchtend ins Nebelhaft-Grenzenlose verschwammen. Gustav von Aschenbach durchmaß die kurze Strecke Sandes bis zum Meeressaum, überwand die schlappe Brandung, spürte ohne Erstaunen, daß er auf dem Wasser laufen konnte und erreichte bald den schwebenden Knaben, der ihn, o Welle des Glücks! schweigend bei der Hand nahm. Wie sehr bedurfte man im weglosen Gelände des Führers, wie froh war Aschenbach, daß die Mythen nicht logen und es solche Führer gab, wie selig war er, daß gerade dieser ihn führte! Hand in Hand passierten sie die Schwelle des Todes. Kerberos wollte erst knurren, bettete seine drei Köpfe aber gleich wieder auf die Vorderpfoten, als er Aschenbachs Begleiter an den Flügelschuhen erkannte. Charons Nachen nahm sie auf. Das Wasser war wie schwarze Milch. Das sargfarben lackierte Gefährt mit dem mattschwarz gepolsterten Zweier-Armstuhl, der, wie man weiß, weich, üppig, ja erschlaffend war, in dem sie nun aneinandergedrückt saßen wie ein Liebespaar, erinnerte Aschenbach an die Gondelfahrt zum Lido und die süße Lässigkeit, mit der er sich ihr hingegeben hatte. Wehmütige Verse hatte sein mattes Hirn gebildet – «Fern überm Wasserpfade / Flimmert von Nacht ein Schein / Lichter vom andern Gestade / Was mag sein?» Tief empfunden, infolgedessen mittelmäßig. Die Leere hier im Hades war lau wie dort in Venedig die Luft, wie damals hörte man nichts als das Plätschern des Ruders, das hohle Aufschlagen der Wellen gegen den Schnabel der Barke und das stoßweise Raunen des Fährmanns, der Unverständliches zwischen den Zähnen flüsterte. Charon war freilich nicht so widerwärtig wie damals der verbrecherische Gondolier, und Aschenbach verzichtete mühelos auf Pflichtgefühl und Stolz, die ihn seinerzeit zu einem matten Protest veranlaßt hatten. «Ich fahre sie gut», hatte der Gondolier geantwortet, und das hatte gestimmt – dort wie hier.

Die Fahrt sollte eigentlich kurz sein, aber sie schien ewig zu währen, der Weg war so wundervoll, daß er Aschenbachs halber, der mehr nicht verlangte, das Ziel hätte sein dürfen. Er fühlte sich leicht wie nie. Was war der Tod? Die Antwort erschien ihm nicht mehr in armen und wichtigtuerischen Worten, er fühlte sie, er besaß sie zuinnerst. Der Tod war ein Glück, so tief, daß es im Leben nur in ganz begnadeten Augenblicken zu ermessen gewesen war. Er war die Rükkkunft von einem unsäglich peinlichen Irrgang, die Korrektur eines schweren Fehlers, die Befreiung von den widrigsten Banden und Schranken – einen beklagenswerten Unglücksfall machte er wieder gut. Ende und Auflösung? Dreimal erbarmungswürdig jeder, der diese nichtigen Begriffe als Schrecknisse empfand! Was hatte geendet und sich aufgelöst? Der Leib! Dieses schwerfällige, störrische, fehlerhafte Hindernis, etwas Anderes und Besseres zu sein! War nicht jeder Mensch ein Mißgriff und Fehltritt? Geriet er nicht in eine peinvolle Haft, sowie er geboren ward? Gefängnis, Schranken und Bande überall! Durch die Gitterfenster seiner Individualität starrte er hoffnungslos auf die Ringmauern der äußeren Umstände, bis der Tod kam und ihn zu Heimkehr und Freiheit rief … Individualität! Ach, das bißchen, was man war, konnte und hatte, war doch immer arm, unzulänglich und langweilig gewesen gegen das, was man nicht war, nicht konnte und nicht hatte, worauf man mit sehnsüchtigem Neide blickte … Wieviel besser war es im Reich der Schatten, der Knabe an seiner Hand war die Welt, in Liebe verbunden war er mit allem, was lebt, schwebend frei in zeit- und raumloser Nacht war alles gleich nah und gleich fern, unendliche Gegenwart und stete Ewigkeit zugleich.

Charon war, anstatt wie üblich ans andere Ufer zu fahren, dem Lauf des Acheron eine Weile gefolgt, hatte ein Labyrinth von Kanälen durchmessen, ließ den Lethe links liegen und ruderte styxabwärts zum Okeanos. An jeder Gabelung der Wasserwege stand ein Schatten, der die Richtung wies. Aschenbach erkannte sie alle, doch, in seinen Traum versunken, sah er sie ohne Schmerz. Der rothaarige Fremde vom Nordfriedhof, der, bei gekreuzten Füßen, die Hüfte auf einen Stock lehnte, grimassierte unangenehm, noch immer schienen seine Lippen zu kurz, völlig von den Zähnen zurückgezogen, dergestalt, daß diese, bis zum Zahnfleisch bloßgelegt, weiß und lang dazwischen hervorbleckten. Auch der unreinliche Matrose, der ihm die Fahrkarte verkauft hatte, saß am Ufer, er sog an seinem Zigarettenstummel und brabbelte geschäftsmäßig vor sich hin: «Ah, Venedig! Eine herrliche Stadt! Von unwiderstehlicher Anziehungskraft!» Der greise Geck zeigte sein gelbes und allzu vollzähliges Gebiß, leckte die Mundwinkel, lallte: «Unsere Komplimente dem Liebchen, dem feinen Liebchen» und wies ihnen neckisch eine falsche Richtung, aber Charon kannte sich aus und ließ sich nicht irritieren. Ein Anhalter rannte eine Weile am Ufer entlang, stellte sich als Wladislaw Baron Moes vor und wollte mit, aber Aschenbach verneinte stumm. Der ungefällige Gondolier wollte Charon am Ruder ablösen; als dieser ablehnte, knurrte er zu Aschenbach hinüber, die Zähne entblößend: «Sie werden bezahlen!» Der schweizerische Liftführer rief wieder «Pas de chance», der dreiste Straßensänger lachte sein Hohngelächter und der Coiffeur winkte mit einer roten Krawatte. Es war wie in der Geisterbahn.

Das alles berührte Aschenbach nicht mehr sonderlich. Angewidert war er jedoch, als die Luft sämig wurde, qualmige Glut aufglomm, schrilles Jauchzen sich hören ließ, ein Bergland sich linkerhand zeigte, von dem eine tobende Rotte sich herabwälzte, den Hang mit Leibern überschwemmend. Strauchelnde Weiber schüttelten Schellentrommeln und trugen schreiend ihre Brüste in beiden Händen. Zottige Männer mit Hörnern schlugen wütend auf Pauken, während glatte Knaben sich jauchzend von Böcken schleifen ließen. Das Geheul schwoll bis zum Wahnsinn, als ein obszönes Symbol, riesig, aus Holz, enthüllt und erhöht ward. Mit Schaum vor den Lippen röhrten sie wie die Hirsche, reizten einander mit geilen Gebärden, stießen Stachelstäbe einander ins Fleisch und kosteten Unzucht und Raserei des Untergangs. Ach, das war es nicht, was er ersehnte! Ein Blick, ein Händedruck, ein flüchtiges Streifen des Armes, ein Aneinanderschmiegen, als Höchstes ein Kuß – alles andere war schmutzig und demütigend, jede wüste Ausartung mündete in tiefe, verzweifelte Reue. Auch er war ja jung und roh gewesen mit seiner Zeit, schlecht beraten von ihr hatte er im Ausleben der Triebe sein Glück gesucht, bis er erkannte, daß rein und groß nur der Traum ist, niemals die Wirklichkeit. Hatte er den Phallus gesucht, wenn er Tadzio durch Venedig folgte? Nein. Selbst mit dem Apoll von Belvedere hätte er nie zu Bett gehen mögen. Nicht hier landen, dachte Aschenbach, nicht das dionysische Aulasaukaula ist mein Ziel. Er blickte seinem Begleiter in die dämmergrauen Augen und gewahrte dort mit Beruhigung, daß auch dieser nichts übrig hatte für die Orgien der Sexualität.

Charon war weitergefahren, der Lärm blieb zurück, das gleichmäßige Eintauchen des Ruders war wieder das einzige Geräusch, das die Stille unterbrach. Inzwischen hatte sich der Strom geweitet, sie erreichten den Okeanos, wenige Ruderschläge noch, und der Kiel des Nachens knirschte auf dem Sand. Dort stand ein Liegestuhl, nicht minder bequem als Charons Gondelsofa; er wurde dem Beglückten zum Daueraufenthalt zugewiesen. Vor ihm lag Tadzio, ausgestreckt, ein Badetuch um die Brust geschlungen, den zart gemeißelten Arm in den Sand gestützt. Nicht mehr mußten sie die Liebe verbergen. Traumverloren tauchten ihre Blicke, selten auch ihre Lippen ineinander. Nicht weit saßen Sokrates und Phaidros. Es dauerte nicht lange, bis die beiden Alten ihre Liegestühle zusammenrückten. Ihre Blicke auf die spielenden Knaben gerichtet, deren Leiber die Sonne nicht vermißten, sondern in der geisterhaft glasigen Dämmerblässe der Schattenwelt wie gelblicher Marmor schimmerten, sprachen sie vom heißen Erschrecken, das der Fühlende leidet, wenn sein Auge ein Gleichnis der ewigen Schönheit erblickt, und Gustav von Aschenbach zitierte das Tristan-Gedicht seines verehrten Vorläufers August von Platen:

Wer die Schönheit angeschaut mit Augen,
Ist dem Tode schon anheimgegeben,
Wird für keinen Dienst auf Erden taugen,
Und doch wird er vor dem Tode beben,
Wer die Schönheit angeschaut mit Augen!

Ewig währt für ihn der Schmerz der Liebe,
Denn ein Tor nur kann auf Erden hoffen,
Zu genügen einem solchen Triebe:
Wen der Pfeil des Schönen je getroffen,
Ewig währt für ihn der Schmerz der Liebe!

Ach, er möchte wie ein Quell versiechen,
Jedem Hauch der Luft ein Gift entsaugen
Und den Tod aus jeder Blume riechen:
Wer die Schönheit angeschaut mit Augen,
Ach, er möchte wie ein Quell versiechen!

Hermann Kurzke *E-Mail 27. Oktober 2002*

Zu Ihrem Mail-Brief vom 17. Oktober: Uns verbindet, sagen Sie, die konservative Haltung, die sich dümmer stellt, als sie ist. Vortrefflich! In der Tat ist es das Dilemma des Konservatismus, daß er sein Wissen verleugnen muß – sein melancholisches Wissen, daß die Gegenstände seiner Sehnsucht ihn erst als untergehende ergreifen. Der sterbende Glaube zieht einen Kometenschweif aus Nostalgie hinter sich her. Der moderne Konservative lebt nicht in der Tradition, er sehnt sich nur nach der Tradition. Das macht seine Haltung so tief widersprüchlich. Er will gern tief gläubig sein, unbewußt wie eine Blume, und ist doch bestenfalls ein Florologe, ein Museumswärter des Glaubens. Oder ein Ideologieproduzent – auch der Restaurator ist ein Ideologe.

Natürlich wirft das die Frage auf, ob ich der Dezisionismusfalle entgehen kann. Vielleicht ist das für mich persönlich unmöglich. Vielleicht bleibt man Ungläubiger, auch wenn man kulturell Religiöses voranzubringen sucht. Ich vergleiche das manchmal mit dem Bild von dem Mann, der ein Licht auf dem Rücken trägt, das ihm nicht leuchtet, aber Nachfolgenden den Weg erhellt (aus der *Divina Commedia*, zitiert in Thomas Manns *Doktor Faustus*).

Außerdem sende ich Ihnen per Post die CD zum *Geistlichen Wunderhorn*, einer kommentierten Kirchenlied-Anthologie (2001 bei C.H.Beck erschienen), damit Sie einen kleinen Blick in meine hymnologische Werkstatt bzw. meinen kulturreligiösen Goodwill tun können.

Jacques Wirion — *E-Mail 4. November 2002*

Vielen Dank für Ihre liebe CD-Zusendung. (Die Botschaft hör' ich wohl, allein ...)

Hermann Kurzke — *E-Mail 4. November 2002*

Um die CD zu hören, braucht man keinerlei Glauben aufzubringen. Während der Kirchenbesuch abnimmt, steigt die Zahl der Kirchenchöre. Geistliche Musik erfreut sich im Konzertleben einer großen Konjunktur. Vielleicht ist die Musik eine Sprache, die auf weniger verdorbene Weise als die Kirchen von den großen metaphysischen Themen spricht, die im ausgeleierten Gerede der Religionen fast nicht mehr hörbar sind. – Die Wunderhorn-CD bitte mindestens zehn Mal hören, dann erst erschließt sie sich und wird unentbehrlich.

Was das zehnmalige Abhören der Lieder-CD anbelangt, so erinnert mich der Vorschlag an Pascals Rat an den Ungläubigen, es mit den äußeren Gesten des Glaubens (beten, knien ...) zu versuchen. Für behavioristische Therapien solcher Art war ich noch nie zu haben.

Was Sie anstreben: eine Rekonstruktion – mit Bedacht sage ich nicht: Restauration – des Glaubens an Gott über den Umweg seiner zahlreichen Vorteile für den Menschen (Trost, Sinnstütze ...). Auch als Adressat unserer Dankempfindungen und Lobbedürfnisse wird Gott sozusagen neu erschaffen in einer gottleeren Zeit. Doch warum diese Argumentation mich nicht berührt, das deuten Sie selber an. Christus ist für mich nicht mehr «diskursfähig», weil meine Glaubenskräfte durch eine verdorbene religiöse Sozialisation vernichtet worden sind. Der Gott, der mir vermittelt wurde, oder die Art, in der ich diese Vermittlung rezipiert habe, war für einen tragfähigen Gottesglauben ungeeignet. Christi Befreiungs- und Erlösungsbotschaft konnte nicht gehört werden, wo ein Angstgespenst unaufhörlich mit Höllenaussichten aufwartete. Ob mein neurotisches Wesen oder der katholische Diskurs der frühen Nachkriegszeit hier ausschlaggebend war, ist für das Ergebnis eigentlich unwichtig. Ich mußte allein schon aus sexuellen Gründen diesen Gott los und somit gottlos werden, denn einen anderen erkannte ich nicht. Dieser Kampf war hart und heftig, er fand fern von zu Hause Anfang meines ersten Universitätsjahres in Tübingen statt. Er hinterließ eine religiöse Einöde in mir, und ein Weg zurück erscheint mir unmöglich. Wenn ich mir die Frage stelle, ob ich religiös unbegabt oder «nicht musikalisch» veranlagt bin, ich glaube Max Weber gebraucht die Metapher, oder ob eine bestehende Veranlagung deformiert wurde, so neige ich eher zu letzterer Annahme. Mich reizen noch heute theologische Fragestellungen, und die Gottesfrage hat mich nie losgelassen, auch wenn es mir jetzt weniger um seine absolute theologische Existenz geht als um die soziologisch-psychologische in den Köpfen der Gläubigen.

Hermann Kurzke *E-Mail 6. November 2002*

Das ist schön, daß Sie sich meiner armen Seele annehmen, damit sie nicht im Sumpf des Irrationalismus versinkt ... Ja, ja, Sie haben schon recht. Mich selbst kann ich mit meinen Überlegungen wahrscheinlich auch nicht erlösen, weil ich mir immer selbst über die Schulter schaue, weil ich die Spielregel zu gut kenne.

Das Sexuelle freilich – über diese Neurosen muß man hinweg, sie haben mit Religion nur ganz marginal zu tun. Obgleich ich diese Leiden auch durchgemacht habe, obgleich auch ich schwer beschädigt wurde, will ich verklemmte Diener des Wortes nicht mit dem Wort selbst verwechseln.

Jacques Wirion *E-Mail 6. November 2002*

Was Ihre «arme Seele» anbelangt so ist mir darum «gar nicht bange». Entschuldigen Sie die dauernden Faust-Zitate. Es handelt sich wohl um eine fast lächerliche *déformation professionelle,* die mit Hilfe von Zitaten die eigene Formulierungsmüdigkeit zu verbergen sucht.

3. Geist und Fleisch

Jacques Wirion *E-Mail 20. November 2002*

Da ich schon seit zwei Wochen nichts mehr von Ihnen vernommen habe, nehme ich an, daß Sie unter Zeitdruck stehen. Meine Zusendung soll nun keineswegs diesen Druck erhöhen, sondern nur der Information dienen. Wie Sie vielleicht wissen, veröffentliche ich seit vielen Jahren «beschauliche» Glossen in der Luxemburger Wochenzeitung *d'Lëtzebuerger Land*. Hier einer meiner letzten Texte.

Jaques Wirion
«Weil er er war, weil ich ich war.»
(Montaigne, *Von der Freundschaft*)

Freundschaft ist Liebe mit Verstand.
Sprichwort

Ein Freund ist gleichsam ein zweites Ich.
Cicero, *Laelius*

Ein Freund ist ein Mensch, vor dem man laut denken kann.
Emerson

Selbsterkundung
Gleich eingangs will ich gestehen, daß ich vielen Menschen aus meiner Bekanntschaft eigentlich näher sein möchte, zugleich aber Hemmungen empfinde, von denen ich nicht so genau anzugeben vermag, ob sie bei mir oder bei ihnen ihren Ursprung haben. Das daraus sich ergebende Gefühl läßt sich umschreiben mit: Ich möchte wohl, vermag es aber nicht. Der Schritt auf den anderen zu verlangt von mir ein Aufgeben von gewohnten Sicherheiten und zugleich das Risiko, mir eine Abfuhr und damit eine Demütigung zuzuziehen. Das macht aus dem Schritt einen Sprung, und vor Sprüngen habe ich Angst.

Männersache?

Neben der Liebe wird die Freundschaft seit alters her als eines der größten Glücksgüter der Menschen gepriesen. Und doch läßt sie sich sprachlich und definitorisch infolge ihrer individuellen Ausprägungen nur schwer erfassen. Gerade weil in der Freundschaft das je besondere Individuum akzeptiert und aufmerksam beachtet wird, bekommt diese Beziehung etwas Spezifisches, das sich nur schwer ausdrücken läßt. Die Freundschaft ist in der Literatur in erster Linie ein Thema von Männern für Männer gewesen, so daß gar der Eindruck sich verfestigt hat, zwischen Frauen sei sie inexistent. Doch diese herrschende Vorstellung ist wie so viele Ideen der Herrenklasse nichts anderes als ein Irrtum, der aus einer verengten Weltsicht stammt.

Wurzeln

Das Alter der Freundschaft, der Zeitpunkt ihrer Entstehung ist wichtig. Jeder weiß, wie sehr die gefühlsmäßige Vertrautheit ihre tiefsten Wurzeln in der Kindheit oder Jugend hat. Der junge Mensch, der sich aus der Obhut und Exklusivität mütterlicher und familiärer Bindungen herausbegibt und eine neue Bindung nach eigener Wahl trifft, ist für die tiefe Verankerung dieser Empfindungen besonders geeignet. Freundschaften, die sich im reifen Alter der Partner bilden, sind deshalb nicht unecht, entbehren aber oft dieser tiefen Grundlage und ihrer affektiven Unbedingtheit. Die Vernunft hat hier bei der Wahl einer neuen Verwandtschaft ein kräftig Wörtchen mitzureden. Die Distanz, die das Ich im Laufe der Jahre um sich geschaffen hat, nährt sich aus einem Mißtrauen, das aus bösen Erfahrungen stammt. Und da wir so oft in den Fluß der zwischenmenschlichen Erfahrungen gestiegen sind, können uns auch die schönsten Wellen nie mehr so begeistern wie bei unseren ersten Bädern.

Das Treffliche als kostbare Seltenheit

Die meisten Autoren, die sich über dieses Thema ausgelassen haben, sehen in der Freundschaft ein extrem kostbares und zugleich auch sehr seltenes Phänomen. So Aristoteles und Montaigne.

Eine Conditio sine qua non der Grundlegung einer Freundschaft ist für Aristoteles die Trefflichkeit, die Tugend der Freundschaftspartner. Heute bestimmen wir diese Trefflichkeit unter anderem als Fähigkeit beider Partner, sich in den anderen versetzen und mit ihm fühlen zu können. Aber so altmodisch anmutende Eigenschaften wie Treue, Respekt, Ehrlichkeit, Vertrauen, Mut, Großmut, Reinheit, Zärtlichkeit, Verschwiegenheit, Wohlwollen sind Voraussetzungen einer solchen Beziehung.

Der einzelne geht in dieser hohen und seltenen Form der Freundschaft nicht aus einem Bedürfnis, einem Mangel heraus den Bund ein, sondern aus einer Stärke, aus einem seelischen Überfluß. «Nur der ist hoher Freundschaft fähig, der auch ohne sie fertig zu werden vermag», meint Emerson.

Gleichheit und Unterschied des Wesens

Zudem gründet dieses Verhältnis auf der Wesensähnlichkeit der Freunde, die meines Erachtens aber nicht Gleichheit des Geschlechts bedeuten muß. Aristoteles zufolge empfinden Freunde «Freude aneinander oder an den gleichen Dingen» (Aristoteles, *Nikomachische Ethik*). Und Siegfried Kracauer, der ähnlich wie der große alte Grieche Epikur im Gespräch eine der höchsten Annehmlichkeiten der Freundschaft sieht, hat das schöne Geheimnis, das freie und unabhängige Menschen aneinander bindet, so definiert: «Sich gemeinsam entfalten, ohne sich aneinander zu verlieren, sich hinzugeben, um sich erweitert zu besitzen, zur Einheit zu verschmelzen und doch getrennt für sich bestehen zu bleiben: dies ist das Geheimnis des Bundes.» (*Über die Freundschaft*)

Über die Frage des Gleichgewichts von Geben und Nehmen in einem solchen Freundschaftsverhältnis hat wiederum Aristoteles das Treffliche treffend notiert: «Wer andererseits durch die größere Leistung seinen Freund übertrifft, kann diesem eigentlich keinen Vorwurf machen: er erreicht ja eben das, was er möchte.» (*Nikomachische Ethik*).

Zwischen den eher zufälligen, weil uns in den Schoß fallenden Bindungen in Familie und Berufswelt und der sehr seltenen hohen oder idealen Freundschaft, in der sich die Partner einander ganz hingeben, gibt es noch eine mittlere Ebene der Freundschaft: einer Wahlverwandtschaft, die stärker auf den Nutzen als auf die Trefflichkeit der Partner bezogen ist. Zudem erlaubt diese Form auch mehrfache Bindungen, wo doch die hohe Freundschaft exklusiv ist, was sie auch mit der Liebesbeziehung gemeinsam hat. Von dieser jedoch unterscheidet sie die sinnliche Begierde. Meistens wird angenommen, daß sie sich mit der Freundschaft nicht verträgt. Echte Freundschaft könnte dann in einer Ehe oder einer Liebesbeziehung erst mit dem allmählichen Nachlassen der sinnlichen Faszination und der sexuellen Potenz Raum gewinnen, was uns wieder daran erinnert, «daß dem Menschen nichts Vollkommenes wird».

Eines der stärksten Loblieder auf die Freundschaft hat Montaigne, dem die Meinungen antiker Autoren zu diesem Thema eher kraftlos vorkamen, geschrieben. «Im übrigen sind, was wir gemeinhin Freunde und Freundschaften nennen, nichts weiter als Bekanntschaften und Vertraulichkeiten, die durch irgendwelche Anlässe und Bequemlichkeiten angeknüpft sind, mittels deren unsere Seelen sich miteinander unterhalten. In derjenigen Freundschaft aber, von der ich spreche, mischen und vereinigen sich beide in dermaßen völliger Verschmelzung, daß sie ineinander aufgehen und die Naht, die sie verbindet, nicht mehr finden. Wenn man in mich dringt, zu sagen, warum ich ihn liebte, so fühle ich, daß sich dies nicht aussprechen läßt, ich antworte dann: «Weil er er war, weil ich ich war.»

Hermann Kurzke *E-Mail 4. Dezember 2002*

Ihr Freundschafts-Text fängt sehr schön an und bleibt sehr schön. Nur die Sätze über Freundschaft in Liebe und Ehe empfinde ich als nicht zu Ende gedacht. Die Probleme, die die Sinnlichkeit bei Freundschaftsversuchen zwischen Mann und Frau zu erzeugen pflegt, verdienen eine gründlichere Erörterung. Zwei gegenläufige Fragen dazu: Kann das sinnliche Interesse die hohe Freiheit der Freundschaft auch beschädigen? Wären nicht umgekehrt auch Umstände denkbar, unter denen die Sinne dem Geistigen eine Hilfe sind?

Kurz bevor der Semesterstress losging, schrieb ich noch ein weiteres Totengespräch, das ich Ihnen, mit der Bitte um Nichtweiterleitung, als Anlage zustelle. Es enthält so dies und das, Heiliges und Fleischliches.

Hermann Kurzke
Totengespräch Nr. XIII. Via Traumpost

Mein lieber Spee,
wenn es zuträfe, was deine Feinde ausstreuen, daß du in eine Hexe verliebt gewesen seist, dann hätten wir es heute leichter. Wir könnten dich verstehen. Wir hätten dein Motiv. Es würde uns einleuchten, warum du deine ganze Existenz aufs Spiel gesetzt hast mit deiner Schrift gegen die Hexenprozesse. Wir könnten uns auch vorstellen, wie das konkret gelaufen ist. Als Gefangenenseelsorger mußt du faszinierende Möglichkeiten gehabt haben, unbeobachtet mit solchen Frauen zusammen zu sein. Die meisten waren ja keine garstigen Vetteln, sondern jung und hübsch, und werden jenen verführerischen Zauber besessen haben, der die Frustrierten und Vertrockneten neidisch macht und ihnen dämonisch vorzukommen pflegt. Gewiß verstärkte der wilde Aufruhr der Affekte, der die Folge der Aussicht auf den Scheiterhaufen war, jenen Zauber noch, und führte dazu, daß die Tür der Seele weit offen stand, die zu trösten du gekommen bist. Du brauchtest nur einzutreten und gemeinsam mit der Leidensbraut deinen ergreifenden Trauergesang von der Not Christi am Ölberg anzustimmen:

Vil Ruten, Geissel, Scorpiòn
Jn meinen Ohren sausen:
Auch kompt mir vor ein dörnen Cron,
O Gott wen wollt nitt grausen!

Hand aufs Herz: Hast du sie nicht doch auch erotisch gemeint, deine vielen Lob- und Liebgesänge der Gespons Jesu? Bist du vielleicht selbst der Cupido, dessen liebesbrandheiße Fittiche im Tränenbad gekühlt werden sollten, dort, wo du die Geliebte so gekonnt sprechen läßt:

Wie Perlen klar auß Orient
Mir zähr von augen schiessen:
Wie Rosenwässer wolgebrendt
Mir thränen vberfliessen.
O keusche Lieb, Cupido rein,
Aldà dein hitz erkühle,
Da dunck dein heisse Flüttig ein,
Daß dich so starck nitt fühle.

Hattest du wie Goethe eine Marianne, die für dich als Suleika mitdichtete? Du der schöne Hirte Jesus, und sie die Braut, die dich küßt mit süßem Druck und spricht:

Lieb hatt auß seinen äuglein rund
Fast tausend pfeil verschossen,
Hatt mir mein hertz verwundet sehr,
O wee der süssen peine!

Ist ihr die Qual der Folter mit der süßen Liebespein verschmolzen? Liebe und Schmerz, Eros und Todestrieb, Küsse und Bisse – das reimt sich, du konntest das noch nicht wissen, aber so erklären wir uns das heute, radikale Religion ist sublimierte Erotik, introvertierter Sadomasochismus sozusagen, na ja, die Herren de Sade und von Masoch lebten erst Jahrhunderte nach deiner Zeit, aber vielleicht triffst du sie ja mal, kannst was lernen. Obwohl, wahrscheinlich siehst du sie nicht, denn wenn wir uns in deiner Vorstellungswelt bewegen, dann sind sie in der Hölle und du im Himmel. Erzähl mir was von deiner Hexe! Du kannst sicher sein, ich fühle mit dir! Ich verstehe mich auf solche Sachen.
Herzliche Grüße sendet dir:
Ein Sterblicher, der noch im Fleische wandelt.

*

Meinem Bruder in Christus Carnali & Mortali. Die Gnade und der Friede unseres Herrn Jesus Christus seien mit dir und mit uns allen. Amen.

Dies ist meine Freude in Christus Jesus, wo ich den Namen des Herrn möglichst viel Frucht bringen sehe. Erkenne und erforsche in deinem Geist die Berufung und die Gnade, die dir gegeben ist in Christus; sie übe aus, auf ihr bestehe, aus ihr handle. Dies schreiben wir dir, um, wie man sagt, dem, der läuft, Sporen zu geben, auf daß er nicht stehen bleibe oder gar nach rückwärts falle. Da die Vereinigung des Geschöpfs mit seinem Schöpfer das höchste Gut ist, in diesem Leben durch den Willen und im anderen Leben durch Schau und ewigen Genuß, so muß man sie im höchsten Maß erwählen, vorziehen, wünschen und annehmen. Kräftige deinen Willen. Vertraue so auf Gott, als hinge der Erfolg der Dinge ganz von dir, nichts von Gott ab; wende ihnen jedoch zugleich alle Mühe so zu, als werdest du nichts, Gott alles tun. Seine unendliche Güte möge dir die Gnade gewähren, immer seine größere Ehre zu befördern.

Fridericus Spee Societatis Jesu, Euer Diener, an Güte arm.

*

Reverendissime Pater, hochehrwürdiger Professor und Poet!
Da habt Ihr mich ja schön abblitzen lassen! Habt Dank für Eure zuchtvolle Antwort. Ich glaube herauszuhören, was du meinst, aber nicht sagst. Daß ich zudringlich und geschmacklos sei, stimmt's? Nein, es stimmt nicht, du stammst aus einer Zeit, die noch keinen Sinn für psychologische und ästhetische Urteile hatte. Hast Du denn kein Ich, keine Gefühle, keine Psychologie? Deine frommen Floskeln weisen zurück, was ich für Verstehen und Erkennen hielt, und stellen mir stumme Fragen. Ob es in unserem Jahrhundert keine Devotion mehr gebe? Keine reine Frömmigkeit, keine Gottesliebe, keine *castitas animae*? Ob ich mich nicht zusammennehmen könne? Was die Menschen in unseren Tagen antreibe? Ob sie ihrer fleischlichen Natur willenlos unterwürfig seien? Ich will dir antworten: Sie haben schon einen Willen, und zwar einen dreifachen: den Willen zur Macht, den Willen zum Geld, den Willen zur Lust. Und wir glauben, daß das zu deiner Zeit nicht anders war, nur daß ihr es nicht zugeben konntet. Das Höhere, an das du zu glauben wähnst, ist aus dem Niederen geboren, ist nur seine raffiniertere Form. Du hast dir Demut antrainiert – «an Güte arm», o je –, aber du bist hochmütig, wie alle

Jesuiten. Wenn du an Gott glaubst, ist das doch nur deine Art, dich besser als andere zu fühlen – dein Wille zur Macht. Es ist deine Weise zu genießen, so wie es eine Weise zu genießen ist, wenn du in den Gedichten deiner *Trutznachtigall* die Seele als Braut und Jesus als schönen Hirten imaginierst. Die Religion ist für diejenigen da, denen das Leben die direkte Erfüllung ihrer Triebwünsche versagt. – Wie häßlich, höre ich dich einwenden, und wie schwarzgallig, kalt und schwer wie nasser Lehm, der an den Sohlen klebt und jede Tätigkeit der Seele, jeden auf die größere Ehre Gottes gerichteten Aufschwung der Seele vernichtet. Niemals könne aus dem Niederen das Hohe entstehen! Damit aber wohnst du in der Fehlhalde. Ich sage nur: Darwin. Auch wenn du das nicht verstehst. Über den Ursprung der Arten. Großes 19. Jahrhundert. Der Mensch entringt sich dem Niederen. Er ist ein hochentwickelter Affe. Was ihn empor ziehe, fragst du? Ob es nicht gerade der Gedanke Gottes sei, der ihn aus dem Affen allmählich umforme zu seinem Ebenbilde? Natürlich sagst du das nur in meiner Vorstellung, und wenn ich du wäre, würde ich zu mir sagen, daß es natürlich besser ist, an Gott zu glauben als an den großen Affen, daß aber eine Religion, die sich von ihren Wirkungen her definiert, eine Religion, die nur wohltuend, aber nicht wahr zu sein beansprucht, nichts als Selbstbetrug und voluntaristische Psychologie sein kann.

Ach, Spee. Wie schön muß es sein, wenn man nicht verzweifelt ist. Wie gern würde ich Gott anbeten, wenn ich könnte, wie beneide ich dich um deinen Glauben! Vielleicht brauchtest du ja gar keine Hexe. Hast du ihn wirklich geliebt, den am Baum gekreuzigten Jesus-Amor, hat er dir den Pfeil ins Herz geschossen? Hat er dir deine Verse zugeflüstert, von denen jeder dritte erstaunlich und jeder zehnte ein Wunder ist? Die Dichter meiner Tage sind studierte Germanisten, die mangels Nachtigall den Seitensprung als Produktionskick einsetzen, sind ruhmsüchtige Melancholiker auf der Suche nach Geld, Liebe und Macht. Was gäbe ich darum, einen einzigen Tag lang deine Gefühle und deine Gedanken zu haben, zum Beispiel im Advent vor 380 Jahren oder an dem Tag, an dem du dein sehnsüchtiges *O Heiland, reiß die Himmel auf* gedichtet hast – ach, für die Lästerzungen von heute auch nur eine begehrliche Besamungsphantasie! («Im Tau herab, o

Heiland fließ!») Wie gern würde ich deine Stimme hören (ich stelle sie mir beherrscht und innig vor), die Narben fühlen, die dir vom Attentat in Peine geblieben sind, deinen Körperbau betrachten (spindeldürr? baumstark?), in deine Augen sehen (haselnußbraun?)! Wie magst du in der Badehose ausgesehen haben? Hast du eigentlich Kölsch gesprochen? Oder dir Lutherdeutsch antrainiert, so wie dein Lehrer, der Konvertit Caspar Ulenberg, von dem die Sage geht, sein Körper liege unverwest im Grabe? Ach, sag mir doch irgend etwas Persönliches von Dir! – Wir sehen uns, wenn ich tot bin. So long und Salve! Dein Carnalis

*

«Man kann diesen Leuten nicht helfen», sagte Spee zu Johannes Scheffler, genannt Angelus Silesius, mit dem er sich beim Klang von Panflöten auf den elysäischen Feldern erging, in einem blaublühend umbuschten Quellgrund, den sie seiner Form wegen «Herz Jesu» nannten und zu ihrem Lieblingsort erkoren hatten, weil Scheffler, als er noch auf Erden wandelte, sich eine so beschaffene ewige Ruhestätte ausbedungen hatte:

Es mag ein andrer sich um sein Begräbnis kränken
Und seinen Madensack mit stolzem Bau bedenken,
Ich sorge nicht dafür: mein Grab, mein Fels und Schrein,
In dem ich ewig ruh, solls Herze Jesu sein.

«Sie halten die Erde für ein Balnearium», sekundierte Scheffler, «und wissen nicht, daß sie eine Zuchtschule ist. Sie haben alles, wonach Jahrhunderte sich sehnten, Wohlleben, Wissenschaft und warme Häuser. Ich höre, daß sie sich sogar, vermöge kunstfertiger Apparate, bewegte Bilder von schönen nackten Geschöpfen jederlei Geschlechts verschaffen können. Und doch kennen sie keine Zufriedenheit. Sie sind satt, aber nicht glücklich. Ihre Ohren sind verstopft. Das Wort unseres großen Vaters Augustinus ist ihnen unbekannt: ‹Unruhig ist unser Herz, bis daß es ruhet in dir!› Und wenn man es ihnen sagt, sind sie nicht etwa ergriffen, sondern antworten gleichmütig: Die Botschaft hör ich wohl, allein mir fehlt der Glaube. Hoffnung haben sie auch keine mehr. Und die Liebe scheinen sie nur in ihrer gewöhnlichsten Gestalt zu kennen.»

SPEE Und doch scheinen sie alles von ihr zu erwarten, scheinen dem Fleisch alles zuzutrauen. Das Gedicht eines Mitbruders – es ist erbärmlich schlecht, aber manchmal sitzen schlechte Verse fest wie Zecken – sagt einfältig die Wahrheit über die Triebe, auf die jener Carnalis so viel setzt:

O Fleisch du schnöder Madensack,
Wie viel hast du betrogen!
Wer dir glaubt, weiß wedr Gick noch Gack
Dein Wahrheit ist erlogen.

SCHEFFLER Da wollten wir das weltliche Getändel der Damons und Haltons, der Dorinden und Purpurillen überbieten durch geistliche Hirtenlieder der in ihren Jesum verliebten Psyche, und nun ziehen sie die höchste Liebe wieder herunter, indem sie behaupten, es sei gar kein Unterschied zwischen ihr und der niederen. Ja, wir erscheinen als Betrüger, die eingebildete Erfüllungen anstelle von wirklichen liefern.

SPEE Du hast ihnen allerdings Vorschub geleistet, in deinem *Cherubinischen Wandersmann*: ‹Ich weiß, daß ohne mich GOtt nicht ein Nu kann leben, / Werd ich zu nicht, Er muß vor Not den Geist aufgeben.› Ist doch von dir, das dreiste Distichon, mit dem du die Welt auf den Kopf stellst und zu bestätigen scheinst, was die Irdischen gern hätten, daß Gott nur ein Geschöpf der Menschen sei. Was hast du dir eigentlich dabei gedacht?

SCHEFFLER Ich darf dich an die Vorrede zum *Wandersmann* erinnern, wo ausgeführt ist, daß ich nicht etwa sagen wollte, daß die menschliche Seele ihre Geschaffenheit solle oder könne verlieren, welches in Ewigkeit nicht sein kann. Sondern, daß die heilige Seele zu solcher naher Vereinigung mit Gott und seinem göttlichen Wesen gelange, daß sie mit demselben ganz und gar durchdrungen und überformt, vereinigt und eines sei; dermaßen, daß wenn man sie sehen sollte, man an ihr nichts anderes sehen und erkennen würde als Gott; wie dann im ewigen Leben geschehen wird: Weil sie von dem Glanz seiner Herrlichkeit gleichsam ganz verschlungen sein wird.

SPEE Das verstehe wer mag. Es ist erhebend gesagt, aber nicht eben klar gedacht.

SCHEFFLER Vielleicht gefällt dir ein anderes Sinnspiel zum gleichen Thema: ‹Ich trage Gottes Bild, wenn er mich will besehn, / So kann es nur in mir, und wer mir gleicht, geschehn.› Ein ausgeklügelt Epigramma, kunstvoll um die Ecke gedacht!

SPEE Es wird mir ganz wirbelig im Kopf davon.

SCHEFFLER Vielleicht hilft dir das nächste weiter: ‹Gott ist in mir das Feur und ich in ihm der Schein; / Sind wir einander nicht ganz inniglich gemein?›

SPEE Ja, das ist schön, das sollte der Carnalis mal nachlesen. Ja, Gott ist das Feuer in mir! Nicht das Fleisch brennt!

SCHEFFLER Dennoch hat mein Wandersmann, was jene Hexe betrifft, auch einen Spruch für dich und eine Frage: ‹Mensch, wo du noch was bist, was weißt, was liebst und hast, / So bist du, glaube mir, nicht ledig deiner Last.› Trugst du eine solche Last, gab es ein Weib, das du liebtest mit deinen Sinnen?

SPEE (nach kurzem Zögern) Viele klammerten sich an mich vor Angst, bedeckten meine Hände mit nassen Küssen, als hätte ich die Macht, den Kerker zu öffnen. Eine einzige aber wühlte mein Innerstes auf. Sie war ganz still und fern, bereits kahlgeschoren und von der Tortur gezeichnet, schien aber meines Trostes nicht zu bedürfen, hörte mir aufmerksam zu, aber so, als wüßte sie immer mehr als ich, als würde sie mich prüfen, als wäre ich der Gefangene und nicht sie. Die Kraft des Todes war schon in ihr. Der Wunsch, ihre Seele dennoch zu erreichen, gab mir ein, sie zu umarmen, sie ließ es geschehen, stumm sanken wir auf ihr Lager und verharrten dort, eng umschlungen, bewegungslos, ausgeliefert, hingegossen, verschmolzen in einem Leid, die Tränen sprangen auf, vereinigten sich, im Weinen löste sich alle Schuld, und Trost floß in warmen Wellen zwischen uns hin und her. Ruhig erhob sie sich danach, sammelte sorgfältig die Strohspelzen von meiner Soutane ab, gab mir einen stummen Kuß, der seither auf meinen Lippen brennt, und ließ mich gehen. Ich sah sie nicht wieder, da sie kurz darauf hingerichtet wurde, aber mein Geist war von da an wunderbar geschärft, kein Gefühl störte mich, keine unziemliche Erregung, ich war nur kalter, exakter Verstand, glasklar erfaßte ich das Unrecht, die Unmenschlichkeit und die eklatanten Verfahrensmängel der Hexenprozesse. Mit ihren Methoden würden sie sogar dem Papst beweisen können, daß er eine Hexe sei. Erst jetzt war ich ledig der Last meiner Eitelkeit, wollte nichts mehr für mich und alles für Gott.

Wenn ich also dem Carnalis zu antworten hätte, würde ich sprechen: Habe die Heiligkeit auch ihre Wurzel in unserer Fleischlichkeit – die Wege Gottes sind wunderbar. Jener Kuß war der Kuß Christi. Lange haben wir in der Gesellschaft Jesu geübt, unser Ich zu verleugnen, das Gesicht gesenkt zu halten, zu lächeln, wenn wir angegriffen wurden, Schmeicheleien zu überhören, den Herrn zu preisen, wenn einer nach unseren privaten Gefühlen fragte, die andere Wange hinzuhalten, wenn man uns auf die eine schlug. Wir mußten das trainieren, wir haben es gelernt, und wenn wir es ganz geschafft hatten, vermochten wir sogar den leisen Triumph in den Mundwinkeln zu unterdrücken, vermochten wir nicht nur zu siegen, sondern auch den Stolz über den Sieg zu besiegen! Jedoch –

Scheffler ‹Mensch, wo du Tugend wirkst mit Arbeit und mit Müh, / So hast du sie noch nicht, du kriegest noch um sie.›

Spee Genau das wollte ich eben auch sagen. All die Zucht reicht nicht, wenn dich nicht die Gnade verwandelt. Mich hat erst jene keusche Umarmung frei gemacht von jeglichem Wollen. Vorher war Hochmut in meiner Demut, aber auch ihr bin ich dankbar, sie war ein Stachel, den Kampf fortzusetzen, auch wenn jeder Triumph der Demut zuerst ein weiterer Triumph des Hochmuts war. Wir im Orden kennen nichts so gut wie den Kampf um die Demut, den Wettlauf zwischen der Einfalt und der göttlichen Gnade. Wer nicht demütig ist, sondern die Demut nur gelernt hat, der kann nicht anders als auch die Wirkung der Demut berechnen, er kalkuliert, daß die Demut für die Gnade anziehend sein müßte und macht sich so Gottes Freiheit untertänig. Dabei weiß er, daß solche Spekulation der Gnade den Weg versperrt. Und dann spekuliert er vielleicht sogar noch, daß gerade der zerknirschte Unglaube an die Möglichkeit der Gnade das Allerreizendste für die ewige Güte sein müßte, und bedenkt nicht, daß solche freche Berechnung das Erbarmen vollends unmöglich macht. Und so weiter in verruchtem Wettstreit. Es gäbe keine Erlösung für einen solchen Kopf, wenn nicht eine der wunderbaren Eigenschaften des Himmels gerade die wäre, daß höchste Einfalt und höchste Reflexion kein Gegensatz mehr sind und die mechanische Marionette und der unendliche Gott über das gleiche Maß an Grazie verfügen. Unser Krampf und unsere Zucht, wie sind sie Spiel und Tanz geworden, wie frei, wie leicht und anstrengungslos hat die Ewige Liebe sie gemacht! – Trotzdem frage ich mich, ob uns diejenigen vor Gericht zerren dürfen, die solche Kämpfe überhaupt nicht kennen? Die immer nur naiv von ihrem Ich und seinem Recht überzeugt waren? Was meinst du, Angelus?

SCHEFFLER Natürlich nicht, Bruder Fridericus. Sie sind hochmütig, ohne es zu wissen. Man sollte aber demütig sein, ohne es zu wissen. Das war ich allerdings nicht, sowenig wie du. Ich war ein streitsüchtiger Eiferer, beschimpfte in Dutzenden von Schmieramenten den Martin Luther und den Jakob Böhme aufs unflätigste und bildete mir ein, ich hätte die Wahrheit gepachtet. Die Atmosphäre vor Gericht war dementsprechend frostig. Mächtige Engel traten gegen mich auf. Die Streitschriften spielten nur eine untergeordnete Rolle. Der Hauptanklagepunkt war, wie ich es wagen könne, ‹ich› zu sagen. Wieso überall mein Name stehe. Was ich mir einbilde. Ob ich Kammerpräsident für Urheberrecht sei. Ob ich, was Gott mir an Versen schenkte, nicht still hätte weiterschenken können, anstatt es als mein geistiges Eigentum zu reklamieren. Wieso die *Heilige Seelenlust* und der *Cherubinische Wandersmann* anmaßend auf dem Titelblatt stehen hätten: ‹Gesungen von Johann Angelo Silesio› und ‹Johannes Angeli Silesii Cherubinischer Wandersmann›, während sich einzig die Cherubim und Seraphim mit Fug und Recht als die wahren Urheber jener verzückten Lieder und geistreichen Sinn- und Schlußreime bezeichnen dürften? So ging die strenge Rede. Matt und schal war meine Verteidigung, der ich einwandte, seit Martin Luther sei das geistige Eigentum und das Recht des Namens geachtet, ein gewaltiger Ansporn sei daraus erwachsen, den ganzen wissenschaftlichen, intellektuellen und technischen Fortschritt der Neuzeit hätte es nicht gegeben, hätten die Menschen nicht ihren Namen schmücken können mit ihren Taten.

SPEE Wenn das dein Ziel war, warum bist du dann katholisch geworden? Katholisch heißt anonym!

SCHEFFLER Sitzt du nicht im Glashaus in dieser Hinsicht? Deine Trutznachtigall, dein Güldenes Tugendbuch, deine Hexenschrift, deine Lieder: das alles wird bei den Fleischlichen unter deinem Namen veröffentlicht. Du bist der berühmteste Jesuit des 17. Jahrhunderts. Kannst du mir einen einzigen berühmten Kartäuser sagen? Dabei waren die auch nicht schlecht in der Poeterei!

SPEE Wenn es nicht gegen die Demut wäre, dann dürfte ich dich daran erinnern, daß meine *Cautio Criminalis* anonym erschien, mit dem bewußt irreführenden Hinweis ‹auctore incerto theologo romano›, daß ich die Handschrift meiner *Trutznachtigall* lediglich mit ‹durch einen Priester der societet JESV› gezeichnet habe, desgleichen mein *Tugendbuch*. Was kann ich dafür, daß meine Mitbrüder anderthalb Jahrzehnte nach meinem Tod mir zuschreiben zu sollen glaubten, was mir nicht gehörte. Nicht ich, die Nachtigall sang!

SCHEFFLER Verzeih, das wußte ich nicht. Glaube ich auch nicht ganz. Was ist mit deinen Kirchenliedern? Kaum ein Name findet sich so oft wie der deine in den katholischen Gesangbüchern – neuerdings auch nicht selten in den evangelischen.

SPEE Gelehrtenfleiß, teils eindrucksvoll, teils lächerlich! Kein einziges dieser Lieder habe ich mit meinem Namen versehen. Hätte nicht gedacht, daß sie mir auf die Schliche kommen, nachdem mich jahrhundertelang niemand erkannt hatte. Freilich haben sie mir zu den paar Dutzend Liedern, die ich wirklich gemacht habe mit Gottes Hilfe, noch die doppelte Menge untergeschoben, die der Geist des Glaubens nicht mir, sondern mehreren jungen Mitbrüdern in die Feder diktiert hat, deren Inkognito bis heute gewahrt geblieben ist.

SCHEFFLER Die Lieder vom Himmel streuen wie Blütenblätter im

Mai, das wär's! Aber die Menschen, die sie finden, hätten sie zerfleddert!

SPEE Da hast du recht, das machen sie. Meine Lieder sind unglaublichen Mißhandlungen ausgesetzt gewesen.

SCHEFFLER Es gibt Leute, die beschweren sich über mein «Mir nach, spricht Christus, unser Held», es sei militaristisch, und zu «Verleugnet euch, verlaßt die Welt» glauben sie eine Fußnote setzen zu müssen, damit doch ja keiner folgere, er solle sich wirklich verleugnen und die Welt verlassen.

SPEE Ja, die Besserwisserei. Ich schrieb, um eine Ahnung von den Möglichkeiten hier im Himmel zu geben, ein Lied über die Eigenschaften des Auferstandenen, über die mich der Doctor Angelicus ein wenig unterrichtet hatte. Um die agilitas, die beinahe beliebige Geschwindigkeit, die uns hier möglich ist, zu illustrieren, schrieb ich: ‹Schnell ist der Leib und ist geschwind, gleich wie ein Pfeil und gleich dem Wind, gleich wie die Sonn viel tausend Meil die Welt umlauft in schneller Eil.› Die Esel machten daraus ‹gleich wie die Welt viel tausend Meil die Sonn umläuft in schneller Eil.› Als ob es darauf ankäme. Als ob nicht der Vergleich des auferstandenen Leibes mit der Sonne viel strahlender wäre als der mit der lahmen Erde! Sie mußten das umdichten wie die Schullehrer mit dem Rotstift. Das ist falsch, lieber Spee, du bist ungebildet, Spee. Als hätte ich meinen Kopernikus nicht gelesen. Sie werden eines Tages Goethe beckmessern: Nein, Goethe, ‹Füllest wieder Busch und Tal still mit Nebelglanz› kannst du nicht sagen, du darfst das Gedicht nicht ‹An den Mond› betiteln, denn der Nebel wird nicht vom Mond erzeugt! – Warum machen sie das mit uns, mit Goethe nicht?

SCHEFFLER Weil wir Diener des Glaubens sind, nicht Diener unseres Namens. Weil der Glaube allen gehört, nicht uns. Weil wir nur Nebeltröpfchen sind in der Wolke der Zeugen, nur Bäche, im Strom verloren.

SPEE Wären wir doch schon in den Oberen Rängen! Noch immer schleppen wir so viel Ich mit uns herum. Noch immer halten sie uns fest mit ihren Schmeicheleien. An allem war nur die *Cautio Criminalis* schuld. Ich ließ sie anonym erscheinen, aber es gab zu viele Mitwisser und zu viele Feinde, die Geheimnistuerei machte das Buch schnell bekannt, ich wurde zitiert, ich wurde ein Fall, mein Name stand in zu vielen Briefschaften und ritt in den Felleisen zu vieler Boten hin und her zwischen Köln und Mainz, Trier und Rom, alles was ich machte, wurde beobachtet, die endgültige Ordensprofeß wurde hinausgezögert, der Gehorsam störte die Hingabe statt ihr zu dienen. Vielleicht war es vermessen von mir, daß ich die Hexen retten wollte, deren Schicksale mich bis ins Mark erschütterten, aber der größte Angriff auf meine Demut kam von meinen Oberen, die mich aus der Reihe meiner Mitbrüder stießen und zu einem Besonderen machten. – Genug der Worte, es widersteht mir noch heute, wenn ich daran denke, laß uns singen, lieber Angelus, nicht mehr reden, laß uns versinken in der heiligen Lust der Liebe zu Christus, um Buße zu tun für die Eitelkeit auch dieses Gesprächs und uns zu üben in der Liebe Kunst:

Ich will dich lieben, meine Stärke,
Ich will dich lieben, meine Zier,
Ich will dich lieben mit dem Werke
Und immerwährender Begier:
Ich will dich lieben, schönstes Licht,
Bis mir das Herze bricht.

Ich will dich lieben, meine Krone,
Ich will dich lieben, meinen Gott;
Ich will dich lieben ohne Lohne
Auch in der allergrößten Not;
Ich will dich lieben, schönstes Licht,
Bis mir das Herze bricht.

Jacques Wirion — *E-Mail 7. Dezember 2002*

An Ihrem Text *Via Traumpost* gefällt mir der theologische Scharfsinn in der Verbindung mit psychologischer Feinheit. Etwas hinterhältig und doch gar nicht von der Hand zu weisen ist die Unterstellung erotischer Liebe, mit der Sie den lieben Spee überfallen lassen von einem Heutigen. Ein Gespräch über Jahrhunderte hinweg ist schon ein Seiltanz. Freud, Nietzsche und Feuerbach und Kleist lassen grüßen, aber auch Professor Ehrenfried Kumpf und sein theologisch fehlgegangener Schüler Adrian, dieser Spekulant an der Börse des Stolzes.

Der Text ist auch insoweit für mich aufschlußreich, als die Sprache der Mystik immer zweideutig theistisch/atheistisch ist.

Das stärkste Argument des Carnalis an Spees Adresse, der Wille zur Macht, bleibt unwiderlegt, auch wenn der Gläubige damals zu dieser Selbsteinsicht nicht fähig war. Auch die Nostalgie des Carnalis widerlegt dies nicht. Allerdings ist dies ein Killerargument, und so verstehe ich die traurige Feststellung Spees im elysäischen Bereich: Man kann diesen Leuten nicht helfen …

Sie resümiert einen Grundgedanken Ihres Totengesprächs. Allerdings kann man auch denjenigen nicht helfen, denen schon geholfen ist. Spees Fazit lese ich als einseitigen Ausdruck einer Kommunikationssperre, die in beide Richtungen wirkt.

Am problematischsten scheint mir in Spees Position die Hierarchisierung der Liebe, wobei die vermeintlichen Inhaber ihrer göttlichen Gestalt den Maßstab setzen und hochmütig auf die Inhaber der gewöhnlichsten herabblicken. Trotz oder gerade gegen Platon halte ich dafür, daß die Liebe immer ein Ganzes ist und es nicht verdient hat, auf pfäffische Weise gespalten zu werden. Als die Seelsorge die Selbstsorge ablöste, reduzierte sie den Menschen, indem sie ihn um seine Körperlichkeit betrog.

Hinter der Diskussion um Schefflers Distichon scheint Gottfried Kellers gefrorener Christ zu stehen und dahinter Feuerbachs Glaubenskritik. Auch hier haben wir es wieder mit einem Killerargument zu tun, das eigentlich nicht zu widerlegen ist. Und das haben Sie so wunderschön und ehrlich in der durchaus verständlichen, aber nicht auf den Kern des Einwands bezogenen Antwort des Silesius zum Ausdruck gebracht. In der im Distichon formulierten Verschmelzung von Ich und Gott steckt die Projektionsidee implizit drin und auch der schwer zu widerlegende Verdacht, daß der Schöpfer ein Geschöpf des «Geschöpfs» Darwins ist.

Die Potenzierung der Demutsfrage ist ein hochinteressantes geistiges Exerzitium. Es geht in Ihrem Totengespräch in erster Linie um diese psychologische Antinomie, auch noch den Stolz auf den Sieg zu besiegen. Doch dahinter steht, genau wie hinter dem Wunsch in der letzten Strophe des Abschlußgedichtes: «Ich will dich lieben ohne Lohne» der Wille, zu immer höheren Himmeln aufzusteigen, der unausrottbare Gotteskomplex, um mit H.E. Richter zu sprechen. Wobei es nicht schlecht wäre, mit Nietzsche den Vergleich zu bedenken, der hier Weg und Ziel des Einsamen umreißt: «Dem Rauche gleich, der stets nach kältern Himmeln sucht.» (*Der Freigeist*)

Lieben ohne Lohn, ist das nicht eine Umschreibung für das, was im christlichen Begriff der göttlichen Gnade angesprochen wird, also etwas das eigentlich nur Gott zukommt? Noch viel wäre zu sagen über diese Neubelebung einer uralten literarischen Form, welche die Toten immer wieder auferstehen läßt und wohl auch deshalb nie aussterben wird.

Freundliche Grüße in vorweihnachtlicher Zeit,
Ihr JW, an Weisheit und Bescheidenheit noch sehr arm.

PS: Rückblickend fällt mir auf: Es ist nicht zu übersehen, daß ich mit meinen Anmerkungen zu Ihrem Text einen überzeugenden Beleg von Eitelkeit geliefert habe, wobei es mir gefallen hat, die zahlreichen Anspielungen aufzufinden und somit eine gewisse Bildung an den Tag zu legen. Unser Verhalten – legen Sie Einspruch ein, wenn ich Ihnen mit dem Plural der ersten Person zu nahe trete – erinnert mich an die Pensée Nr. 150 von Pascal, der zufolge auch diejenigen, welche gegen die Eitelkeit eifern, also auch Pascal selbst und seine Leser, doch wohl stolz sind auf ihre Formulierungskunst oder darauf, daß sie diesen Text gelesen haben: «La vanité est si ancrée dans le cœur de l'homme, qu'un soldat, un goujat, un cuisinier, un crocheteur se vante et veut avoir ses admirateurs; et les philosophes mêmes en veulent; et ceux qui écrivent contre veulent avoir la gloire d'avoir bien écrit; et ceux qui les lisent veulent avoir la gloire de les avoir bien lus; et moi qui écris ceci, ai peut-être cette envie; et peut-être ceux qui le liront ...». Lassen Sie sich besonders in diesem Kontext das «peut-être» auf der Zunge zergehen. Mich erinnert es an die Predigt des

Pfarrers, der seine Gemeinde an den Tod erinnert: Liebe Brüder und Schwestern, wir werden alle sterben, vielleicht auch ich …

Hermann Kurzke, *E-Mail 9. Dezember 2002*

Sie hätten mich sehen müssen – ein immer breiter werdendes Lächeln auf dem Gesicht beim Lesen Ihrer klug und köstlich formulierten, einander selbst überholenden Gedanken! Hat Spaß gemacht, war ein Erlebnis des Verstandenwerdens, regt mich zu neuen Untaten an. Aber die Zeit, die Zeit … Verbrachte heute Stunden damit, Geld zu retten, dessen Einziehung drohte, und sitze an einem Vortrag über Christentum und Kultur, worüber eine Versammlung katholischer und evangelischer Bischöfe in Berlin unterrichtet zu werden wünscht. Werde ihnen nicht viel Freude bereiten, denn um das Verhältnis von Christentum und Kultur steht es nur so la la. Dazu der übliche Semesterwahn. Bin etwas abgebrannt, freue mich auf Weihnachten, vor allem auf die damit verbundene freie Zeit.

4. Vom Kreuz des Fortschritts und vom Fortschreiten des Kreuzes

Jacques Wirion *E-Mail 3. April 2003*

Mein Vortrag über die Liebe war insofern ein Erfolg, als ich zum ersten Mal frei sprach und die großen Geschichten nacherzählte: Gilgamesch, Medea, Alkestis, Romeo und Julia …

Das Publikum war etwas zu ernst, brav und respektvoll, so daß ich den Eindruck bekam, mit den komischen Aspekten nicht recht anzukommen.

Inzwischen erscheinen von mir einige Texte in Zeitschriften und in einem Sammelband zu Themen wie Glück, Verrat und Fortschritt.

Hermann Kurzke *E-Mail 7. April 2003*

[…] gratuliere zum Liebesvortrag. Freisprechen ist eine wichtige Übung, kann wunderbar gelingen und schrecklich mißlingen. Man muß in der Sache firm sein, wenn es gelingen soll.

Das Thema Glück gehört zu meinen ganz alten Interessengebieten. Habe immer wieder darüber nachgedacht, aber nie etwas darüber geschrieben. Was Sie darüber denken, würde ich gewißlich gern einmal lesen. Zum Fortschritt fällt mir als erstes ein Zitat ein, das Thomas Mann in den *Betrachtungen eines Unpolitischen* verwendet: «Hein, le progrès, quelle blague!» (aus Flauberts *Bouvard et Pécuchet*). Als 68er Student glaubte ich eine Weile an den Fortschritt. Heute scheint mir illusionslose Nüchternheit angesagt. Muß sich das erste Jahrhundert nach Christus wirklich vor dem zwanzigsten schämen?

Jacques Wirion
Wohin schreiten sie denn bloß fort?

Wenn der Fortschritt mehr sein soll als bloßes Weiterschreiten: Wohin schreiten wir dann fort? Wie heißt das Ziel? Gibt es ein solches Ziel überhaupt? Einen zu erreichenden Punkt, der alle Wünsche derjenigen erfüllt, die nach ihm streben, einen Gipfel, auf dem wir endlich aufatmend den Stein des Sisyphos ablegen dürfen?

Dynamisierung des Ziels

Da gibt es im Angebot möglicher Ziele den ewigen Frieden, der manche Gemüter im 18. Jahrhundert als Vorschule des irdischen Paradieses beschäftigt hat. Den Omega-Punkt besetzt hier der vollkommene Mensch, der über alle nur denkbaren Qualitäten verfügt. Aber von vielen wurde ein derart abgeschlossener Zustand als etwas Totes empfunden. An die Stelle der Vollkommenheit trat die Fähigkeit zur Vervollkommnung. Und so ist der Fortschritt bald nur noch als ein Weg ohne Ende gedeutet worden, ein unaufhörliches Fortschreiten, das niemals zur Ruhe gelangt. Die Unruhe des Menschen, der bei nichts verweilen kann, den das, was er kennt, bald langweilt, erschien Pascal nicht als Fortschreiten, sondern als Weglaufen: «... j'ai découvert que tout le malheur des hommes vient d'une seule chose, qui est de ne savoir pas demeurer en repos, dans une chambre.»

Das Paradies ist in dauernde Bewegung geraten. Die alte Weisheitslehre drängt sich auf, derzufolge der Weg das Ziel ist. Doch die visiert im ruhigen Weiterschreiten eher die Aufmerksamkeit für den Augenblick als das hektische Weiterkommen um seiner selbst willen, und wenn solcherart der Weg das Ziel ist, so sollte eigentlich Langsamkeit das angesagte Tempo sein. Aber dem ist nicht so. Ein Fortschreiten als dynamischer Vorgang an sich wird nun das eigentlich Angestrebte. Niemand weiß zwar genau, wohin es geht, aber wir müssen halt weiter. Wie problematisch eine solche Haltung ist, zeigen uns die nicht zu Ende gedachten, weil nicht zu Ende zu denkenden Darlegungen der sogenannten Fortschrittsanhänger in der gegenwärtigen Diskussion um eine Bio-Ethik. Wortwörtlich ohne Rück-Sicht wirft man sich einem vermeintlichen Fortschritt in die Arme, indem man nichts anderes tut, als auf einem Wege nur deshalb fortzuschreiten, weil sein Beschreiten technisch möglich ist. Der Weg des Machbaren als des Neuen wird zum Wert an sich. Wohin er führt, weiß niemand, und wer ihn beschreitet, kommt sich vor als Abenteurer des Aufbruchs ins verheißungsvoll Unbekannte; daß er vielleicht nur ein Raubritter der Zukunft ist, fällt ihm nicht ein.

Mehrdeutigkeiten

In den Großbereichen des Sozialen und Politischen sind Fortschritte selten eindeutig. Aus einem spezifischen Blickpunkt läßt sich eine Entwicklung wie die Demokratisierung oder die Frauenemanzipation durchaus als positiv bezeichnen, doch sobald die Perspektive verändert oder erweitert wird, tauchen andere Aspekte auf und mit ihnen Relativierungen. Die Emanzipation der Frau ist dann zwar immer noch für sich betrachtet eine notwendige Korrektur ungerechter Verhältnisse, die Demokratie ist immer noch die am wenigsten schlechte Regierungsform, doch diese Fortschritte sind insofern nicht absolut, als die Gesellschaft als Ganze dem Paradiesesstand nicht nähergekommen ist. Der Wohlfahrtsstaat ist für die meisten Bewohner eines Landes ein Vorteil. Was unter diesem Fortschritt zu leiden hat, ist die spontane Hilfsbereitschaft unter den Menschen, da ja immer der Staat für die Nothilfe angerufen werden kann und niemand sich mehr persönlich gefordert zu fühlen braucht. Die Verstädterung fördert die Freiheit und Ungebundenheit des einzelnen, zugleich aber auch die Kälte und Beziehungslosigkeit den Mitbewohnern gegenüber. Die Beschleunigung im Verkehr führt sich im Stau ad absurdum. Und wenn es wirklich einmal schneller geht, erzeugt die Beschleunigung nicht produktive Muße, sondern weitere Beschleunigung. Das Bild von der Ratte im Laufrad drängt sich auf.

Woher stammt dieses verhängnisvolle Denken?

Der Fortschrittsglaube ist der affektive Ausdruck eines Schwimmens gegen den Zeitstrom, der unweigerlich im Meer des Todes mündet. Er hat mit dem religiösen Glauben die gemeinsame Wurzel der viszeralen Ablehnung einer Vergänglichkeit, die dem Leben jeden Sinn zu rauben scheint. Unter Zeit versteht er den fallenden Sand einer

Sanduhr. Diese negative Zeit, die verrinnt und versiegt und den Tod immer näher bringt, deutet der Fortschrittler nun in einen positiven Zeitfluß um, der uns immer weiter vorwärts, an anmutigeren Gestaden vorbei in paradiesischere Gefilde treibt. Aus der Zeit vor dem Tode wird die Zeit, mit der alles erkannt und verbessert wird. Was jetzt noch fehlt, wird bald kommen. Die Zukunft wird uns immer mehr Einsichten in die Natur der Dinge und somit immer mehr Macht über sie verschaffen. Die Zeit ist nicht mehr fallend wie der Sand, sie reißt uns höher, heraus aus dem Kreis in die Spirale. Der Fortschrittsdenker haßt den Kreis und liebt die Spirale: «Plötzlich entdecke ich: Ich hasse den Kreis. – Die Spirale ist kein Kreis. – Ich glaube, der Kreis ist eine Lüge.» So äußert sich Ludwig Hohl (in seinen Notizen); er erweist sich damit als Verfechter des Fortschritts, allerdings weniger in einem technisch-materiellen als in einem geistigen Sinn.

Religionshistoriker und Philosophen haben gezeigt, wie in der Bibel und in der christlichen Weltgeschichtsschreibung durch die Idee einer Erlösung am Ende der Zeiten die antike Kreisvorstellung der Geschichte durch eine lineare, von unten nach oben verlaufende abgelöst wurde. Hier war zwar die Höherentwicklung noch rein religiös vorgestellt, die Erfüllung als Erlösung nicht in dieser Welt erreichbar, doch die Richtung war vorgegeben. Ganz nach-religiös, innerweltlich und diesseitig ist die Vorstellung, daß dieses Leben in sich selbst einen Sinn hat. Dieser Sinn ist aber angesichts der Leidstruktur der Welt nicht einfach da und zur Hand. Der Tod und die Vergänglichkeit scheinen alle Bemühungen von vornherein als sinnlose zu entwerten. Gerade aus dieser Lage heraus, gleichsam im Protest gegen sie, entsteht die Vorstellung eines Fortschritts, der den Sinn offenbart, ja ihn zu schaffen vermag. Es ist mehr als eine Vorstellung, es ist ein Glaube in glaubensloser Zeit. Es geht um einen höchsten Wert in der a-religiösen Welt. In ihm steckt so etwas wie eine säkulare Heilserwartung. Irgendwie winkt irgendwo das Paradies hienieden, und es kommt nur darauf an, irgendwann den richtigen Weg zu finden.

Die frühen Christen erwarteten die Parusie, die in nächster Zukunft bevorstehende Wiederkehr des Erlösers, die Fortschrittsgläubigen im 18. und 19. Jahrhundert das Hereinbrechen des irdischen Paradieses. Beider Hoffnungen sind bis heute vergeblich gewesen. Was die Einlösung der Fortschrittsversprechungen anbelangt, leben die Fortschrittler noch heute in einer Parusieverzögerung, auch wenn ihr Glaube schon in der Blütezeit des Perfektibilismus von dem großen Denker der Evolution, Charles Darwin, als naiv erkannt worden ist. Nicht alle bedeutenden Wissenschaftler sind diesem Fortschrittswahn aufgesessen. Nicht alle Vertreter der Wissenschaften in den früheren Jahrhunderten waren mit Goethes Wagner, der Gegenfigur zu Faust, einverstanden, der im mitleidigen Rückblick auf frühere Epochen naiv und selbstgewiß verlautbarte, «wie wir's dann zuletzt so herrlich weit gebracht.» Die Klügsten unter ihnen haben schon immer geahnt, daß neben Prometheus auch Sisyphos ein Pate dieser Bewegung ist.

Doch der *mainstream* floß in eine andere Richtung. Mit dem unaufhaltsamen Siegeszug von Wissenschaft und Technik seit dem 18. Jahrhundert verschieben sich allmählich die großen Hoffnungen vom Religiösen auf das Diesseitige: Heil und ewiges Leben werden nun nicht mehr nur als jenseitige Ziele gesehen. Mit den Entdeckungen und Erfolgen der Medizin, die ja in der Tat beeindruckend, ja begeisternd sind, rückt das Heil als Heilung immer mehr in den Bereich möglicher Verwirklichungen. Ich erinnere bloß an die Siege über den Schmerz, über Infektionen aller Arten, die Triumphe der Chirurgie, die Verlängerung des Lebens ... Der Aufklärer Condorcet glaubte allen Ernstes gar, daß das Leben infolge verbesserter Bedingungen am Ende kein Ende mehr kennen werde.

Ist der Fortschritt nun ein Schicksal, dem niemand entrinnt, oder doch eher ein von den Menschen zu realisierender Auftrag, ist er Fatum oder Projekt? Als ob er der eigenen Analyse und Erkenntnis der historischen Entwicklung nach den Gesetzen des dialektischen Materialismus nicht traute, hat Marx immer wieder betont, wie wichtig es sei, daß überzeugte Kämpfer der klassenlosen Gesellschaft zum Sieg verhelfen. Auch andere große Propheten des Fortschritts sind nie verlegen gewesen, wenn es hieß, ganze Generationen der Gegenwart im Dienste der großen Zukunft zu verheizen. Das erinnert an die Forderungen der von ihnen so oft verpönten Pfaffen: Opfer müssen gebracht werden. Die Entscheidung für den Fortschritt ist existentiell und somit sehr ähnlich derjenigen, die man in früheren Zeiten zwischen Gott und dem Teufel zu treffen hatte.

Religiöse Herkunft

Wie sehr der Fortschrittsgedanke als Abkömmling religiöser Versprechungen wirkt, zeigt zum Beispiel die Redewendung «Segnungen des Fortschritts», auch wenn diese längst mit einer ironischen Konnotation versehen ist. Eine interessante Parallele zwischen beiden Formen des Glaubens, der religiösen und der säkularen, findet sich in dem, was ich die Deutung der «Zeichen» nennen würde. Religiöse Menschen sehen in vielen Erscheinungen der Natur Zeichen der Transzendenz, die auf etwas Höheres verweisen, Fortschrittsgläubige sehen in den unleugbaren Verbesserungen unserer Lebensbedingungen und den immer komplizierteren und subtileren Entwicklungen in Wissenschaft und Technik Zeichen dafür, daß es bergauf geht. Beide sehen auch die negativen Zeichen: das Leiden in der Natur und die Schattenseiten des Fortschritts, doch ihr Glaube hat schon längst die Endbilanz gezogen, in der eine unendlich gute und weise Gottheit und eine insgesamt positive Aufwärtsbewegung die Defizite überreichlich kompensieren.

Gegengift Melancholie

Im 19. Jahrhundert haben Melancholiker vom Typus Flaubert, Baudelaire, Schopenhauer und Leopardi die einfältige Grobheit des Fortschrittsoptimismus durchschaut. Wie er schon im Reich des religiösen Glaubens mit seinem zweifelnden Kopfschütteln ein Störenfried gewesen ist, so ist der Melancholiker im Reich des Fortschritts der notorische Miesmacher. Sein eher kontemplatives Wesen ekelt der rastlose Aktivismus des Fortschrittlers an, der nichts so sein lassen kann, wie es ist, weil er überhaupt nichts sein lassen, geschweige denn loslassen kann. Die diesseitigen Paradiesträume überzeugen den Melancholiker sowenig wie die jenseitigen. Mit seinem skeptisch-nüchternen Blick durchdringt er die schönen Seifenblasen. Platzen tun sie dann von selbst. Von den Vertretern des wissenschaftlich-technischen Fortschritts erwartet er keine Antworten auf die Fragen, die ihn wirklich beschäftigen, auch kein Heil, bestenfalls Annehmlichkeiten und Zeitvertreib, wenn ihn danach gelüstet.

Die Lektion des 20. Jahrhunderts

Den endgültigen Todesstoß aber hat das 20. Jahrhundert dem Fortschrittsoptimismus versetzt, mit seinen schrecklichen Kriegen und den real existierenden und sich austobenden Fortschrittsutopien der reinrassigen und der klassenlosen Gesellschaft. Errungenschaften der Moderne wie die bürokratische Funktionalisierung des Staates und die Erforschung des Atomkerns haben «Nebenwirkungen» gehabt, die durch die Namen Auschwitz, Hiroshima und Tschernobyl bezeichnet werden. Die Kritik am Fortschritt reißt seitdem nicht mehr ab.

Fortschritte

Fortschritte gibt es nur im Kleinen. In der Versorgung Hungernder und Notleidender, in der Genesung eines Kranken, im Verständnis eines schwierigen Problems, in der Beherrschung einer Sprache oder einer Kunst, in einer sportlichen Leistung ... Den Fortschritt gibt es nur im Plural.

Wer eine Lage verbessert, sich innerlich bereichert und gefühlsmäßig entfaltet, seine Kenntnisse und Fähigkeiten entwickelt, macht gewiß Fortschritte. Und in diesem Mikro-Bereich hat das Glück noch einen Platz in Gestalt der Freude am Wachstum eines Prozesses, an der Steigerung von Macht durch Beherrschung einer Fähigkeit. In diesem Kontext besteht der glückliche Fortschritt in den menschlichen Dingen in einer Überwindung der Wiederholung des immer Gleichen, der Routine, der «total toten Bewegung», wie Hohl sie genannt hat.

Wiederbelebungen

Aber auch dieses Glück findet seine Grenze an der Grenze schlechthin, welche Vergänglichkeit und Tod bedeuten. Da ein grenzenloser Fortschritt in keinem Menschenleben auszumachen ist, kleben Maximalisten im Zeichen der Reinkarnation weitere Existenzen an. Der Kreis schließt sich somit. Nachdem die Religion verabschiedet worden ist, kehrt sie durch das Hintertürchen des Fortschrittsglaubens wieder zurück. Und so stellt sich die Frage, ob die Ideologie des Fortschritts wirklich eine Befreiung von der Religion gewesen ist. Jedenfalls sind die Kräfte von Glauben und Hoffnung in den Fortschrittsbewegungen nie geringer gewesen als in den religiösen.

Hermann Kurzke *E-Mail 10. April 2003*

Ihre Erörterungen zum Thema Fortschritt lassen mich ein wenig ratlos zurück. Sie wollen also den Settembrini nicht spielen? Und scheuen trotzdem die religiöse Konsequenz, die doch eine respektable Antwort auf den Fortschrittsskeptizismus ist? Der religiöse Mensch kann ja durchaus teilhaben und sogar aktiv mitwirken an den «Segnungen des Fortschritts», aber er wird gegen ihre Vergötzung gewappnet sein durch seine Vergänglichkeitsgewißheit, durch das paulinische «Haben, als hätte man nicht», durch seine Freiheit gegenüber der «Welt», durch eine aus ihr rührende fundamentale Ironie ...

Auch dieses Jahr hat mich die *Literarische Welt* zu Ostern engagiert. Für den Fall, daß Sie die Zeitung am Karsamstag nicht bekommen können, schicke ich Ihnen den Text hier als Anlage. Ist heute fertig geworden und recht Naphta-mäßig geraten. Der Fortschrittler haßt das Kreuz, das Kreuz verlacht den Fortschritt.

Hermann Kurzke
Die gekreuzigte Liebe
Betrachtungen über die Leidensgeschichten der Evangelien

Die bedeutendsten Schriften des Neuen Testaments sind zweifellos die vier Evangelien, in diesen wiederum sind die eindrucksvollsten Teile die Passionsgeschichten. Wahrscheinlich sind sie der älteste Kern der ursprünglich mündlichen Überlieferung, an den sich dann die Gleichnisse, Lehren und Legenden ankristallisieren konnten. Bei allen sonstigen Unterschieden zwischen dem lehrhaft-ausführlichen Judenchristen Matthäus, dem urtümlichen Markus, dem sanft-gefälligen Erzähltalent Lukas und dem tiefsinnigen Johannes ist in diesem Bereich das Übereinstimmende vorherrschend. Es unterliegt keinem Zweifel, daß sich der ganze Vorgang der Gefangennahme und Hinrichtung Jesu im wesentlichen so zugetragen hat, wie es diese Schriften überliefern. Bis heute wirken diese Schilderungen nicht wie Mythen oder große Literatur, was sie zweifellos auch sind, sondern wie Tatsachenberichte. Sie sind der Strahlquell der Gründungsdokumente des Christentums.

Die Geschehnisse, von denen dort Kunde gegeben wird, haben eine unmittelbar bezwingende Kraft, die ihren Ursprung im Wirklichkeitsmodus dieser Texte hat. Jesu Todesangst am Ölberg, die schlafenden Jünger, der Judaskuß, das Ohr des Malchus – das alles kann sich durchaus so zugetragen haben, selbst wenn manche Einzelheit als rhetorischer Schmuck, als redaktionelle Regie oder als theologische Auslegung hinzugefügt wurde. Auch das Hineingedeutete fügt sich dem realistischen Ton. Die dreißig Silberstücke, die Judas für den Verrat an Jesus erhielt, wirken wie ein präzises Detail. Man darf sie wörtlich nehmen, muß das freilich nicht. Nur Matthäus weiß von ihnen; sein Evangelium ist an Juden adressiert; vermutlich wollte er sich eine Rückendeckung im Alten Testament verschaffen, wo bei Sacharja ein guter Hirte abschätzig auf dreißig Silberlinge taxiert wird. Auch die Verleugnungsszene wirkt, trotz so pittoresker Details wie des Kohlebeckens, an dem sich Petrus wärmt, trotz der effektvollen dreimaligen Variation des «Ich kenne den Menschen nicht», trotz des Hahnenschreimotivs und des herzzerreißenden Schlußakzents «Und ging hinaus und weinte bitterlich», bei aller Kunstfertigkeit nicht erfunden. Ebenso ist es mit Herodes und Barabbas, mit Pilatus und der Händewaschung, dem fanatisierten Volk, der Geißelung, der Verhöhnung: Überall wird realistisch erzählt, scharfkantig und pointiert, ohne Schnörkel und ohne Hokuspokus. Nichts Unglaubwürdiges haftet all dem an. Wundergeschichten werden uns in diesem Bereich der Evangelien nicht zugemutet. Nur die gewöhnliche Feigheit und Schuftigkeit der Menschen muß man kennen.

Alle klugen Einsichten in die Machart dieser Schriftstücke ändern nichts an der Grunderkenntnis, daß wir in den Evangelien ganz erstaunliche, ja ungeheuerliche Texte vor uns haben. Sie erschüttern jede Vorerwartung. Sie können im Ganzen gesehen nicht als interessengeleitetes Schreiben erklärt werden, nicht als ärmlicher Priestertrug, sie setzen vielmehr eine inkommensurable Erfahrung voraus. Sie zeugen von der tiefen Bestürzung, die ausgelöst wird, wenn einer das handelsübliche Kategoriensystem verläßt: «Mein Reich ist nicht von dieser Welt» (Joh 18,36). Und das nicht nur sagt, sondern auch so handelt. Denn Jesus verhält sich völlig anders, als die gewöhnliche Weltklugheit raten würde. Es wäre ein Leichtes gewesen, dem Herodes, der ihm ja zunächst wohl gesonnen war (Lk 23,8), etwas vorzumachen. Ein Trick, ein bißchen Rhetorik, eine gute Geschichte hätte gereicht. Aber Jesus sucht das Einverständnis der Herrschenden nicht. Er verzichtet von vornherein auf eine wirksame Verteidigung. Einen gebildeten Mann wie Pilatus hätte er sonst sicher auf seine Seite ziehen können. Auch die Frau des Pilatus mit ihrem Angsttraum («Vergreife dich nicht an diesem Gerechten», Mt 27,19) hätte ein Rettungsanker sein können. Aber Jesus verzichtete, ließ sich wie ein Lamm zur Schlachtbank führen, ging unschuldig in den Tod, wurde dadurch zum unvergänglichen Zeichen für die Liebe, der Gewalt angetan wird. Er wußte, daß die Botschaft dessen, der zu den Armen, den Sündern, den Verachteten geht, nicht durch Pomp und Gloria verbreitet werden kann, wohl aber durch das Kreuz, dadurch, daß er selber ein Verachteter wurde.

Ein Gekreuzigter als identitätsbildendes Symbol einer großen Religion – das ist im Grunde ein Schock, das gibt es sonst nirgends. Das frühe Christentum, gestiftet von einem Outlaw, einem von der Gesellschaft Verstoßenen, der am Kreuz endete, entstanden unter Bauern, Fischern und Zöllnern in einer abgelegenen römischen Provinz, war eine Religion nicht der Mächtigen, sondern der Ohnmächtigen, der kleinen Leute, der Leidenden und Gedemütigten, der Verfolgten und Bedrückten. Daß es im vierten Jahrhundert zur römischen Staatsreligion wurde, war sein erster großer Sündenfall – freilich auch eine Überlebensbedingung. Seitdem lebt das Christentum mit einem fruchtbaren Widerspruch. Immer wenn es in chaotisches

Sektierertum auszuarten droht, hilft ihm eine stabile Machtordnung beim Überdauern. Immer wenn es seine römische, die Machtgestalt alleinig hervorkehren will, stehen Gruppen oder einzelne auf und weisen mahnend auf das Evangelium: «Stecke dein Schwert in die Scheide. Wer das Schwert nimmt, wird durch das Schwert umkommen.» (Mt 26,52)

Christlich Sozialisierte haben sich an das Kreuz gewöhnt und sehen nicht mehr, daß es eigentlich ein entsetzliches Bild, ein Bild des Jammers und des Schauders ist. Es ist kaum auszuhalten, wenn man sich das blutüberströmte Gesicht mit der Dornenkrone, die durchstochenen Hände und Füße, die furchtbaren Schmerzen des Gekreuzigtwerdens wirklich vor Augen stellt. Am schrecklichsten ist der Isenheimer Altar. Daß Mathis Gotthard Neidhart, später Grünewald genannt, seinen Christus als Leiche ans Kreuz hängt, ist fast blasphemisch, alle Teilnahme, alle Identifikation, alle Hoffnung vernichtend. Die meisten anderen Darstellungen der Kreuzigung strahlen bei aller Entsetzlichkeit auch Ruhe aus. Die romanischen haben große, fragende Augen, wie der Udenheimer Christus im Mainzer Dom, und zeigen eine Art Hoheit, die das Leiden besiegt hat. Aber auch die gotischen und barocken, die in einem bisweilen grellen Verismus Schmerz und Tod versinnlichen, verzichten nicht auf einen Zug von Heiligkeit, auf irgend etwas Höheres; der Gekreuzigte ist in der Regel nicht blicklos wie bei Grünewald, sondern schaut uns klagend oder wehmütig an, er ist einer von uns, unser eigenes Leiden spricht aus ihm, findet in ihm seinen Ausdruck, so daß eine Meditation vor dem Kreuz immer gut tut, wenn man ein eigenes Weh und Ach zu verarbeiten hat. «O Haupt voll Blut und Wunden, gegrüßet seist du mir!» (Paul Gerhardt)

Ist Leben überhaupt denkbar, überhaupt schön ohne Schmerz? Wenn Glück Schmerzfreiheit ist, ist dann großes Glück möglich ohne Kenntnis großer Schmerzen? Sind nicht eigene Schmerzen nötig, um Verständnis für fremde Schmerzen zu erwerben? Ist der Schmerz nicht der große Beweger? Wenn es keinen Schmerz gäbe, lebten wir noch in den Höhlen. Der Schmerz ist der Stachel, der verhindert, daß wir uns einrichten. Jeder Traum muß wieder zerstört werden. «Horch, die Fackel lacht!» heißt es in Clemens Brentanos gespenstischem Gedicht «Wenn der lahme Weber träumt, er webe». Der Weber träumt schön, aber: «Kömmt dann Wahrheit mutternackt gelaufen, / rennt den Traum sie schmerzlich übern Haufen.» Den Wahn preisgeben tut weh. Der Schmerz übernimmt das Heroldsamt: «Horch, Schmerz-Schalmeien / der erwachten Nacht ins Herz all schreien.»

Der Gekreuzigte ist eine Ikone des Schmerzes. Er ist die hingeschlachtete Liebe. Gott selbst ist das Opfertier, Gott aber ist Liebe (1Joh 4,8). Das Titelblatt von Friedrich Spees *Trutznachtigall*-Autograph ziert eine Zeichnung, auf der ein gekreuzigter Amor zu sehen ist, mit Flügelchen und Flitzebogen, Dornenkrone und Heiligenschein, vor ihm kniend die Seele, die er mit seinem Liebespfeil verwundet hat. So kühn wird in der Gegenwart selten gedacht. Ohne Kontakt mit dem Christentum Aufgewachsene fragen heute schon bisweilen: Was ist das für ein Mann, der da so merkwürdig auf einem Kreuz hängt? Wenn man es dann erklärt, finden sie es abstoßend. Wozu dient ein solches Bild der Qual? Sollte man sich nicht lieber eine Friedenstaube ins Klassenzimmer hängen?

Die theologische Antwort ist: Jesus trägt unsere Sünden. Das Kreuz erinnert uns an eigene Schuld und an die Erlösung von ihr. «Erlösung», lateinisch redemptio, Rückkauf, ist eine ökonomische Metapher, darin steckt «Erlös» und «ein Pfand Auslösen». Jesu Schmerz ist der Kaufpreis für unsere Reinigung. Auf alten Wegkreuzen ist angeschrieben: «Ich danke dir, Herr Jesu Christ, daß du für uns gestorben bist. Ach laß dein Blut und deine Pein an mir doch nicht verloren sein.» Unvermeidlich machen wir uns immer schuldig, sind deshalb beständig der Erlösung bedürftig. «Ich hab es selbst verschuldet, was du getragen hast», heißt es bei Paul Gerhardt. «Aspice qui transis quia tu mei causa doloris» – «Der du vorübergehst, sieh, daß du die Ursache meiner Schmerzen bist», so mahnt die Inschrift des altersgrauen Kreuzes auf dem Münsterplatz von Überlingen. Um das zu empfinden, dürfen wir uns nicht als schon Gerechtfertigte fühlen. Jeder ist täglich in Versuchung, sich über Schwächere zu erheben, seinen Vorteil auszunützen, die Liebe zu kreuzigen. Je mehr der Mensch sich das *survival of the fittest* zur Maxime macht, um so mehr wird er das Untertreten der Schwächeren für eine Selbstverständlichkeit halten. Je mehr er sich nur als Produkt von Umständen und Resultat genetischer Prägungen empfindet, je mehr er sich damit «ent-schuldigt», um so mehr schwindet sein Bezug zum Thema «Sünde». Wer aber die Sünde nicht mehr kennt, braucht auch keine Rechtfertigung, keinen Kaufpreis, keine Erlösung.

Der säkularisierte Mensch ist weit weg von der Vorstellung, er sei mitschuldig an Jesu Tod. Man kann, um zum heutigen Bewußtsein eine Notbrücke zu schlagen, wenigstens erklären, daß nicht in erster Linie an die Einzelsünde gedacht werden muß, nicht an ein Handeln, das man bei gutem Willen auch anders hätte machen können, sondern an die schwächliche *conditio humana* überhaupt, daran, daß noch das beste Handeln an irgendeiner Stelle auch böse Folgen hat und unendlich weit hinter dem zurückbleibt, was weltrettend wäre. «Es gibt tiefere, verborgenere Schuld, als die wir wissentlich empirisch auf uns laden», sagt Goethe in Thomas Manns Roman *Lotte in Weimar*. Zu schlechtem Gewissen gibt es immer Grund. In der Langzeit- und Fernwirkung jedes Tuns werden immer auch Menschen gekreuzigt. Das «Aspice qui transis quia tu mei causa doloris» kann von keinem denkenden Menschen ganz zurückgewiesen werden. Es ist die Botschaft des Kreuzes.

Hier liegen die tiefsten Gründe für die derzeitige Schwäche des Christentums. Es verkündet das Kreuz nicht mehr. Das ist nicht oder nur am Rande als Kritik am Klerus gemeint, der in dieser Hinsicht nur ausführendes Organ des Zeitgeists ist. Die einst so starken Worte der religiösen Tradition zerfallen nicht nur den kirchlichen Amtsträgern, sondern uns allen im Munde wie modrige Pilze. Jahrhundertelang konnte man zu einem, dem es schlecht ging, sagen: Nimm dein Kreuz auf dich. Heute kann man das noch schreiben, noch zitieren, man kann es auch noch meinen, aber über die Lippen bringt man es nicht mehr. Eine rätselhafte Befangenheit verhindert das, gemischt aus Scham und Scheu. Dem Leidenden, dem man anders nicht helfen kann, möchte man immer noch raten: Blick auf das Kreuz. Das würde guttun, aber man kann es nicht mehr sagen. Warum? Es erscheint heute wie Verrat am Leid, wie billiger Trost, wie ein Nicht-Ernstnehmen realer Trostlosigkeit. Der Leidende selbst kann es, sich Christus zuwenden, aber dem Nichtleidenden steht es nicht zu, solches zu raten. Der Kreuzweg, die Trauer und Düsternis am Karfreitag, das

«O Haupt voll Blut und Wunden» – das alles half Leid bewältigen. Seit die Kreuzwege verfallen und der Karfreitag ein zum Osterfest zählender Urlaubstag ist, hat das unversöhnte Leid Räume verloren, in denen es einst zur Ruhe kommen konnte.

Wo es nur die Osterfreude gibt, erübrigt sich das Kreuz. Aber wo es kein Kreuz mehr gibt, erübrigt sich auch die Auferstehung. Wo das Christentum nicht mehr Leid bewältigt, ist es leer. Übrig bleibt eine Kleinbürgerkirche, die Sünde und Leid verdrängt, ein harmloses Friede-Freude-Eierkuchen-Christentum. Der Gekreuzigte ist aber auf seiten der Leidenden, nicht auf seiten derer, die lieb und nett sind, weil es ihnen im großen ganzen so gut geht, daß sie sich Lieb-und-nett-Sein leisten können, jedenfalls so lange es ihren Philisterstand nicht gefährdet. Die ursprüngliche Radikalität des Evangeliums ist heute fast verschüttet. Der Gekreuzigte ist auf Seiten des irakischen Volkes, das duldet und leidet, nicht bei einem der Präsidenten. Würde Präsident George Bush sich nach dem Evangelium richten, dann müßte er Präsident Saddam Hussein die Füße waschen. Lieber Unrecht leiden als Unrecht tun (1 Kor 6,7). Wie weit sind wir davon weg.

Der Jesus der Leidensgeschichte hat keine Hoffnung, daß es hienieden bald lieb und nett zugehen könnte. Er weiß früh, daß er durch die Pforte des Todes gehen wird. Er verkündet den Sündern und Geknechteten kein schönes Leben auf Erden, sondern die Vergebung der Sünden und das ewige Leben. Die Hoffnung richtet sich auf das Jenseits. «Noch heute wirst du mit mir im Paradiese sein.» Die Botschaft des Kreuzes ist die Auferstehung. Die verlorene Hoffnung auf Auferstehung, sagte Jürgen Habermas 2001, hinterlasse eine spürbare Leere. Ohne Auferstehung kein christlicher Glaube. Ohne Jenseits keine Auferstehung. Dazu müßte man wieder einen Zugang finden.

Hermann Kurzke *E-Mail 26. Mai 2003, ins E-Mail von Jacques Wirion vom 22. April zwischen die Zeilen geschrieben*

JW Eben sind wir aus Marokko zurück, wo wir einen einwöchigen Wagentrip von etwa 1500 Kilometern im Süden des Landes unternommen haben. Was auffällt, ist die wahrhaft herzerwärmende Freundlichkeit und Zutraulichkeit dieser Menschen. Lächelnd, ja strahlend winken einem dort die Kinder entgegen, die Leute auf der Straße grüßen den Fremden freundlich. Daß manche Annäherung dann in einem Teppichladen endet, mag zwar enttäuschen oder gar nerven, ist aber angesichts der Kargheit der dortigen Lebensbedingungen verständlich. Unser Toyota war Gott sei Dank nicht so geräumig, daß hier nicht natürliche Grenzen gegeben waren, zudem haben auch innere Hemmungen einem schrankenlosen Konsum entgegengewirkt. Eine wunderschöne Teekanne aus ziseliertem Zinn erweist sich zu Hause als untauglich infolge eines Loches. Na ja!
HK Ich freue mich, daß Sie eine schöne Zeit gehabt haben. Mir selbst geht es leider nicht gut. Seit 20 Jahren vorhandene neuralgische Schmerzen in den Füßen (Polyneuropathie) dramatisieren sich derzeit so sehr, daß ich kaum noch eine Nacht normal schlafen kann. Sicher hängt manches fatalistisch Wirkende meiner Schreibereien damit zusammen. Denn immer haben unsere Philosophien auch legitimatorische Funktionen. Sie sollen unseren eigenen Zustand erklären.
JW Ihren großen Essay aus der Karsamstagausgabe der *Literarischen Welt* habe ich mit Interesse gelesen. Die anschaulichen Details (Silberlinge, Kohlebecken), die Sie im ersten Teil hervorheben, ließen Werke der bildenden Kunst vor das innere Auge treten. Sie selber gehen ja in der Folge auf das schaurige Bild von Grünewald ein.

Ein Problem habe ich mit Ihrer positiven Betonung der Kreuzestheologie, nicht weil ich persönlich gegenteilige Erfahrungen gemacht hätte, denn in der Tat wird mir mit zunehmendem Alter immer deutlicher bewußt, daß alles Gute sich dem Schweren, also auch dem Leid und dem Schmerz verdankt.

Und doch sehe ich die Gefahren dieser religiösen Vergoldung des Negativen. Gerade dieser Tage habe ich von einer Frau aus unserem

Bekanntenkreis gehört, die eine depressive Erkrankung ihrer Tochter nicht als systemische und vermutlich heilbare durchschaut, sondern das Leid, das diese sich selbst und der ganzen Familie damit verursacht, als Prüfung deutet und somit Wege zur Heilung nur zögernd in Erwägung zieht. Es geht also um die Problematik des Fatalismus, in dessen Folge Leidsituationen passiv erduldet werden und somit wesentlich zur Lebensreduktion von ganzen Familien beitragen, indem man sich quasi gegen die Gesundheit immunisiert.

HK Das darf nicht geschehen. Das behebbare Leid muß behoben werden. Nur das Unheilbare kann Gegenstand eines Trostes durch das Kreuz sein.

JW Wenn «noch das beste Handeln an irgendeiner Stelle auch böse Folgen hat», so bleibt eigentlich nur der Glaube oder die Verzweiflung, und gegen diese Alternative sträube ich mich.

HK Wenn es nun einmal so ist, hilft kein Sträuben.

JW Eine Haltung, wie sie sich in dem Satz: «Zu schlechtem Gewissen gibt es immer Grund» resümiert, empört mich, weil mein spiritueller Weg zum Unglauben als notwendige, wenn auch langsame Heilung von einer schlimmen Gottesvergiftung in frühester Jugend mit einer Befreiung vom Gift der Selbsterniedrigung und -beschuldigung verbunden war. Die Dosis war vermutlich zu stark oder mein melancholisches Gemüt zu empfindlich für diesen Aspekt der Realitätssicht.

HK Unsere Jugend hatte dieses Problem ohne Frage. Die heutige nicht. Sie leidet nicht an Tilman Mosers Gottesvergiftung, nicht an Selbsterniedrigung und Selbstbeschuldigung, sondern vielleicht doch eher an Narzißmus und Egozentrik. Ich meine das mit dem schlechten Gewissen ganz sachlich, ganz objektiv, nicht als etwas nur Eingeredetes. Unser Handeln ist ein stetes Unterlassen, unser Leben eine Kette von nicht ausgeführten Handlungen, ständig unterbleibt Gutes. Wo überall hätten wir Liebe verströmen können, haben es aber vorgezogen, die sichere Burg unseres Ichs nicht zu gefährden! Vor Jahren hängte sich eine nymphomanische Alkoholikerin an mich, ich mußte sie abschütteln, um mich selbst zu retten, dabei hätte sie Hilfe gebraucht, und ich habe ihr diese Hilfe nicht gegeben. Ja, wir sind sehr bürgerlich, in dem Sinne, daß unsere Burg uns wichtig ist, unsere

Geborgenheit und Ordnung uns über alles geht, und erst dann, wenn wir wirklich von allem genug haben, wenn unser Eimer schon überläuft, dann geben wir etwas ab. Freilich kann man sagen: Was nützt Nächstenliebe, wenn sie die ökonomische Basis zerstört? Aber man könnte doch auch ganz anders leben, sein Glück finden im Strahlen, im Schenken, im Herzerwärmen. Irgendwo in einem gibt es diese Möglichkeit, man hat sich anders entschieden aus mehr oder weniger guten Gründen, aber das Nichtgelebte meldet sich bisweilen in den Nächten und ist immer und unausweichlich in der Mehrheit gegenüber dem Gelebten und Lebbaren.

JW Ihnen und den Ihren wünsche ich alles Gute und daß das dafür nötige Schlimme nicht allzu schlimm sei.

HK Danke, geht so. Inzwischen habe ich auch Ihren großen Essay über das Glück mit Bewegung gelesen und vermelde in Kürze einige Ansichten dazu.

Jacques Wirion *E-Mail 28. Mai 2003*

Nach der Lektüre Ihrer anregenden Anmerkungen komme ich zum dem Schluß, daß es DIE LÖSUNG in Fragen des Gewissens nicht gibt. Ein feines Gewissen hält uns immer in Bereitschaft, in einem Zustand des moralischen Wachseins, der durchaus Reifungs- und Vertiefungsprozesse im Seelischen anregt. Der Gewissensmensch leidet, und das unbeschwerte Glück eines Daseins, das sich nicht selbst immerzu nörgelnd beobachtet und kommentiert, wird nie seine Sache werden. Das Leiden des Gewissensmenschen wird auch nicht dadurch aufhören, daß er sich den Hilfesuchenden zuwendet, also der inneren Stimme nachgibt. Auch wenn Sie der besagten Alkoholikerin hätten helfen können, so würde das Ihre Selbstzufriedenheit nicht im positiven Sinne verändert haben. Auf dieses Faulbett wird sich der Gewissensmensch sowenig legen wie der eher gewissenlose Faust auf das seine. (Er besaß übrigens die Anlage zum protestantischen Grübler und Selbstquäler, konnte diese aber durch das Eintauchen ins «Rauschen der Zeit, ins Rollen der Begebenheit» und die rastlose Tätigkeit, durch sein «Nur-durch-die-Welt-Rennen» in sich zum Schweigen bringen, also durch den Pakt mit dem Teufel. Die Sorge, die er gekannt hat, wird ihn am Schluß sogar in persona nicht beeindrucken, sondern nur blenden können.)

Der Gewissensmensch träumt zuweilen vom Schweigen der inneren Stimme, doch irgendwie fühlt er sich durch diesen Stachel auch geadelt und erhaben über die Wonnen der Gewöhnlichkeit.

Sie schreiben: «Aber man könnte doch auch ganz anders leben, sein Glück finden im Strahlen, im Schenken, im Herzerwärmen.» Hier höre ich den Übermenschen Nietzsches, der sich als Sonne empfindet, die den bedürftigen Menschen von ihrem Überfluß mitteilt. Man könnte, kann aber nicht, weil man sich nur in der festen Burg sicher fühlt, und dieses furchtlose Öffnen will einem nicht gelingen, obschon die Möglichkeit vorhanden ist.

Sie schreiben weiterhin: «Irgendwo in einem gibt es diese Möglichkeit, man hat sich anders entschieden aus mehr oder weniger guten Gründen, aber das Nichtgelebte meldet sich bisweilen in den Nächten und ist immer und unausweichlich in der Mehrheit gegenüber dem Gelebten und Lebbaren.» Wo bleibt da die Bescheidenheit? Dieses Lebens schmale Leier und schlanke Flamme ist, dächt' ich, immer auch schon was.

Wenn ich Ihnen abschließend den Rat gebe, sich zu schonen, so ist das nicht ganz uneigennützig. Der Austausch mit Ihnen bedeutet mir sehr viel.

5. Die Frage nach dem Glück

Jacques Wirion
Annäherungen
Reisebetrachtungen auf dem Weg zum Ziel aller Ziele

«Si le bonheur est possible (Et Épicure nous dit plus: qu'il existe, qu'il l'a vécu, et c'est sur quoi tous les sages à peu près s'accordent), si le bonheur est possible, donc, il suppose une conversion du désir, et c'est cette conversion qu'on appelle la sagesse: désirer, non plus ce qui nous manque (ce qui est la voie du malheur ou de la religion: Platon, Pascal, Schopenhauer ...), même pas ce que nous avons (puisque nous pouvons le perdre), même pas ce que nous sommes (puisque nous ne sommes rien), mais ce que nous vivons, connaissons ou faisons. C'est le point essentiel, sur quoi se rejoignent les deux grandes sagesses d'Occident, l'épicurienne et la stoïcienne, et que l'Orient à sa façon confirme. Il s'agit de désirer le réel – de l'aimer, si l'on peut, de l'accepter, si l'on ne peut pas –, tel qu'il est au lieu de le refuser toujours pour désirer l'irréel. Le bonheur est simple comme bonjour, et c'est pourquoi il est si difficile: il n'est qu'un grand oui au monde et à la vie.»

André Comte-Sponville, *Le bonheur*, Paris 1989

Glück? Bitt Sie, Fräulein, Glück gibt's nicht. Überhaupt gerade die Sachen, von denen am meisten g'redt wird, gibt's nicht...zum Beispiel die Liebe. Das ist auch sowas. Arthur Schnitzler, *Der Reigen*

«Ein prächtig Wort zu Diensten steht»
Seit je gibt es Menschen, die sich nicht genieren, GOTT auf den Begriff zu bringen. Vermutlich sind solche Versuche an seinem vorzeitig verkündeten Tod Ende des 19. Jahrhunderts nicht ganz unschuldig. Dann wiederholte man dasselbe in bezug auf DEN MENSCHEN, bis auch

der verschwand, wie «am Meeresufer ein Gesicht im Sand». Das Glück ist Definitionen gegenüber genauso sperrig wie Gott und Mensch.

Unfaßlich mit dem Fangnetz Sprache zeigt sich das Glück jedem, der ihm ungestüm zu Leibe rücken will. Der Widerstand gegen die sprachliche Arbeit am Begriff wurzelt in der tiefen Widersprüchlichkeit des Objektes selbst. Der Logos als das logisch konsequente Vorgehen der Sprache stößt auf Hindernisse und Vielfältigkeiten, die seine funktionelle Einseitigkeit und Eindeutigkeit auf eine harte Probe stellen. Wer über das Glück ein Traktat schreiben will, sollte bedenken, daß es sich keineswegs auf diese Art traktieren läßt. Es will sich nicht beengen lassen, weil sein Erzfeind die Angst ist. Wenn man es fangen will, löst es sich auf. Im Käfig eines logischen Systems geht es zugrunde.

Wovon man nicht sprechen sollte

Schon immer haben Menschen aus verschiedenen Gründen die gedankliche oder diskursive Beschäftigung mit dem Glück abgelehnt. Ethisch gesehen, sei es unanständig, ja obszön, angesichts des Elends und des Leidens in der Welt über das Glück zu reflektieren, philosophisch gesehen, sei es unergiebig. Manche selbsternannte Großmeister *in ethicis* möchten am liebsten ein allgemeines Glücksverbot nach Auschwitz verhängen. Und doch ist eines der wichtigsten Kompendien zum Thema, das Buch *Über das Glück* des Polen Władysław Tatarkiewicz, zwischen 1939 und 1943 verfaßt worden.

Mancher vermutet mit Ludwig Hohl, daß das Reden *über* das Glück das Leben *im* Glück vereitelt. Abergläubische Gemüter fürchten, durch das Bezeichnen des Glücks dessen Verschwinden zu bewirken. Vielleicht ist die Sache eher zu erlangen, wenn man wenigstens begrifflich nicht mit der Tür ins Haus fällt. So tut man, wie ein geschickter Jäger, als ob man das Glück gar nicht anvisiere, und blinzelt an ihm vorbei irgendwohin in die Ferne.

Aussichtslos?

Die wesentlichen psychologischen Schwierigkeiten hat Sigmund Freud präzise umrissen: «Die Absicht, daß der Mensch ‹glücklich› sei, ist im Plan der ‹Schöpfung› nicht enthalten. Was man im strengsten

Sinne Glück heißt, entspringt der eher plötzlichen Befriedigung hoch aufgestauter Bedürfnisse und ist seiner Natur nach nur als episodisches Phänomen möglich. Jede Fortdauer einer vom Lustprinzip ersehnten Situation ergibt nur ein Gefühl von lauem Behagen; wir sind so eingerichtet, daß wir nur den Kontrast intensiv genießen können, den Zustand nur sehr wenig.» (*Das Unbehagen in der Kultur*) Ein Gedanke wie dieser wirkt gerade wegen seiner Einsichtigkeit als Herausforderung, ihn zu widerlegen.

Wie es ist

In seinem Roman *Berlin Alexanderplatz* beschreibt Alfred Döblin die Fahrgäste einer Trambahn mit Worten, die in ihrer komisch wirkenden Banalität die Streuung unserer Zustände treffen: «Sie lesen Zeitungen verschiedener Richtungen, bewahren vermittels ihres Ohrlabyrinths das Gleichgewicht, nehmen Sauerstoff auf, dösen sich an, haben Schmerzen, haben keine Schmerzen, denken, denken nicht, sind glücklich, sind unglücklich, sind weder glücklich noch unglücklich.» Das letzte Satzglied benennt einen Zustand, der sehr vielen und langen Zeitabschnitten unseres Daseins zu eigen ist; er umfaßt eine laue bis behagliche Stimmung, die weit entfernt ist von den extremen Zuständen des Glücks und der Verzweiflung.

Schmied und Jäger

Aktiv und dynamisch sind die beiden Menschentypen, die in Redensarten und Sprichwörtern in bezug auf das Glück gebraucht werden. Der *homo faber* will, daß das Glück herstellbar, fabrizierbar sei. Er kann nicht dulden, daß es sich einfach so – zufällig – zuträgt oder einstellt. Am Ende gar zu einem Zeitpunkt, wo er nichts mit ihm anfangen kann. Es geht in der Beziehung des homo faber zum Glück um einen Machtkampf. Was er Glück nennt, muß verfügbar sein, sich seinem Willen beugen.

Ja doch, das Glück hängt von uns ab, und sei es auch nur von unserer Einsicht, wie wenig es von uns abhängt, wie sehr wir es gewähren lassen müssen.

Richtig an der Schmied-Metapher ist der Hinweis auf die Notwendigkeit des Aktiv-Seins, das aber in diesem Zusammenhang eher ein Bereit- und Offensein für die Angebote und Möglichkeiten ist. Dem Passiven, der sich gehen läßt und bloß wartet, zeigt es sich nicht. Doch allein schon die Aufmerksamkeit des Ruhenden ist eine Aktivität, die durchaus dem Glück förderlich sein kann.

Die bekannte Redensart vom Schmied seines Glückes, der jeder sei, ist auf den Typus des homo faber bezogen. Nach dem Motto: Pakken wir's an, es bleibt viel zu tun, geht er forsch und resolut an die Arbeit am Ich, die harte Arbeit an seinen Beziehungen und den Niederlagen, die er hier erlitten hat. Und wer Schwerarbeit leistet, darf auf Entlohnung hoffen. Nur läßt das Glück sich keineswegs anpacken, schon gar nicht von einem aktionshungrigen Grobschmied, und so entweicht es oder bleibt auf der Strecke.

Was bleibt dem Glücksschmied denn zwischen Hammer und Amboß? Das Glück ist kein Hufeisen, auch wenn dieses jenes symbolisiert. Angesichts der Feinheit des Glücks sollte sein Hersteller schon ein Goldschmied sein. Ich würde sogar noch weiter vom Bild des Machers Abstand nehmen und dasjenige eines geschickten und feinfühligen Regisseurs unserer Innenwelten vorziehen.

Der Glücksjäger ist die zweite handelsübliche Metapher. Die Jagd und das Jagdglück waren seit Urzeiten zum Überleben unabdingbar. Beute verschaffte dem hungrigen Magen wenigstens auf Zeit das wohlige Gefühl der Sättigung. Auch das ist Glück, in einer Form, die wir in unseren Wohlstandsparadiesen zuweilen vergessen. In späteren Zeiten hat die Metapher allerdings eine leicht negative Konnotation erhalten. Dem Glücksjäger haftet etwas Unsolides an, wie dem Abenteurer. Außer Atem hält er nach der Hatz sein keuchendes Glück in Händen, und man vermutet, daß er es nicht lange wird halten können, daß er als Jäger seine Beute tötet. Ihm läßt sich raten: Das Glück sollten wir nicht stellen, wir täten besser daran, uns ihm zu stellen.

Im Verb «gelingen», das auch etymologisch mit dem Glück verbunden ist, steckt so etwas wie eine Beschreibung und Gebrauchsanweisung zugleich: Etwas gelingt mir, das ich angestrebt habe, aber meine Anstrengung allein hat das Gelingen nicht herbeigeführt: Auch ein Element des Zufälligen ist mit im Spiel gewesen.

Planbarkeit

Den Weg zum Glück sollten wir auch nicht planen, wie einst der junge Kleist, bei dem es sich vermutlich vor und nach der Abfassung seines einschlägigen Textes von 1799 nur selten blicken ließ. Wie sollte es sich auch wohlfühlen bei einem Menschen, der einen Titel wie den folgenden schreiben konnte: «Aufsatz, den sicheren Weg des Glücks zu finden und ungestört – auch unter den größten Drangsalen des Lebens – ihn zu genießen!»

Hier wird ein Wille zur Herrschaft, zur Unterwerfung und Verfügbarmachung spürbar, der an den felsigen Gestaden des Lebens notgedrungen zerschellt. Einer so herrischen Haltung und ihren Absolutheitsansprüchen gegenüber löst das Glück sich auf wie Rauch im klaren Winterhimmel. Der Planende überläßt nichts dem Zufall, und gerade der ist mit dem Glück aufs engste verbunden. Vollends katastrophal wirkt sich das aus, wo Menschen, die selbst nicht in sich ruhen, das eigene Glück auf dem Umweg der Beglückung aller Mitmenschen in einer präzise erdachten und planend verwirklichten Utopie machen wollen. Aber sogar die Hölle, die sie dann schaffen, kann zum Ort verbotenen, weil ungeplanten Glücks werden. Wer würde diese Empfindung in einem KZ erwarten? Und doch: Wie das Leben, so unverwüstlich und überraschend, taucht das Glück an den unwirtlichsten und undenkbarsten Orten auf. «Alle fragen mich immer nur nach den Übeln, den ‹Gräueln›: Obgleich für mich gerade diese Erfahrung (des Glücks) die denkwürdigste ist. Ja, davon, vom Glück der Konzentrationslager, müßte ich ihnen erzählen, das nächste Mal, wenn sie mich fragen. Wenn sie überhaupt fragen. Und wenn ich es nicht selbst vergesse.» In seinem *Roman eines Schicksallosen*, aus dessen Schluß dieses Zitat stammt, erlaubt sich Imre Kertész die Rede vom Glück in Auschwitz, weil er sich nichts von Leuten vorschreiben lassen will, die immer schon wissen, wo, wann und wie es sein soll oder nicht sein darf. Ein anderer Zeugenbericht imaginiert das Glück der frierenden KZ-Häftlinge, die sich an der Außenmauer des Krematoriums wärmen.

Mitten drin dank der Beschränktheit

Das wunderschöne Märchen der Brüder Grimm von *Hans im Glück* zeigt uns, wie das Glück stärker von unserer beschränkten Einsicht als durch eine wie auch immer geartete objektive Wirklichkeit geprägt ist. Was uns in dieser Geschichte so tief berührt, ist das utopische Moment eines vollständig unökonomischen Empfindens des Helden. Er weiß im wörtlichen Sinne nichts anzufangen mit dem «Stück Gold, so groß wie sein Kopf», das er zum Lohn für sieben Dienstjahre bekommen hat. Es drückt ihn auf die Schulter. Und er findet zu seiner Freude immer wieder freundliche Menschen, die bereit sind, ihn von den Belästigungen zu befreien, mit denen die sukzessiven Güter behaftet sind: Pferd, Kuh, Schwein, Gans. Und ein ungeschicktes Anstoßen befreit ihn schließlich von dem letzten Schatz, einem schadhaften Wetzstein. Die zunehmende ökonomische Entwertung seiner Tauschobjekte beeinträchtigt nicht im geringsten ihr Beglückungspotential für Hans. Sobald ihn irgend etwas an einem Besitzgut stört, ist er bereit, sich davon zu lösen. Und man vermutet, daß ihn die Befreiung vom jeweiligen Besitz noch mehr erfreut als das neue Tauschobjekt, das er dafür erhält. Seine positive Haltung zur Welt ordnet und hierarchisiert kein Gut im Sinne irgendeines Marktwertes, und somit behält dieses seine Güte. Hans geht auf die Dinge zu wie ein Mystiker, der sie als Dinge an sich wahrnimmt und vollständig von ihrem sozioökonomischen Bezugswert absieht. So ist es denn auch nicht verwunderlich, daß er sich am glücklichsten am Schluß fühlt, wo er von allem Besitz befreit ist wie der Kyniker Diogenes. Unser Hans ist dank seiner beschränkten Sicht der Welt *im* Glück. Doch neben dieser naiv-autistischen Gestalt des Glücks gibt es die sich dem anderen öffnende, die leidenschaftliche.

Die holde Himmelsmacht

> Und doch , welch Glück, geliebt zu werden
> Und lieben, Götter, welch ein Glück!
>
> Goethe, *Willkommen und Abschied*

Wenn wir geliebt werden, so steigert dies unser Ich-Gefühl ins Ungeahnte. Einem Menschen bedeuten wir alles, wir stehen im Mittelpunkt seiner Aufmerksamkeit, alles für ihn dreht sich nur um uns. Doch zu diesem passiven Aspekt gesellt sich vervollständigend der aktive: In unserer Liebe sind wir bereit, die / den Geliebte(n) wachsen zu lassen. Gelingt das, so verwandelt sich für beide die Welt rundum ins Positive. Eine solche Erfahrung ist durch nichts zu ersetzen, aber gerade in ihr, in ihrer meist kurzen Intensität, erleben wir aufs bitterste die Vergänglichkeit des Glücks.

Eine nie versiegende Kraft

Das Vertrauen ist noch nicht das Glück selbst, doch eine seelische Kraft, die das Glück ermöglicht. Vom Sockel des Vertrauens aus läßt es sich erreichen. Deutlicher wird das vielleicht, wenn wir es negativ beleuchten. Das Mißtrauen schafft eine Welt, in der dem Glück keine Chance mehr gegeben wird. Sorgenvoll und ängstlich gewärtigt der Mißtrauische überall Widrigkeiten und leistet somit denjenigen, die geboren werden wollen, Hebammendienste.

Ein so guter Menschenkenner wie Shakespeare läßt eine seiner Figuren staunen: «I wonder men dare trust themselves with men.» Vertrauen ist in der Tat eine Provokation in einer Welt, in der überall das Mißtrauen zu herrschen scheint.

Die Haltung des Vertrauens geht von einer lebensfördernden Erwartung aus: Im Grunde, am Ende ist alles gut und in Ordnung. Sie stammt somit aus der eisernen Ration Optimismus, über die auch der hartnäckigste Pessimist noch verfügt.

Das Vertrauen ist neben der Liebe eines der schönsten Gefühle in bezug auf den anderen. Der Mystiker Meister Eckhart meinte gar: «Es gibt keinen besseren Maßstab der Liebe als das Vertrauen.» Nicht zufällig wird die Eheschließung auch als Trauung bezeichnet. Daß es mißbraucht werden kann, so wie die Liebe verraten werden kann, veranlaßt viele zu einem vorsichtigen Umgang mit beiden. Aber gerade das macht sie ja so kostbar.

Vertrauen bildet sich meist erst allmählich. Ein Sprichwort nennt die Zeit, die vergeht, bis man einen Sack Salz zusammen verbraucht hat. Es gibt aber auch das spontane Vertrauen, das beim ersten Blick entsteht und sich ausdrückt in dem Gefühl: Diesem Menschen würde ich mein Leben anvertrauen. Diese Art des Vertrauens erinnert an die berühmte Liebe auf den ersten Blick.

In der Tat ist das Vertrauen – wie die Liebe – ein Wagnis in unserer durch Sicherheitsgarantien und Versicherungen versiegelten Welt. Es bringt in die Beziehung zum anderen einen Risikofaktor, einen Zuwendungsvorschuß, der in diesem Umfeld fast ans Abenteuerliche grenzt. Dort wo Vertrauen herrscht zwischen Menschen, wird ein Stück Utopie Wirklichkeit. Ein chinesisches Sprichwort drückt das so einfach wie treffend aus: «Die bestverschlossene Tür ist die, welche man offen lassen kann.»

Angesichts des überall drohenden Todes und der Vergänglichkeit unseres Daseins ist das Vertrauen ins Leben ebenso verrückt wie notwendig, wenn wir nicht verrückt werden wollen. Schwer depressive Menschen leiden an einem Mangel an Weltvertrauen. Wo diese Daseinsgrundlage fehlt, wird oft der Suizid zum unausweichlichen Notausgang. «Die Wahrheit ist, daß mir auf Erden nicht zu helfen war ...» (Heinrich von Kleist vor seinem Freitod in einem Abschiedsbrief)

Wo wir nicht sind

Unser Stelldichein mit dem Glück scheitert so oft, weil wir nie gleichzeitig am Treffpunkt sind: Wenn wir da sind, ist das Glück anderswo, und wenn das Glück da ist, sind wir anderswo.

Wir wollen, was wir nicht haben, weil das Glück dort ist, wo wir nicht sind, wenn wir Schuberts Lied *Der Wanderer* Glauben schenken. Unser Verhältnis zum Glück wird demnach bestimmt durch Sehnsucht. Manche verlieben sich in ihre eigene Sehnsucht, so daß sie diese schließlich als ihr Glück ansehen. «So tauml' ich von Begierde zu Genuß, / Und im Genuß verschmacht' ich nach Begierde.» (*Faust*)

Unaufhaltsam scheint unser Leben eingespannt in eine Pendelbewegung zwischen Glück, Hochstimmung, Wohlgefühl, Lust und Behagen einerseits, Unlust, Niedergeschlagenheit, Frust und Überdruß andererseits. Wir versuchen, diese Bewegung in den Griff zu bekommen. Aber eine rein physikalische Überlegung könnte uns schon darauf hinweisen, daß das nur möglich ist, wenn das Pendel im Stillstand hängt, wenn nichts mehr sich bewegt, also im Tode.

Leben ist Übergang in und durch Bewegung. Niemand kann das Pendel am positiven Pol festhalten. Eine Lösung wäre das Akzeptieren der Hin- und Herbewegung, das Glück im Fließen, die Lust im Frust.

Erkenntnishilfen: Vergänglichkeit und Tod

Wer das Leben nicht kontrastiv zu Krankheit und Tod zu verstehen sucht, kann es schwerlich in seiner Wahrheit erfassen. Die Beziehung zwischen Glück und Tod (als Inbegriff aller Übel) ist in unserem Kontext zentral. Und wenn diese Beziehung lückenhaft ist, setzen manche Gott als Lückenbüßer ein, als Hoffnung auf Ausgleich oder Garant einer weiteren Chance nach dem Tod. Enttäuschung, Mangel, Sehnsucht und Angst sind die Erzeuger vieler Gottesvorstellungen.

Wie aber läßt sich das Glück mit den Erfahrungen von Alter und Krankheit überhaupt verbinden? Schließlich vermitteln uns eigene Krankheit und Alter sowohl als Sterben und Tod von anderen die schmerzliche Erfahrung des Nichts im Nichtmehr, die Erfahrung des endgültigen unaufhaltsamen Verlustes von körperlichen und geistigen Fähigkeiten bei uns und den anderen. Mit dieser kaum erträglichen Einsicht zu leben ist schwer, daher wird sie meist verdrängt, überfällt die Verdränger dann aber hin und wieder mit gewaltiger Wucht und wirft sie buchstäblich um.

Eine bessere Strategie liegt darin, sich mit diesem Verdrängten einzurichten, es auf sich zukommen zu lassen, mit ihm zusammenzuleben und sich mit ihm anzufreunden.

In der chaotischen Seinsordnung von Fressen und Gefressenwerden ist der Tod bewußt oder unbewußt allgegenwärtig und übt einen starken Druck aus auf das Gelingen des bewußten Lebens. Der Mensch fühlt sich zum Glück verpflichtet, weil dieses allein für den fehlenden Sinn einstehen muß. Überlebens-Gläubige haben es da leichter, insofern sie diesem Druck in Jenseitsvorstellungen ausweichen und somit dem vergänglichen Diesseits gelassener begegnen können.

Mit dem Stolz auf seine Nüchternheit muß der Ungläubige einen anderen Weg finden, wenn er dem Druck nicht unterliegen will, den das Ende als endgültiges auf sein ganzes Leben ausübt. Askese als Einübung in die fundamentale Entbehrungsstruktur des Lebens schafft die zur Gelassenheit nötige Distanz zu den Verlockungen einer Lust, die nach tiefer, tiefer Ewigkeit schreit. Dem strengen Glück, das sich so gewinnen läßt, fehlt jedoch der Wärmestrom.

Meine Freude ist die Melancholie (Michelangelo)

Den Typus des Melancholikers haben die Macher und Tatmenschen seit eh und je gehaßt, weil er es wagte, ihren Weg zum Glück in Zweifel zu ziehen. Er rührt mit seinem Mißtrauen an die tiefsten Zweifel, und so verfolgen sie in ihm ihre eigenen verdrängten Zweifel.

Wer vom Glück reden möchte, darf die Vergänglichkeit nicht vergessen. Fontane hat diese Lebenshaltung so knapp wie treffend formuliert:

Leben – wohl dem, dem es spendet
Freude, Kinder, täglich Brot,
Doch das Beste, was es sendet,
Ist das Wissen, daß es endet,
Ist der Ausgang, ist der Tod.

Der Tod ist vielleicht nicht die letzte Wahrheit, aber die letzte Gewißheit ist er zweifellos. Mit dieser Wahrheit und durch sie läßt sich ein strenges Glück erlangen. Das Glück des Melancholikers ist nicht übersüß wie Limonade, sondern herb und bitter, kommt damit aber dem Geschmack eines Erwachsenen näher als dem eines Kindes.

Wahn der Vollendung

Die Idee der Vollendung ist ein Erbe unserer Gotteskonstruktion. Man lese in den heiligen Schriften der monotheistischen Religionen die zahllosen Loblieder auf Gottes unendliche und unfaßbare Größe und Erhabenheit, um zu erfahren, was es mit dieser Sehnsucht nach vollkommener Erfüllung auf sich hat. So hat dieses Bild seine Spuren hinterlassen in der Vorstellung des vollendeten Kunstwerks im späten 18. Jahrhundert, als die Religion in vielen gebildeten Gemütern ihre Kraft verlor und durch die Kunst ersetzt wurde. Einige Romantiker – etwa Wackenroder – schwärmten von der Vollkommenheit der großen Maler der Renaissance: Raphael, Michelangelo, Leonardo. Die Vorstellung vom Künstler als zweitem Schöpfer dehnte sich bald auf Komponisten wie Mozart und Beethoven aus. Und in der Klassik eines Goethe oder Schiller war das vollendete und in sich ruhende, weil alle Gegensätze in sich vereinende Werk das angestrebte Ideal. Als Mikrokosmos spiegelt es die makrokosmische Ordnung wider. Als sich aber herausstellte, daß der Kosmos so harmonisch und geordnet nicht ist, sondern eher den Gesetzen einer explosiven Dynamik folgt, verschwand der Diskurs der Vollendung nach und nach aus dem Natur- und Kunstbereich und fand vorläufig Unterschlupf in der Vorstellung und Realisierung der idealen und vollkommenen Gesellschaft. Dieser zahllose Menschenopfer verlangende Moloch der perfekten Gemeinschaft tobte sich aus bis in die späten achtziger Jahre des vergangenen Jahrhunderts.

Vollendung bleibt in bezug auf unsere Kreationen immer relativ, so wie Chopin das einmal formuliert hat: «Meine Versuche sind nach Maßgabe dessen vollendet, was mir zu erreichen möglich war.» An dieser Aussage fällt wohltuend das Fehlen jeglichen krankhaften Ehrgeizes auf. «Versuchen» wollen wir, brauchen aber nicht mehr den unglücklich machenden Götzen der Perfektion zu fürchten. Der Befreiung vom Diktat der Vollendbarkeit, die den Tod überwinden soll, entspringt das Glück des spielerischen Versuchens, das immer loslassen kann.

Nun kann wohl der Tod, da ja nichts in diesem Leben zu vollenden ist, leichter ins Auge gefaßt werden. Niemand wird scheitern können, wo der vollkommene Erfolg nicht existiert. Jeder muß ein unvollkommenes und in allen Fällen fragmentarisches Lebenswerk hinterlassen. Allerdings hat diese Befreiung einen Preis: Der oft notwendige Druck zur Schaffung großer Werke läßt nach und droht zu schwinden. Der Begriff Lebenswerk bezieht sich dabei auch auf das Leben selbst als Werk.

Angst vor der Vermischung

Wenn das Glück vollkommen sein soll, können wir es genauso vergessen, wie wenn es rein sein soll. Sowenig wie mit der Perfektion hat das Glück mit der Reinheit zu tun. Das mag Goethe dazu gebracht haben, in der Bilanz seines Lebens das Wort Behagen vorzuziehen.

Im 20. Essai des 2. Buches entwickelt Montaigne diese Einsicht in die Struktur unserer Psyche: «La foiblesse de notre condition fait que les choses, en leur simplicité et pureté naturelle, ne puissent pas tomber en nostre usage ... Des plaisirs et biens que nous avons, il n'en est aucun exempt de quelque meslange de mal et d'incommodité ... La profonde joye a plus de sévérité que de gayeté; l'extreme et plein contantement, plus de rassis que d'enjoué. Ipsa faelicitas, se nisi temperat, premit. (Sénèque)» Im gleichen Essai malt er sich aus, wie es wäre, wenn jemand in allen seinen Gliedern, im ganzen Körper für immer das Gefühl des sexuellen Höhepunktes empfände. Zerschmelzen würde er in seinem Wohlbefinden, da er eine solch reine und beständige und universelle Lust nicht ertragen kann, und er würde ihr mit allen Mitteln zu entgehen suchen.

Heißt das nun, daß wir das Glück entbehren müssen? Es heißt nur, daß wir unrealistische Vorstellungen von diesem Zustand fahren lassen sollten. Das Glück suchen in der aufmerksamen Rezeption dessen, was ist, das mischt der Empfindung Härte bei. Die weiche und maßlose, dabei passive Glückserwartung verweist ins kindliche oder gar uterine Dasein zurück.

Lob des Fragmentarischen

> «... von allem die Hände lösen, auch von dem,
> was unvollendet und unvollbracht war ...»
>
> Gottfried Benn

Die fragmentarische Struktur von Welt und Leben wird die Einsicht bewirken, daß niemals Vollendung zu erreichen ist. Diese Wahrnehmung hat etwas unerwartet Entlastendes und Befreiendes. Der Druck, alles wissen und erfahren zu müssen, löst sich auf. Das Bedürfnis, in einer Stadt alle Sehenswürdigkeiten abzuhaken, treibt uns von Ort zu Ort immer unter dem Druck der Angst, dies oder jenes zu verpassen. Wie ganz anders reist doch, wer sich sagt: ich sehe jetzt dies und dann vielleicht das oder auch noch jenes, und was ich bei diesem Aufenthalt nicht sehe, das sehe ich vielleicht einmal später oder auch nie.

Da der Tod in jedem Fall die Vollendung als Ziel zunichte macht, bleibt nur die Suche danach im Fragment. Das Akzeptieren der Begrenzung kann beglückend und trostreich sein. Aus dem 39. Psalm, den Brahms so ergreifend in seinem *Deutschen Requiem* vertont hat, schreit die Sehnsucht nach dieser Haltung auf: «Herr lehre doch mich, daß es ein Ende mit mir haben muß, und mein Leben ein Ziel hat, und ich davon muß.»

Die Fata Morgana der nicht verwirklichten Möglichkeiten
Die Unterstellung, wir würden viele unserer Ressourcen nicht wirklich ausschöpfen – etwa im biblischen Gleichnis vom vergrabenen Talent oder im gegenwärtigen Dauerbrenner Selbstverwirklichung – verspricht zwar unerahnte, weil noch unausgeschöpfte Glücksmöglichkeiten, kann aber auch dem Glück im Wege sein, sofern man das Erreichte als stets noch unzureichend nicht zu genießen vermag.

Arbeit am Ich?
Gehen wir von der Feststellung eines Mißerfolges aus. Da stehen wir eines Tages und sehen ein, daß wir dies oder jenes falsch gemacht haben und immer noch falsch machen. Und da wir ja so perfektionistisch sind, stört uns das auf unerträgliche Weise. Unser Selbstbild erleidet einen Riß: wir entsprechen keineswegs den idealen Vorstellungen, die wir einst bei unseren Eltern, im Religionsunterricht oder in einem Buch aufgeschnappt haben. Unser herrliches Ich, dieses Kunstwerk, an dem wir nun schon so lange arbeiten, erweist sich plötzlich als schwer mangelhaft. Prompt stürzen wir uns in die Arbeit, transformieren, reißen nieder, richten auf ... Doch sehr bald zeigt sich, daß das so gar nicht geht, daß Niedergerissenes sich wieder erhebt und neu Errichtetes wieder zusammenbricht. Unser Ich ist keine Baustelle, es besteht nicht aus Materialien, die sich unseren Veränderungsbestrebungen einfach so fügen: zäh widerstrebend sackt es immer wieder in seine alte Form zurück und beweist uns, daß wir keine Baumeister sein können, wo wir nicht mal Bauherren sind.

Damit überhaupt Arbeit am Ich geschehen kann, wird vorausgesetzt, daß das Ich gespalten ist. Ein monolithisches Ich wird seine Lebensbahn auf dem Geleise beenden, auf das es früh schon gesetzt worden ist. Das gespaltene Ich hingegen kann sich selbst gestalten. Der erste Schritt in diese Richtung ist die Ent-Deckung des Ichs. Das

Ego ist kein Lehmklumpen, der sich beliebig formen ließe, sondern ein Kraftfeld, in dem sich gewisse Punkte verlagern, gewisse Linien umleiten lassen. Das aber funktioniert nicht durch einen herzhaften Eingriff, sondern durch langes Einüben neuer Gewohnheiten. Eine solche Haltung erspüre ich in Rilkes Strophe aus dem *Stundenbuch*:

Ich lebe mein Leben in wachsenden Ringen,
die sich über die Dinge ziehn,
Ich werde den letzten vielleicht nicht vollbringen,
aber versuchen will ich ihn.

Die Ringe wachsen ohne unser Zutun, wir leben und wachsen in ihnen im Bewußtsein, daß jeder Neuanfang, jeder Entschluß zum Weitermachen immer nur ein Versuch sein kann. Schon der spielerische und liebevolle Umgang mit dem gewordenen Ich mag etwas bewirken. Allerdings nur, indem das anvisierte Ziel nicht tyrannisch vorgesetzt, sondern einer möglichen Entwicklung angeboten wird. Wenn ruhige Ausdauer im Anpeilen des erwünschten Zieles sich paart mit einer unerschöpflichen Geduld gegenüber dem unvollkommenen, so und nicht anders gewordenen Ich, kann wohl eine positive Veränderung stattfinden. Hier weist ein in sich selbst ruhender Geist wie Michel de Montaigne, der die Brücke zu einer skeptischen und epikureischen Antike schlägt, den Weg. «J'ai encore pis que l'insuffisance: c'est qu'elle ne me deplaict guiere et que je ne cherche guiere à la guérir, veu le train de vie que j'ay desseigné.»

Augustinus und die ihm nachfolgenden Seelenführer der Kirche sehe ich hingegen auf einem Holzweg, weil das Ich als ein erbsündiges und durch und durch verdorbenes ihren Haß, ihren Ekel und ihre Abwehr mobilisiert hat. Sie haben den Weg in die Sackgasse eingeschlagen, in der sich vergebliche Kämpfe abspielen. Man darf nicht vergessen, daß Augustinus dem eigenen Körper nicht verzeihen kann, daß der Geschlechtstrieb nicht vom freien Willen abhängt! Hier liegen die ideologischen Wurzeln des kirchlichen Dauerkampfes gegen die sogenannten niederen Triebe des Ichs und einer wohl vergeblichen Hoffnung, diesen Kampf mit Hilfe der Gnade doch gewinnen zu können.

Die Metapher vom Kunstwerk des Lebens ist insofern nicht zutreffend, als sie zu statisch ist. Ein Bild, ein Text, eine Komposition ist immer festgelegt, Freiheit und Entwicklung entstehen erst in der Wirkung und der Interpretation, d.h. im dialektischen Prozeß. «Lebenskunst» verhindert das Glück, wenn das Kunstwerk des Ichs nicht als ewiges «work in progress», sondern als zu vollendendes Meisterwerk verstanden wird. Eine solche Sicht schafft einen Druck, der jeder Form von Glück auf Dauer abträglich ist.

Sehnsucht nach Erfüllung

Nach der Geburt erweist sich das menschliche Wesen, dessen Befriedigung allein im Saugen zu liegen scheint, als das, was es immer ist und bleiben wird: ein hilfloses, unselbständiges und unvollständiges Wesen. Der Säugling ist vermutlich glücklich, weil er von diesem Zustand noch kein Bewußtsein hat. Der Mangel an Bewußtsein wird überwunden im Laufe seines zweiten Daseinsjahres. Die ursprüngliche Illusion einer mikrokosmischen Entität löst sich unbarmherzig in nichts auf. Er weiß, daß er nicht autark, kein Ganzes ist, und der Rest seines Daseins besteht jetzt in erster Linie im unaufhörlichen, weil nie zu befriedigenden Bestreben, diesen Mangel wettzumachen. Es kann eine Erfüllung noch so schön sein, sie reicht doch nie, weder in der Zeit noch in der Intensität. Wir haben es zu tun mit der unausrottbaren Kraft einer Sehnsucht, die sich mit keiner diesseitigen Erscheinung des Glücks zufrieden geben kann. Das alles hier vor uns ist schal, seicht und von geringer Dauer, wo uns doch nach tiefer, tiefer Ewigkeit gelüstet. Es genügt einfach in keiner Weise, nicht quantitativ, nicht qualitativ und nicht temporal. Angesichts der erträumten Ganzheit und Erfüllung verblassen noch die überwältigendsten Diesseitserfahrungen. Ja gerade sie offenbaren die Leere des Hier und Jetzt am besten, besser jedenfalls als die kleinen täglich erreichbaren Erfüllungen, die nur kleine Hoffnungs- und Erwartungsmengen transportieren. Dieser Traum ist der Stoff, aus dem unser religiöses Empfinden lebt, der uns aber der Genesis zufolge schon einmal in die Katastrophe führte. Wir wollen werden wie Gott.

Das Ziel dieser Sehnsucht ist so unerreichbar, daß sie sich notgedrungen als dauerhafte einnistet, zuweilen faul wird und zur Sucht verkommt. Die Melancholie vieler Menschen, die mit Gott nichts mehr anzufangen wissen, mag auch aus dieser Sistierung der höchsten Sehnsucht fließen. Resignation, auch wenn sie sehr vernünftig ist, erscheint selten unter dem Stern der Fröhlichkeit. Nur kurze Zeit mag die von Gott befreiende Wissenschaft eine fröhliche sein.

Lukrez und Valéry

Die Fähigkeit, es mit sich selbst auszuhalten, ist nicht allgemein verbreitet. Schon im ersten vorchristlichen Jahrhundert hat der römische Dichter Lukrez die Untugend der inneren Unruhe bei der römischen *leisure class* ausgemacht:

> *Keiner weiß, was er will, und dennoch sucht er beständig;*
> *Sucht und verändert den Ort, als könnt' er der Last sich entlasten.*
> *Oft geht jener heraus aus seiner geräumigen Wohnung,*
> *Dem zu Hause zu sein es länger ekelt; doch alsbald*
> *Kehrt er zurück; denn er fühlet, es sei nichts draußen ihm besser.*

Sein Fazit lautet:

> *Also suchet sich jeder zu fliehen: umsonst, denn er selbst ist's,*
> *Dem er nimmer entfliehet, der wider Willen sich aufdrängt:*
> *Und das, weil der Behaftete nicht den Grund von der Krankheit*
> *Einsieht: säh' er ihn ein, er verließe das übrige gänzlich,*
> *Suchte der Dinge Natur vor allem zuerst zu erkennen.*

Die Natur der Dinge – auch unseres wahren Ichs – ist vieldeutig und komplex, oft chaotisch. Zu der Erforschung dieses unentdeckten Kontinents ist es nötig, daß wir die unerwünschten Aspekte gelassen als Teile unserer Person anerkennen. Wenn wir solcherart das scheinbar Fremde in uns entdecken, wird es uns auch bei anderen weniger lästig erscheinen. Paul Valéry hat diesen Zusammenhang einmal so formuliert: «Être humain, c'est sentir vaguement qu'il y a de tous dans chacun, et de chacun dans tous. Rien ne me prouve que je ne serais jamais du parti ou de l'opinion adverse. Il y a de la victime dans le bourreau et du bourreau dans la victime, du croyant dans l'incroyant, et de l'incroyant dans le croyant. Il y a de quoi passer de l'un à l'autre; et c'est peut-être cette puissance de transformation qui est l'essence même du véritable Moi.»

Von den hohen Ansprüchen zur Annahme des Ich im Hier und Jetzt
Das Glück wird tausendmal am Tage unter zu anspruchsvollen Erwartungen erstickt. Unzufriedenheit mit sich selbst schafft eine quälende, unfruchtbare und die Psyche aufreibende Spannung.

Montaigne, dieser erzgesunde Gegner falscher Ansprüche, bringt in seinen Essays die Frage mit der nötigen Klarheit auf den Punkt: «Quant à moy, je puis désirer en general estre autre; je puis condamner et me desplaire de ma forme universelle, et supplier Dieu pour mon entiere reformation et pour l'excuse de ma foiblesse naturelle. Mais cela, je ne le doits nommer repentir, ce me semble, non plus que le desplaisir de n'estre ny Ange, ny Caton. Mes actions sont reglées et conformes à ce que je suis et à ma condition. Je ne puis faire mieux. Le repentir ne touche pas proprement les choses qui ne sont pas en notre force, ouy bien le regretter.» Auch Goethe kennt die Gefahren zu hoher Forderungen an das Ich. Eckermann berichtet uns seine Äußerung in bezug auf einen Knaben, der sich über einen begangenen kleinen Fehler nicht habe beruhigen können: «Es war mir nicht lieb, dieses zu bemerken», sagte er, «denn es zeugt von einem zu zarten Gewissen, welches das eigene moralische Selbst so hoch schätzt, daß es ihm nichts verzeihen will. Ein solches Gewissen macht hypochondrische Menschen, wenn es nicht durch große Tätigkeit balanciert wird.» Und so faßt Valéry die wünschenswerte Annahme des Selbst mit allen seinen Mängeln und Fehlern zusammen: «L'homme heureux est celui qui se trouve avec plaisir au réveil, se reconnaît celui qu'il aime d'être.»

So wie ich bin, mein Wesen, mein Charakter, das alles ist nicht von mir geplant oder geschaffen worden. Die einen machen einen Schöpfer, andere den blanken Zufall dafür verantwortlich. Für mich stellt sich nur die Frage: Wie stehe ich zu diesem, mir von fremden Mächten vorgesetzten Produkt?

Eine überzeugte Selbstannahme bietet einen soliden Grund für eine unvoreingenommene Weltsicht. Weg fällt dann das Minderwertigkeitsgefühl, das uns fast allen durch die christliche Schuldkultur eingeimpft worden ist. Es geht freudianisch gesehen um den Abbau ungerechtfertigter Forderungen des Über-Ichs. Mancher hat schon den Eindruck gehabt, daß sein Erwachsenendasein eigentlich weitgehend geprägt ist vom Kampf gegen die Vorstellungen, die man ihm als Kind und Jugendlichem eingeimpft hat. Die Irrwege der eigenen Sozialisation und der unbewußt wirkenden Über-Ich-Funktionen zu durchschauen und zu korrigieren, ohne deren positive Prägungen mit dem Bade auszuschütten, das ist Arbeit am Ich. Die Angst vor dem Über-Ich wird dann heiter-ironischer Gelassenheit Platz machen. So lassen sich die versklavenden und unangepaßten Reaktionen der obsoleten Teile des Über-Ichs vielleicht überwinden.

Vom unfreien Schenken

Der Weg von der Kindheit und Jugend zur Reife und zum Alter führt allmählich in eine Akzeptanz der bescheidenen Möglichkeiten unseres Daseins. Alles, was wir tun, müssen wir um seiner selbst willen tun, nicht weil wir etwas von denjenigen erwarten, denen zuliebe wir es tun. Tun wir es nämlich nicht allein darum und erwarten irgendeine Zuwendung von den Empfängern unserer Wohltaten, so werden wir, nachdem wir die Schenkenden und Aktiven gewesen sind, zu den Passiven, die sich von den Zuwendungen der anderen abhängig machen. Unsere Erwartung setzt zudem die anderen unter Druck und läßt ihre etwaige Zuwendung als erzwungene, weil erwartete erscheinen und wird uns somit kaum lange befriedigen. Hier geraten wir in den Teufelskreis derjenigen, die dem anderen zu verstehen geben, was sie von ihm erwarten, während sie seine Leistungen immer nur als Resultat ihrer mehr oder weniger deutlichen Hinweise sehen können.

Reue, Neid und Angst

Man kann das Glück eigentlich fast überall finden, nur nicht im selbst konzipierten Unglückskerker, den die meisten Menschen mit Talent und Virtuosität sich einzurichten fähig sind. Die beliebtesten Bausteine sind die Reue, der Neid und die Angst.

Die Erfahrungen, die wir nicht gemacht haben, von denen wir aber annehmen, sie hätten uns das große Glück gebracht, wenn wir sie gemacht hätten, düngen den Boden, auf dem Reue und Neid gedeihen.

Reue vermag das eigene Leben in der Erinnerung zu erniedrigen und in seiner Positivität zu zerstören. Sie verdirbt buchstäblich alles Erlebte und schwächt alle Kräfte, die uns aus diesen Quellen fließen können. Bei manchen erobert diese negative Sicht die gesamte Lebensvergangenheit, die sich somit in eine nie versiegende Quelle von Unluststimmungen verwandelt, nach dem Motto: Du warst schon immer eine Niete, ein Verlierer. Der schwarze Rückblick führt alles auf ein Mißgeschick, eine falsche Entscheidung zurück, die das eigene Leben ein für allemal in einen Tunnel ohne Ende geführt hat.

Das zweite Hindernis des Glücks tritt oft in Gesellschaft des ersten auf und geht aus vom realen oder vermeintlichen Glück der anderen, beißt sich leidend an ihm fest.

Der neidische Mensch leidet am fremden Glück, so wie er sein schäbiges Glück der Schadenfreude nur auf dem Leid des anderen gründen kann. Er muß die Besitztümer und/oder Vorzüge des anderen in den Schmutz ziehen, wobei diese Taktik ihn aber auf Dauer keineswegs selbst besänftigt. Er wird einen Grundverdacht nicht los: Es könnte ja sein, daß der Beneidete wirklich glücklich ist, daß er wirklich das hat, was der Neider vermißt, was ihm fehlt. ‹Vergleichen› heißt in der Tat eine seiner Lieblingsbeschäftigungen. Ein Glücksgut an sich kann er nicht schätzen, weil er nur aus dem Gefälle urteilt zwischen Neid und Schadenfreude, zwischen Unter- und Überlegenheit. Das zufriedene Ruhen in sich selbst, das nicht scheel nach oben oder unten blicken muß, ist ihm unbekannt. Angekommen im Paradies des allgemeinen Drecks, in dem es allen gleich schlecht geht, fände er auch dort noch differenzierende Nuancen.

Der Neid ist kleinlich, schief und giftig, und niemand kann behaupten ganz frei von ihm zu sein. Im Unterschied zu seiner Schwester, der Eifersucht, hat er nicht die Entschuldigung der Liebe. Der Eifersüchtige will alles vom geliebten Wesen haben, will dieses selbst haben, weil er vollständig süchtig nach ihm und von ihm abhängig ist. Von ihrer Zuwendung darf die geliebte Person keinem anderen auch nur das geringste Quentchen zukommen lassen. Das Vertrauen, das dem Leidenden in bezug auf das Selbst fehlt, kann er logischerweise keineswegs der Person schenken, die er eifersüchtig bewacht. Dieses Leiden aus totaler Besitzgier und dem unwiderstehlichen Willen, in Beschlag zu nehmen, foltert sowohl die eifersüchtige als auch die geliebte Person aufs grausamste. Friedrich Schleiermacher soll die unsterbliche Definition geprägt haben: «Eifersucht ist eine Leidenschaft, die mit Eifer sucht, was Leiden schafft.» Das Zusammenleben wird zur Hölle von Verdächtigungen. Angst und Wut angesichts der totalen Inbeschlagnahme oder Mitleid mit der Sucht des Eiferers sind mögliche Reaktionen des Opfers.

Das dritte Hindernis, die Angst, ist am schwersten zu überwinden, weil sie als biologisches Erbe und als Grundlage einer langen Sozialisation zu einem Teil unseres Ichs geworden ist. Sie ist der Erzfeind jeder Form des Glücks. Ob in der Gestalt von Befürchtungen oder Gewissensbissen oder als schwarze Sorge, sie verdunkelt durch ihre Auftritte, die immer zur Unzeit stattfinden, auch noch den kleinsten Glücksschimmer. Das Wohlbefinden des Menschen hat sie seit der Morgendämmerung seiner Phylo- und Ontogenese gestört und zerstört. Schutzlos einer bedrohlichen Umwelt ausgeliefert, formt der Ängstliche Götter nach seinem Bild und stellt sie vor sich hin. Sie entlasten sein Gemüt dank ihrer Macht und Stärke, sie stellen ihm ihrerseits Bilder vor, nach denen er sich bilden soll, doch in Gemeinschaften werden diese Bilder oft von Ideologen zu Idolen im Dienst ihrer Machterhaltung benutzt und flößen nun eine andere Art von Angst ein, eine aus dem Hier und Jetzt ins Jenseits verschobene und aus diesem ihn mit ewigen Qualen bedrohende.

Die Geburt und Ausbreitung der starken, weil auf einen Gott zentrierten Religion des Christentums hat die Angst in den Mittelpunkt gerückt. Besonders Augustins Vorstellung einer Erlösung weniger Auserwählter und der Verdammnis der größten Zahl hat verheerende Wirkungen gehabt. Der französische Historiker Jean Delumeau ist in einigen seiner Hauptwerke der Kultur der Kulpabilisierung und Verbreitung von Sündenängsten im christlichen Abendland nachgegangen. Sein Werk hat heilsam gewirkt, insofern es manche falschen Ängste auflösen konnte.

Eng verbunden mit der Angst, immer wieder aus ihr hervorsprießend wie die Köpfe einer Hydra, sehe ich ein weiteres Bündel von Feinden des Glücks auftauchen: die Beschleunigung, die Hast, die Ungeduld und Übereilung. Sie alle sind Abkömmlinge der Todesangst oder genauer der Angst, am Ende des Lebens vor einer dürftigen Bilanz zu stehen. Als oft nicht bewußt wahrgenommene, aber dauernd vorhandene Hintergrundstimmung bewirkt diese Angst ein Lebenstempo, das die Langsamkeit und Ruhe haßt wie die Pest. Dieser Hast wird immer wieder der Augenblick des möglichen Glücks geopfert, in ihr löst er sich in nichts auf, sie läßt ihn nicht zu sich oder genauer zu uns kommen.

Die Frage der Schuld

Wie aber soll der Mensch glücklich werden, solange ihn das Gefühl der Schuld verfolgt und prägt? In manchen Köpfen spukt bis heute die Vorstellung einer *felix culpa*, einer glücklichen Schuld herum.

Was an der Schuld beglückend sein soll, wird heute immer weniger verständlich. Die Erfahrung von Schuld wurde gedeutet als eine Erfahrung der menschlichen Schwäche und Verderbtheit. Was unsere konstitutionelle Schwäche anbelangt, so ist gegen deren nüchterne Feststellung nichts einzuwenden, aber der Vorwurf der grundsätzlichen natürlichen Verderbtheit hat etwas den Menschen hämisch Entwertendes, das keineswegs zu bejahen ist: Zerknirschtheit angesichts seiner erbärmlichen Person sollte das Ego zähmen durch Demütigung. Wer sich schwach und elend fühlt, wird nicht aufmucken. Man brauchte den Kadavergehorsam in den geistlichen Orden und in der Hierarchie insgesamt. Sobald ein Mensch sich nicht als gänzlich schlecht und verdorben einschätzt, ist die Auslöschung der eigenen Person und ihre bedingungslose Unterordnung unter den Willen der Oberen nicht garantiert.

Es ist kein Zufall, daß die frühe Kirche schon Pelagius als Ketzer verfolgte, da er durch sein Pochen auf die Entscheidungsfreiheit und Eigenständigkeit des Ichs die Würde des Menschen fast im Sinne der nachmittelalterlichen Humanisten hochhielt. Doch sein Gegner Augustin sollte die Oberhand behalten. Mit seiner fatalen Erbsündenlehre inauguriert Augustin das, was ich die katholische Katastrophe nennen möchte, nämlich den Widerspruch zwischen der Lehre Jesu und der Praxis der Machtinstitution. Durch die Erbsünde, die er logisch nicht erklären kann und die ethisch eine Zumutung ist, sind alle Menschen als Nachkommen von Adam und Eva schwach und schuldig. Diese Einstellung wird gegen Kritik immunisiert durch folgenden Winkelzug: Gerade wer behauptet, nicht schuldig zu sein, beweist mit dieser Behauptung, daß er der Sünde des Hochmuts frönt. Daß die antiken Philosophen den Versuch unternommen haben, ohne göttliche Offenbarung ein gelungenes oder gar glückliches Leben aus der Erkenntnis zu gestalten, wird ihnen von Augustin als ihr spezifischer Stolz ausgelegt. Der Speichellecker Gottes gab in der Theodizeefrage alles daran, sein Idol auf Kosten der Menschheit zu salvieren und hat durch die Erfindung der sie belastenden Erbsünde einer sich festigenden Kirche ein wunderbares Werkzeug der Machtausübung über die Seelen der Gläubigen in die Hand gegeben. Dank Augustin, der Schwierigkeiten mit der vermeintlichen Unreinheit seines Körpers und dessen «schmutzigen» Bedürfnissen hatte, ist die Grundschwäche und Wesensschuld des Menschen mit seiner Sexualität verbunden worden. Moral und Schuld werden noch heute in vielen Köpfen im Abendland in erster Linie mit der Welt des Geschlechtlichen identifiziert. Man denke nur an die krankhaft-perversen Machenschaften der US-Republikaner in der Clinton-Story.

Einmal eingepflanzt, hat das Schuldgefühl die Eigenschaft, sich selbst dauernd zu reproduzieren. Diesen Reproduktionsrhythmus skandiert erfolgreich der Beichtritus, der als ein lebenslanger den Gläubigen niemals in die Mündigkeit entläßt. Der Betreute soll nie selbständig werden und bleibt das leicht knetbare Material in den Händen eines mit Gewissensbissen und -qualen strategisch operierenden Machtapparates.

Und immer wieder droht die Abstumpfung

«Meine Angst: Die Wiederholung!» Diese Notiz von (Anatol Ludwig) Stiller im gleichnamigen Roman von Max Frisch kann als ein Motto der Moderne gelesen werden. Nicht die ewige Wiederkehr des Gleichen, die Routine, die Kopie des schon Existierenden, sondern das Ursprüngliche, Originelle, Neue, Überraschende, das Abenteuer, die belebende Vielfalt der Variation werden angestrebt. Wenn dieses

Streben heute tagtäglich in den Medien durch das Angebot von sensationellen Pseudoneuigkeiten in die Irre geführt wird, so ist das noch kein Einwand gegen seinen wirklichen Glückswert.

Traditionsgebundene Gesellschaften hingegen bewerten die Wiederholung eher positiv. Im religiösen Bereich, der diese Gemeinschaften wesentlich prägt und strukturiert, ist der Ritus die institutionalisierte Form der Wiederholung. Der Gläubige befestigt seinen Glauben durch regelmäßig wiederkehrende Handlungen (Gebet, Gottesdienst, Abendmahl) und verleiht ihm somit Dauer. Dem Zweifelnden rät man, mit Hilfe dieser Verrichtungen über Krisen seines Glaubens hinwegzugelangen. In manchen Fällen mag die Befolgung des Ritus eine Zeitlang einen unumkehrbaren Aushöhlungsprozeß des Glaubens zu überspielen und zu übertünchen. Nicht zufällig legt Pascal dem Ungläubigen, der zum Glauben finden will, nahe, die Gesten des Glaubens wiederholend zu vollziehen (Hände falten, knien, sich verneigen) als quasi körperliche Vorbereitung für die seelische Glaubenshaltung.

Was sich entwickelt und werden will, das Kind, braucht die bestätigende Wiederholung. Man beachte nur die penible Aufmerksamkeit, mit der Kinder die Wiedererzählung eines Märchens verfolgen, Bekanntes lustvoll wiedererkennen, fehlende Einzelheiten ergänzen, durch Variationen hingegen beunruhigt werden. Sie müssen sich zurechtfinden in einer Welt, die sie durch ihre Komplexität beunruhigt, und sie klammern sich daher an das durch Wiederholung Bekannte. Das Gute-Nacht-Sagen, den allabendlichen Kuß der Mutter und die schrecklichen Wirkungen seines gelegentlichen Ausbleibens hat Marcel Proust am Anfang seiner *Recherche* vergegenwärtigt. Die Regeln in Spiel und Ernst werden zu Geländern, an denen sich der werdende Mensch auf seinem Weg ins Leben festhalten kann.

In manchen Punkten erinnert der alternde Mensch an das Kind. Auch er wiederholt, und nicht nur aus Gründen der Gedächtnisschwäche, immer wieder die gleichen Lebensgeschichten und -anekdoten. Die Wiederholung verleiht seinem zur Neige gehenden Dasein Struktur. Des Alternden Kreativität offenbart sich oft nur in dieser repetitiven Form der Daseinsvergewisserung. Lebensbewahrung vor dem endgültigen Vergehen und Verwehen wird angestrebt durch immer erneutes Hervorholen des Vergangenen. Sicherheit soll uns die Wiederholung gewähren, da sie im Zeitfluß die Ewigkeit durchscheinen läßt.

Aber Wiederholung führt zu gefühlsmäßiger Abstumpfung und raubt somit der Glücksempfänglichkeit ihre feine Frische und den aus jeder überraschenden Begegnung hervorbrechenden Glanz.

Nachdem der Mensch als Kind und Jugendlicher viele beglückende Erfahrungen zum ersten Mal gemacht hat, lebt er als Erwachsener in einer Welt, in der diese ersten Male immer seltener werden und alsbald nur noch Altbekanntes wiederholt wird. Der bezaubernde Duft des frischen Gefühls ist dahin.

Lob der Variation

Die Offenbarungen des Lebendigen, zum Beispiel der Liebesakt, sind immer Variationen über ein Grundthema. Wer seinen Ablauf vom Vorspiel bis zum Höhepunkt und dem Nachspiel bewußt verfolgt, merkt, daß er niemals identisch, niemals bloße Wiederholung des gleichen ist. In denselben Fluß der Liebe steigt man nicht zweimal. Die Variation, nicht nur das ganz Neue, erweist sich als ein bewährtes Mittel gegen die Apathie.

Wenn Goethe meint: «Alles Gescheite ist schon gedacht worden, man muß nur versuchen, es noch einmal zu denken» (*Maximen und Reflexionen*), so ist das keine Aufforderung, immer nur das Gleiche zu denken, sondern eine Einladung zur Variation des Bekannten. In ihr taucht das alte Grundthema auf, aber es erscheint zugleich wie neu und anders, wie noch nie dagewesen. Die Variation ist die Form des Neuen im Uralten. Die Sprache kann zum endlosen Lallen desselben Wortes werden. Immer wieder wird es hervorgeholt, noch einmal und noch einmal und noch einmal. «Eine Rose ist eine Rose ist eine Rose ...», meinte Gertrude Stein. Diese Sprache beschwört am Ende nur noch die immer gleich bleibende Identität der Dinge, sie kommt ganz ohne Metaphern aus, denn die Metapher ist der ewig erneuerte Versuch, die Welt mit noch nicht abgenutzten Bildern zu beleben. Die Wiederholung des immer gleichen Wortes zwingt hingegen mit der Sprache das Sein in eine Gebetsmühle und hofft verzweifelt, beide zur Deckung zu bringen. Doch das ist vergeblich, da die wirklich poetische Sprache nicht vergewaltigen will durch Schwere und Last der Wiederholung, sondern nur wie ein Schmetterling die Dinge umgaukelt.

Kunst, Musik und Dichtung gründen auf der Wiederholung, aber sie leben aus der Variation.

Bilanzen

Odo Marquard (*Glück im Unglück*) verdanke ich den Hinweis auf ein wunderliches Werk aus dem Jahre 1808 (Pierre-Hyacinthe Azaïs: *Des compensations dans les destinées humaines*), das die These aufstellt, daß in jedem Dasein Glück und Unglück eines Menschen einander derart die Balance halten, daß das Endergebnis immer Null ist, wodurch die Gleichheit aller Menschen gesichert ist. Zugleich ist damit Gottes Gerechtigkeit erwiesen und entpuppt sich uns das Werk von Azaïs als Theodizee.

Diese Vorstellung macht jede Veränderung, jede Reform, die das Ziel hat, das Glück der Menschen zu vermehren, von vornherein überflüssig. Denn was auf der einen Seite gewonnen wird, geht anderweitig verloren, und das Nullsummenspiel wird nie überwunden. Interessant ist bei einem Aufklärungsgegner die scheinbar naturwissenschaftlich-mathematische Vorgehensweise mit plus, minus, Null und Waagschalen im Gleichgewicht – das bei einer Frage, die so komplex ist wie die nach dem Glück. Wie lassen sich Glück und Unglück quantitativ messen, so daß man sie addieren, abstrahieren, balancieren und bilanzieren kann? Schon mancher Feind des Rationalismus hat sich dessen Waffen zu eigen gemacht, ohne ihre Inadäquatheit zu erkennen. Man kann vom Glück vieles sagen, doch quantitativ messen kann man es gewiß nicht.

Ähnliche Schwierigkeiten gibt es bei der Schlußbilanz, die man aufstellt, wenn man das Gefühl hat, am Ende des Lebens angekommen zu sein, und sich die Frage stellt, ob es ein erfülltes, wert- und sinnvolles Dasein gewesen ist, auf das man zurückblickt. Enthält es wirklich alles, was uns zu leisten möglich gewesen ist? Da keimt leicht ein quälender Verdacht auf: Du hättest mehr daraus machen können, du hast manche Möglichkeiten aus Angst, Feigheit oder Faulheit nicht genutzt. Dieser Skrupel taucht nicht erst am Lebensende auf.

Zuweilen erhebt er seine Stimme mitten im Leben, wenn wir uns wieder einmal der Routine überlassen und den gefährlicheren Nebenweg nicht eingeschlagen haben. Und dort – mitten im Leben – ist die Frage nach den alternativen Möglichkeiten auch sinnvoll, weil man immer noch aus den getretenen Pfaden ausscheren kann; am Ende des Lebens jedoch ist sie reine Selbstquälerei. Alle meine vergangenen Handlungen und Entscheidungen sind als Ergebnisse verschiedener Impulse und Kräfte zu verstehen, wobei die Trägheit keinen unwesentlichen Faktor abgibt. Und so ergibt sich wieder das schöne Trostwort Chopins, mit dem er das Kleinformat seiner meisten Werke erklärt: «... meine Versuche sind nach Maßgabe dessen vollendet, was mir zu erreichen möglich war.»

Die Lust an der Bilanz scheint uns allen innezuwohnen. Man will den zurückgelegten Lebensweg überblicken mit der heimlichen Erwartung, daß unter dem Strich schwarze Zahlen auftauchen. Sogar bei dem Erzpessimisten und Kaufmannssohn Schopenhauer, der im allgemeinen nur rote Zahlen liest, hat man den Eindruck, daß er schwarze Zahlen sah, was die eigene Lebensbilanz betraf.

Goethe hat einmal in einem Gespräch mit Eckermann eine Glücksbilanz aufgestellt. Das so bescheidene wie beklemmende Ergebnis des 75jährigen lautet: «Man hat mich immer als einen vom Glück besonders Begünstigten gepriesen; auch will ich mich nicht beklagen und den Gang meines Lebens nicht schelten. Allein im Grunde ist es nichts als Mühe und Arbeit gewesen, und ich kann wohl sagen, daß ich in meinen fünfundsiebzig Jahren keine vier Wochen eigentliches Behagen gehabt.» Wer sich diese Aufstellung in Prozenten vor Augen führt, wird erschüttert feststellen, daß nicht einmal ein Tausendstel dieser hohen und privilegierten Existenz ihrem Bilanz ziehenden Träger als «behaglich» erscheint und daß er den Begriff des Glücks hier ganz vermeidet. Eine der erschütterndsten Stellen in dem späten Gedicht *Trilogie der Leidenschaft* scheint diese Bilanz zu bestätigen. An die Adresse Werthers, seines fiktiven anderen Ichs, der ca. 60 Jahre vorher seinem Leben ein berühmt-berüchtigtes und sehr frühes Ende bereitet hatte, heißt es dort: «Zum Bleiben ich, zum Scheiden du erkoren / Gingst du voran – und hast nicht viel verloren.»

Eine ganz andere Auffassung lautet: «Das Leben ist eine Summe von kleinen Vergnügen.» Sie könnte von Nietzsches letztem Menschen stammen. Diese Ansicht ist so bescheiden wie optimistisch und auch etwas reduktionistisch, weil sie das große Glück, das Goethe in seiner Bilanz wohl noch vor Augen gehabt hatte, fahrenläßt und die kleinen oder größeren Mißvergnügen kurzerhand ausklammert. Allerdings ist auch diese Haltung nicht prinzipiell zu verachten.

Logotherapie

Mit dem Sinn ist es wie mit dem Glauben. Er kann denjenigen, die Gott durch den Sinn ersetzt haben und ihrer eigenen Sinnkonstruktion zu glauben vermögen, Momente des Glücks verschaffen. Doch dürfen sie nicht weiter schürfen und fragen. Vergänglichkeit und Tod sind die unwiderlegbaren Argumente für die tatsächliche Sinnfreiheit des Daseins, seine eigentliche Kontingenz. Manche verscherzen in ihrer Fixierung auf Sinn eine beglückend entlastende Erfahrung von der höchst erträglichen Leichtigkeit des Seins. Bei dieser sprechen sie von der Sinnlosigkeit des Seins, vergessen aber die Tatsache: wer den Sinn los ist, ist frei davon.

Unsere Sinnsucht entpuppt sich als unsere Sehnsucht nach Unsterblichkeit. Es geht immer darum, das Ich in Raum (Substanz) und Zeit (Dauer) zu retten. Mephisto redet, indem er mit den Worten: «Es ist so gut als wär es nicht gewesen» nihilistisch die Bilanz aus Fausts Leben zieht, den meisten Leuten nach dem Munde, für die Vergänglichkeit mit Sinnlosigkeit identisch ist. Wozu überhaupt leben, wenn dieses Leben zu keinem dauerhaften Ergebnis führt?

Als die Ideologien der rassisch höheren und der klassenlosen Gesellschaft sich als Irrweg erwiesen hatten, war wieder das Individuum im Sinne von Oscar Wildes Aphorismus gefragt: «Ziel des Lebens ist Selbstentwicklung. Das eigene Wesen völlig zur Entfaltung zu bringen, das ist unsere Bestimmung.» Der Sinn liegt dann in meinen möglichen Entfaltungen trotz des Bewußtseins ihrer Vergänglichkeit.

Dieser Weg scheint zwar gangbar zu sein, führt aber oft in die Leere. Adorno hat treffend hierzu bemerkt: «Leben, das Sinn hätte, fragte nicht danach; vor der Frage flüchtete es.»

Immer spürt man, wie die Frage nach dem Sinn gespeist wird von der stillschweigend vorausgesetzten und niemals bezweifelten Überzeugung, daß das Ich des Fragers so kostbar ist, daß es im Sein irgendwelche Sinnspuren hinterlassen muß. Das bezeichne ich als metaphysische Arroganz.

Die Suche nach Sinn entspringt der Furcht vor der Freiheit. Dem Kommenden gelassen entgegenleben, ohne es planend einem Sinnzwang zu unterwerfen, ist nicht einfach.

In Ciorans Ausführung in seiner noch rumänisch geschriebenen Sammlung *Gedankendämmerung* von 1940 geht es um nichts als um eine Befreiung vom Zweckzwang: «Wir versagen nur, wenn das Leben einen *Sinn* hat. Denn nur dann schlägt alles, was wir nicht *erfüllt* haben, in Sturz oder Sünde um [...] Gelänge es irgendeinem Sterblichen, die Gegenwart eines absoluten Sinnes zu beweisen, eine dem Werdenden immanente Ethik zu begründen – verlöre ich aus Reue und Verzweiflung den Verstand. [...] Wer die Freiheit liebt, kann sich nicht freiwillig in einen Sinn einjochen wollen. Und sei es der Sinn der Welt.»

Ciorans Haltung erinnert mich sowohl an Sartres praktischen Atheismus, demzufolge Gott wegen der Freiheit des Menschen nicht existieren kann oder darf, als auch an Montaigne, der aus der Ungewißheit und Relativität des Daseins für seine Beobachtungen die ruhige Gelassenheit des Alles-ist-möglich deduzierte. In jedem Fall bedeutet Sinnfreiheit eine herrliche Entlastung von Fremdbestimmung und die Möglichkeit zur Besinnung auf das eigene weltoffene Leben im Hier und Jetzt. In seinem letzten Buch *Aveux et Anathèmes* wird Cioran den Gedanken in einen Satz kondensieren: «Le fait que la vie n'ait aucun sens est une raison de vivre, la seule du reste.» Sinnfreiheit also als Grund des Lebens. Einfach ist das nicht.

Ich würde nicht so weit gehen wie Schopenhauer in seinem Hauptwerk *Die Welt als Wille und Vorstellung*: «Als Zweck unseres Daseins ist in der Tat nichts anderes anzugeben als die Erkenntnis, daß wir besser nicht da wären», sondern es eher mit Goethe halten: «Wie? Wann? Und Wo? Die Götter bleiben stumm. / Du halte dich ans Weil und frage nicht Warum?» (*Gott, Gemüt und Welt*)

Haut und Gaumen

Ein Hauptstrom des Glücks fließt dem jungen Menschen zu in der starken und tief empfundenen Freude angesichts von neuen Erfahrungen, verdienten Erfolgen und anregenden Erwartungen. Dem älteren Menschen hat sich diese Fähigkeit der Empfindung infolge vieler Wiederholungen und mancher Enttäuschungen abgestumpft. Er erlebt die Dinge schon zum x-ten Male, und das reduziert sowohl ihren Glanz als ihre Blendkraft. Die Wiederholung, die zum Leben gehört wie das Ein- und Ausatmen, schützt einerseits vor der Angst, welche das noch nicht Erfahrene verursacht, verschafft aber andererseits nur das abgestandene Glück der schon oft gemachten Erfahrung und bleibt auf der Skala der Glücksempfindungen im mittleren Bereich.

Das betrifft in erster Linie die Scheidemünzen des Glücks, wie sie oft herablassend von Verächtern des Körpers genannt werden: die Liebeslust und die Gaumenfreuden. Auch wenn sie traditionell in unserer Kultur als die minderen Freuden bezeichnet werden, so sind sie keineswegs zu verachten. Die Lustgefühle für Haut, Gaumen und Nase schaffen ihrer leichten Verfügbarkeit, Häufigkeit und Wiederholbarkeit wegen im Körper eine Basis für das Glück, die nicht so leicht zu erschüttern ist.

Unbemerkte Perlen und kleine Tröster

Sehr oft entwickeln sich die Dinge des Alltags gar nicht so schlecht, laufen mehr oder weniger so, wie man sie geplant hat; das findet man dann selbstverständlich und macht sich somit unfähig, ihr Glückspotential zu empfangen. Es kommt das Glück selten in glänzender, viel öfter in fragwürdigerer Gestalt als Hamlets Vatergeist daher. Und an uns liegt es dann, es zu erkennen.

Die kleinen Tröster: ein schmackhaftes Essen, schönes Wetter, eine gemütliche Stube, ein gutes Gespräch, einige Süßigkeiten oder ein Glas erfreulichen Weines sind solche Einzelelemente, aus denen sich das kleine Glück zusammensetzt.

Wahrheitslust

Man ist immer so glücklich, wie man sich selbst einschätzt, auch oder vielleicht gerade dann, wenn diese Einschätzung auf einer Fiktion beruht und mit Wahrheit und Wirklichkeit nicht allzu viel zu tun hat. Man kann sich die Frage stellen, ob das Glück nicht überhaupt wesentlich fiktional ist.

Und die Wahrheit bei alledem? Fällt ihr nur die undankbare Rolle des Bösewichts, des Störers und Zerstörers zu? Das Wort Ent-Täuschung umreißt mit seiner doppelten Bedeutung ihre negative und zugleich positive Wirkung: Verbitterung und Trauer über den Verlust der schmeichelhaften Illusion, aber auch Ernüchterung durch Auflösung der Täuschung und somit Annäherung an die Wirklichkeit. Das Glück der Illusion hat etwas Wärmendes und weist in die Unbeschwertheit kindlichen Daseins zurück, dasjenige der Erkenntnis ist streng und herb. Den Fanatismus, dem die menschenfeindliche Wahrheitssuche immer ausgesetzt ist, kann nur die Gelassenheit und der Humor dessen bannen, der fünf gerade sein lassen kann.

Der Blick in die Tiefe

Die Erkenntnis hat keine gute Presse im Glücksgeschäft. Da man davon ausgeht, daß das schönste Glück in der Illusion lebt und daß Kinder und naive Menschen dem Glück näher sind, erscheint der Erkenntnisprozeß als wenig förderlich.

Doch kann Erkenntnis auch Glück verschaffen, wo uns hemmende, bedrückende und belastende Vorstellungen einengen. Ihre befreiende Wirkung ist nicht zu überschätzen, wo sie uns innerlich und in bezug auf die soziale Umwelt zu öffnen und auszuweiten vermag. Wo sie durch nüchterne Selbsterkenntnis unsere reale Schäbigkeit und Schwäche auf den Punkt bringt, schmeckt sie zunächst bitter, doch wenn der Einsicht die Annahme der eigenen Bedingtheit folgt, löst sie zugleich vergiftende Schuldgefühle auf.

Im Vorzimmer des Todes

Das stoische Prinzip, nach dem das Leben glücken kann, ist allbekannt: Leben gemäß der Natur. Dies läßt sich auch und gerade auf das Alter beziehen, da gerade die Erscheinungen des Alters naturhafte sind. So bleibt als schwere und mühevolle Aufgabe dem alternden Ich, die Übereinstimmung zu erreichen von Trieben, Wünschen und Ansprüchen mit den verbleibenden und allmählich oder stufenweise sich reduzierenden Möglichkeiten. Vieles ist noch drin, manches, besonders was die körperliche Beweglichkeit betrifft, ist für immer dahin. Doch insgesamt ist eine distanzierte, lockere Beziehung zum Leben leichter zu erreichen, vielleicht nur weil die körperlichen Energien und die Kraft des Willens nachlassen, Ehrgeiz und Machtlust gedämpft sind. Der Beschaulichkeit, die dem Glück durchaus zuträglich ist, kommt gerade eine gewisse Körperverlangsamung zugute.

Eine feste Burg oder der ganz große Hammer

Die gottlose Frage nach dem irdischen Glück hat die allein selig machende Kirche, außerhalb derer es kein Heil gibt, längst für sich entschieden, indem sie das Glück in Gott gesetzt hat.

Zu Augustin, besonders zu seiner Auffassung des Glücks (in *De beata vita* und *De Civitate Dei*) will ich noch einmal zurückkehren. Glücklich ist ihm zufolge, wer hat, was er begehrt; dieses Gut aber – und hier geht er deutlich von Platon aus – muß ewig dauern und darf keinen Zufällen unterworfen sein, keinem Wechsel und keinem Ende. Für Platon ist diese unsere Wirklichkeit nicht DIE Wirklichkeit, sondern nur ein schwacher Abklatsch der idealen Wirklichkeit. Die Zufallsgüter dieser Welt sind vergänglich. Nun sieht Augustin in Gott die ewige unwandelbare Realität von zeitloser Dauer, und so ist eigentlich nur glücklich, wer seine Sache auf diese Wirklichkeit stellt, wer also Gott «hat», mit anderen Worten der Gläubige. Augustin geht es um die Sicherung des Glücks, seine Festigung. Im *Gottesstaat* meint er, die Philosophen hätten seit eh und je um die Frage nach dem höchsten Gut und dem höchsten Übel, dem Endgut und dem Endübel gestritten. Der römische Gelehrte und Enzyklopädist Marcus Terentius Varro (116–27 v. Chr.) habe gar ausgerechnet, daß es zu dieser Frage 288 Lehrmeinungen geben könne. Dieser polytheistischen Vielfalt setzt Augustin quasi monotheistisch den Vorschlag entgegen, «das ewige Leben sei das höchste Gut, der ewige Tod aber das höchste Übel.» Seine irdisch denkenden Gegner, «jene aber, die meinen, das

Endziel des Guten und Bösen sei in diesem Leben zu finden», verspottet er. «In jedem Fall wollen sie in erstaunlicher Verbindung hier glückselig sein und durch sich selbst glückselig werden. Aber die Wahrheit spottet ihrer.»

Diese Glücksvorstellung wird später im Katechismus die Frage-Antwort resümieren: «Wozu sind wir auf Erden? – Um Gott zu dienen und dadurch in den Himmel zu kommen.» Sie mag von den Ungläubigen als Fiktion und erhabene Illusion hingestellt werden, wider-legt kann sie sowenig werden wie be-legt. Der Gläubige ist in seinem Glücksstreben dem Diesseits gegenüber skeptisch, das ihn so oft enttäuscht hat in seinen hohen Ansprüchen. Er wendet sich verächtlich von ihm ab, reinigt sich von allen sinnlichen Genüssen und unterwirft sich dem Willen des reinen ewigen Gottes. Nun hat er in seinem Bemühen, diese Gottesvorstellung zu reinigen, den Menschen auf eine Weise belastet, daß das Diesseits durch seine Philosophie noch viel unreiner wurde, als es schon war. Der Ausblick auf ein Jenseits kompensierte keineswegs die Negativierung des Diesseits, weil Augustin den Menschen diese Erwartung mit seiner wirkkräftigen Idee der Glückssicherung durch göttliche Vorherbestimmung der wenigen Auserwählten und vielen Verdammten auf Jahrhunderte durch Angst verseucht hat.

Konträr zu dieser Auffassung ist in den Zeiten des Zweifels und des Unglaubens die von Nietzsche so genannte Hinterwelt zugunsten der vorhandenen Realität in den Hintergrund gedrängt worden. Wenn die Vorstellung von Unsterblichkeit einer individuellen Seelensubstanz immer weniger glaubhaft wird, löst sich die Verankerung des Glücks in der Transzendenz, seine Verlagerung ins Postmortale überzeugt nicht mehr. Die Wendung zur Immanenz verlangt allerdings eine bedingungslose Annahme der Struktur des Seins, in seinem Wechsel, seinem Fließen, in der Vergänglichkeit. Auch der Tod als endgültiges Ende muß einbezogen werden. Diese Glücksauffassung gründet auf einem Verzicht auf Dauer und Unsterblichkeit. Der Tod ist kein Durch- oder Übergang zu etwas anderem mehr, sondern Wiedereingang in das Nichts, aus dem die Geburt uns ins Dasein entließ. Hier wird eine innere Gelassenheit gefordert, die ein nach absoluter Wahrheit und zugleich nach Ruhe gieriger Geist nicht aufzubringen vermag, weil er nur in der Vorstellung einer absolut unwandelbaren Gottheit das Gute erfassen kann.

Seit Lessing, für den Gott und die Wahrheit keine Besitzgüter, sondern immer nur anzustreben und zu suchen sind, ist auch in den Bereich des Glaubens ein dynamisches Element eingebrochen. Die Wahrheit und Gott liegen im Prozeß des Suchens, nicht im vermeintlichen Fund oder Besitz. Die statische Glücksauffassung von Augustinus ist überwunden worden durch eine dynamische und den Menschen in seiner Suche dynamisierende, die zugleich den Vorteil hat, die eigene Wahrheit, den eigenen Glauben nicht zu verabsolutieren. Ein echtes Gespräch kann nur stattfinden zwischen Suchenden. Sobald einer glaubt, gefunden zu haben, wird er überheblich und/oder missionarisch.

Variationen zum Fuchs und den sauren Trauben

Die Trauben, die so hoch hängen, mögen süß sein, doch der Schweiß ist sauer, mit dem sie geerntet werden; gerade er wird auch die eventuell sauren versüßen.

Ich kenne einen Fuchs, der sich selber die Trauben höher hängt.

Manchen Trauben sieht man es von weitem an, wie sauer sie sind.

Der Fuchs, dem die hoch hängenden Trauben schon in die Wiege gelegt werden, beklagt sich über deren Fadheit.

Verkannte Nähe

Da steht es nah – und man verkennt das Glück.
Goethe, *Trilogie der Leidenschaft*

Etwas Handfestes, ja Hemdsärmliges haftet vielen Gestalten des Glücks an. Das Unerwartete seines Auftritts läßt uns das Glück leicht übersehen und immunisiert es zugleich gegen theoretische Annäherungen. Mit Goethes «Sorge» (im *Faust*) könnte auch das Glück von sich sagen: «Bin einmal da!» Halten wir uns also bereit, es wahrzunehmen!

Für den Unachtsamen, der sich durch äußere Ereignisse oder innere Unruhe von den vorhandenen Glückswirklichkeiten ablenken läßt, kann das Glück überhaupt nicht real werden. Man könnte sagen, er hat keine Antenne für das gegenwärtig Mögliche. Dieser Zusammenhang läßt sich aphoristisch umreißen: «Das Leben wirft so viele Perlen vor die Menschen.» Aufmerksamkeit und Offenheit für das, was in der Nähe wirkt und lebt, sind zentrale Bedingungen erfüllten Daseins. Mit der Nähe im Raum beziehen sie sich zugleich auf den Punkt in der Zeit, die Gegenwart.

Ein fast zu einfacher Rat

Unter allen Ratschlägen in der Glückskiste findet sich einer, der so einfach ist, daß er zunächst verblüfft, aber wohl ebenso unwirksam: Du bist jetzt glücklich und merkst es nur nicht, weil du dauernd nach vorn blickst oder zurück, nicht aber auf dein Hier und Jetzt. Das Sein, es sei hell oder dunkel, ist immer glücksschwanger.

Hermann Kurzke — *Brief 27. Mai 2003*

Über das Leid mailte ich Ihnen bereits, nun Bemerkungen zu Ihrem Essay über das Glück. Mit Ausnahme weniger Stellen stimme ich Ihnen völlig zu. Vielleicht bin ich einen Hauch pessimistischer als Sie. Oder sentimentaler. Das Glück kommt mir manchmal vor wie die wundervolle Wasserlilie, die unerreichbar und von Dämonen geschützt mitten auf dem See schwimmt (in Storms *Immensee*). Es ist nie gegenwärtig, immer künftig oder gewesen. Der Anfang von Ernst Jüngers Erzählung *Auf den Marmorklippen* lautet (aus dem Kopf zitiert): «Ihr alle kennt die wilde Schwermut, die uns bei der Erinnerung an Zeiten vergangenen Glückes ergreift.»

Aber ich will deshalb noch lange kein Leidverherrlicher sein. Was ich schreibe, steht unter dem Vorzeichen dieser generellen Zustimmung und soll ergänzend sein, nicht ablehnend.

Die antike und in der Renaissance reaktivierte Fortuna-Allegorie stellt das Glück als nackte Frauenfigur dar, auf einer Kugel im bewegten Meer, mit einem wehenden Schleier in der einen und einem gebrochenen Mast in der anderen Hand. Als nackte Frau mit Schleier: weil man das Glück stets begehrt, es sich aber stets zugleich entzieht. Auf einer Kugel im Meer: weil es unzuverlässig ist, man sich nicht auf ihm halten kann. Mit einem zerbrochenen Mast: weil der Schiffbruch droht. Das Glück ist alles in allem eine unzuverlässige Dame, die sich vom Menschen nicht beherrschen, nicht manipulieren läßt. Das sagen Sie ja auch schön an mehreren Stellen und sprechen von der Kunst des Gewährenlassens anstelle des Schmiedens. Ganz richtig. Um sich aber nicht dem Fatalismus auszuliefern, entwickeln Sie die schöne Formulierung vom «feinfühligen Regisseur unserer Innenwelten». Aber stellen Sie sich wirklich der Tatsache, daß zum tiefen Glück gehört, daß man es nicht selber gemacht hat, daß man es geschenkt bekommt? Wie sieht die feinfühlige Regie aus? Zerstört das Gemachte nicht das Glückliche am Glück? Es muß das Machen wohl so gehen, wie ein Gärtner oder Förster die Natur behandelt: etwas von selbst Wachsendes, aus sich selbst Vorhandenes behutsam hegend.

Sie schreiben eine treffende Kritik über Kleists Aufsatz, den sicheren Weg des Glücks zu finden, und lassen eine ergreifende Passage über Hans im Glück folgen, fragen danach aber nicht mehr, was diesen Hans glücklich macht. Sie schreiben über Glück im KZ, was unbedingt richtig und nötig ist (Sie gehen wirklich keiner Frage aus dem Weg), lassen aber später eine auf klugem Wohlleben beruhende Konzeption des Glücks erkennen. Die Überlegungen zum Pendel, zum strengen Glück im Hinblick auf Vergänglichkeit und Tod, zum Glück des Melancholikers finde ich sehr gelungen – obwohl man nicht weiß, wie sich diese Art Askese (Sie gebrauchen dieses Wort) von der religiösen, die Sie bekämpfen, unterscheidet. Von der Wahnhaftigkeit des Machtstrebens ist bekanntlich schon im Buch Koheleth die Rede (das übrigens auf Gott weitestgehend verzichtet – ich frage mich manchmal, wie dieser «Prediger Salomo» ins Alte Testament hineingekommen ist). Auch antiutopisch wie Sie (gegen die Fata Morgana der unverwirklichten Möglichkeiten) ist das Christentum immer gewesen, sofern es den Himmel nicht auf Erden, sondern eben im Himmel versprach. Das Lob des Fragmentarischen ist nichts als das christliche Bewußtsein von der Gebrechlichkeit des Menschen, die Anerkennung dessen, was Sie das Unvollkommene und Unreine nennen. Wenn Sie Montaigne gegen Augustinus, die kleine gegen die große Erfüllung ausspielen, setzen Sie sich Nietzsches Verdacht aus, das Glück sei etwas für Engländer, für Philister. Obgleich Sie gerade in diesen Passagen sehr gut wissen, daß die kleine Erfüllung nicht reichen wird. Dennoch stimme ich Ihnen, was das Lebenspraktische betrifft, ganz und gar zu.

Ein Glückssucher ist auch Faust, von dem Sie immer wieder sprechen, aber die Feststellung ist mir ein Anliegen, daß Goethe ihn nicht lobt, ihn nicht wegen seines Strebens gerettet werden läßt, sondern durch unverdiente und unverdienbare Gnade, die ihm zuteil wird durch die Person, an der er sich am meisten versündigt hat (Gretchen). Nach einem wild durchstürmten, verbrecherischen, nie glücklichen, immer vor sich selbst davonlaufenden Leben, das alle Glücksfehler macht, die Sie beschreiben (die Versuchung der Macht, die Versuchung des Vollkommenen, des vollkommen Schönen zum Beispiel) bekommt er den Lohn als unverdientes Geschenk.

Die Passagen über Reue, Neid, Eifersucht und Angst finde ich ausgezeichnet, wie Sie überhaupt in der Analyse der Glücksverhinderungen präziser sind als in der Beschreibung der positiven Glücksregie. Freilich ist auch hier meine Ansicht über das Christentum eine andere. Die Wahrheit wird euch frei machen, schreibt Johannes (Joh 8,32), der Glaube soll euch frei machen, steht irgendwo anders im Neuen Testament (finde ich gerade nicht). Angstfreiheit ist für mich das Wesen des Glaubens, Freiheit von der Angst um mich selbst, die sonst die Wurzel aller Unmenschlichkeit ist, und Freiheit von der Todesangst. Es geht beim christlichen Glauben nicht um Jenseitsvertröstung, sondern um Angstfreiheit, die einen zu sachgerechtem Handeln befähigt. Daß Mißverständnisse und Mißbräuche eher die Regel als die Ausnahme waren, muß ich freilich zugeben.

«O felix culpa, quae talem ac tantum meruit habere redemptorem», heißt es im Exsultet der Osternachtliturgie. Sie denken die glückliche Schuld immer ohne den Erlöser, die Erbsünde ohne Christus. Von «Kadavergehorsam» höre ich angesichts der gewaltigen Kulturleistungen der Orden nicht gern sprechen, das Wort paßt eher zum Militär. Die anti-augustinischen Seiten Ihres Essays sind unnötig persönlich, verraten mit ihren krassen Formulierungen private Verletztheit («unsägliche Erbsündenlehre», «katholische Katastrophe», «Speichellecker Gottes»). Augustinus war ja nicht konfessionell katholisch, im Gegenteil haben sich Luther und die Protestanten auf ihn gestützt, während das Katholische von dem Aristoteliker Thomas von Aquin dominiert wurde und, gerade durch die Beichte, Schuldbefreiung kannte, während der Protestant viel eher der ewig Sündenzerknirschte war. Das sind wahrscheinlich alles nur Probleme Ihrer ganz persönlichen katholischen Biographie, die ich nachvollziehen kann, die aber keineswegs allgemeingültig sind. Lebenslust und Glückskönnen waren in katholischen Gebieten kulturell stärker entwickelt als in protestantischen.

Dennoch haben mich die Überlegungen zur Schuldkultur tief berührt. In der Tat halte ich es für fruchtbar, die Aufmerksamkeit auf das ständige und unvermeidliche Schuldigwerden in allen unseren Handlungen zu stärken (in dem faktisch die «Erbsünde» besteht), nicht aus grämlichem Glücksneid, sondern um der Humanität willen, um empfindsamer zu werden für fremdes Leid. Meine Kindheit war bestimmt von der ganz real gedachten Möglichkeit, in die Hölle zu kommen, und von der Bedürftigkeit der Gnade und der Gnadenmittel, um dem zu entgehen. Ohne die Aussicht auf Strafe hätte ich wahrscheinlich weniger Furcht vor der Sünde gehabt. Heute vertrete ich ja eine viel liberalere Theologie, die sich eine Höllenstrafe nicht vorstellen kann. Aber hätte dieser liberale und harmlos-grundgute Gott mich wirklich so verpflichten können, wie es der strenge erreicht hat? Ich zweifle. Ich hätte gern die Wirkung ohne die Drohung, aber das wird nicht gehen. In Augustinus steckt eine ungeheure Kraft, die die liberale Theologie niemals aufbringen wird. Ich bewundere ihn – dieses Musterbeispiel eines Christen, dem aller Luxus der römischen Zivilisation zur Verfügung stand, der dessen müde wurde und sich davon abkehrte. Das ist doch auch eine Art Freiheit – dem Wohlleben nicht verfallen zu sein, unabhängig zu sein von heiterer Sinnlichkeit, gutem Essen und schönen Frauen.

Sehr gut Ihre Überlegungen zum Nullsummenspiel. Obgleich ich der Diagnose viel abgewinnen kann, gilt: Handle so, als hinge alles von dir ab! Wobei ich das Handle betonen möchte. Dem Fatalismus trotzen. Das Gute tun, gleich was es fruchte, ob es belohnt wird oder bestraft, ob es fördert oder bremst.

«Die Suche nach Sinn entspringt der Furcht vor der Freiheit.» Ein stolzes Wort. Ich will es mir gesagt sein lassen. Mein «Glaube» hat eingestandenermaßen etwas Dezisionistisches. Ich «glaube», weil ich das Nichtglauben schlimmer finde, für mich jedenfalls (ich missioniere nicht). Ich «glaube», weil ich die Kulturleistung des Glaubens in der Modellierung der Sinnlosigkeitserfahrungen sehe (Modellierung des Todes und der Kontingenz).

Was das faktische Leben betrifft, verhalte ich mich genauso, wie Sie auf den letzten Seiten andeuten, liebe Wein, Musik, gemütliche Kneipen etc. Lessings Wahrheitsbescheidenheit bringt nichts wirklich Neues. Für die großen Religiösen war Gott nie ein Besitz, nur für die religiösen Philister. Wenn es Gott gibt, macht er uns selbstverständlich keinerlei Vorschriften. Vielleicht rettet er alle, Gute wie «Böse», denn die «Bösen» sind so gottgeschaffen wie die Guten. «Gott» bedeutet Angenommensein, Freiheit, Gelassenheit, Ironie – Glück.

Die kurzen, pointierten Abschnitte, die klare, präzise und elegante Schreibweise, die unaufdringliche Sachlichkeit, der aphoristische Ausklang: Das zeigt Stilgefühl und künstlerisches Können und liest sich prima. Das hat etwas Klassisches, Antikes – wie Sie ja überhaupt eine große alte Debatte führen. Im Streit des Christentums mit der Antike geben Sie Rom und Hellas recht, setzen Epikur gegen Augustinus, die Lust des Lebens und des Körpers gegen den Leidensruhm des schuldbeladenen Christenmenschen. Man ist heute wieder heidnisch-sinnlich, sogar die Kirchen meinen sich von ihrer jahrtausendalten Sinnen- und Körperfeindschaft distanzieren zu müssen.

Jacques Wirion *E-Mail 29. Mai 2003*
Vianden, Christi Himmelfahrt 2003

Lieber Herr Kurzke,

strahlendes und beglückendes Festwetter im Ardennenstädtchen bildet den Rahmen für meine Auseinandersetzung mit Ihrem Kommentar zu meinem Glückstext. Um es gleich vorwegzunehmen: Er ist mir wirklich eine Hilfe. Dabei denke ich nicht nur an die vielen positiven und zustimmenden Teile und den erhebenden Schluß, sondern auch an die Kritik in bezug auf die Augustinus-Passagen. Sie sind nicht der erste, der in meinen Texten die unguten Folgen einer mißratenen religiösen Sozialisation und ihrer unvernarbten Wunden ausmacht. Und ich arbeite daran, soweit das Verb hier in seiner aktivischen Form überhaupt zutrifft, in dieser Frage zu einer größeren Gelassenheit zu gelangen. (Die «Öffnungen der Wunden» muß ich auch noch in ihrer positiven Wirkung erfahren.) Doch wenn Sie von «privater Verletztheit» schreiben, empfinde ich zu Unrecht darin eine Abwertung subjektiver Erfahrungen als Produkte des Zufalls?

Es ist schon interessant, wie sich viele meiner Positionen mit christlichen Haltungen decken, wie Sie sie verstehen. Wenn ich das lese, empfinde ich eine zarte Nostalgie nach jenen Bereichen, die ich vor vielen Jahren verlassen mußte. Ob ich will oder nicht, mein Denken und Fühlen ist christlich geprägt.

Was nun die positive Glücksstrategie anbelangt, so haben Sie vermutlich recht, daß ich da eher zurückhaltend bin in meinen Ausführungen. Eigentlich wollte ich auch vermeiden, daß der Text zu einer Anweisung oder einem Ratgeber würde.

A propos Angstfreiheit: Sie werden verstehen, daß ich, aus den terroristischen Höllenvorstellungen mich mit Bertrand Russells und später Epikurs u. a. Hilfe befreiend, doch Schwierigkeiten habe mit dem Jesuswort vom «Heulen und Zähnekirschen».

Was Ihre Anmerkung zu Lessing angeht, so bin ich einverstanden, wenn auch meine Erfahrungen mit großen Religiösen weniger häufig und prägend waren als die mit kleinen Götzen.

«Gott bedeutet Angenommensein, Freiheit, Gelassenheit, Ironie –

Glück.» – Ihr Wort in Gottes Ohr. Das ist wieder ein solcher Satz, der mich nostalgisch werden läßt.

PS1: Daß Sie wirklich nicht missionieren wollen, das glaube ich Ihnen, und dieses Gefühl begründet mein Vertrauen.

PS2: Vielleicht haben Sie einmal Lust in den kommenden Ferien mit Ihrer Frau das kleine Städtchen zu besuchen und unsere Gastfreundschaft zu empfangen.

Jacques Wirion *E-Mail 7. Juni 2003*

In meiner Antwort auf Ihren freundlichen Essay-Kommentar habe ich einen wichtigen Punkt ausgelassen, den ich nun nachholen möchte. Es geht um die Ursachen von Fausts Errettung. In der Tat haben deutsch-nationale und andere Kommentatoren lange in dieser Himmelfahrt eine Apotheose des Tat- und Übermenschen sehen wollen. Sie haben nun meines Erachtens – vielleicht um einer antithetischen Deutlichkeit willen – den Bogen in eine andere Richtung überspannt. Wenn Sie die Liebe von oben, an deren rettender Wirkung die ehemals irdische Liebende Gretchen beteiligt ist, als *einzigen* Grund der Erlösung des rücksichtslosen Liebhabers und brutalen Machtmenschen sehen, klammern Sie den männlichen Aspekt der Gottheit (der Herr im Prolog) zugunsten des weiblichen (Mater gloriosa, Gretchen und die Büßerinnen) aus. Immerhin sagt der Herr im Prolog: «Es irrt der Mensch, so lang' er strebt.» Und die im Kampf mit Mephisto und den Teufeln siegreichen Engel singen in der Szene *Bergschluchten*: «Wer immer strebend sich bemüht / Den können wir erlösen» und fügen dann dieser Bedingung, die Faust erfüllt hat, da er nie zu streben aufgehört hat, als weiteres Rettungsmoment die Gnade hinzu: «Und hat an ihm die Liebe gar von oben teilgenommen, / Begegnet ihm die selige Schar / Mit herzlichem Willkommen.» Goethe hat übrigens nicht die Gnade, sondern das Streben im Textbild hervorgehoben. Die Schöpfung des Herrn ist keine abgeschlossene, sondern eine werdende, an der der Mensch mitwirkt durch seine Tätigkeit, und solange er diese nicht einstellt, entspricht er dem göttlichen Ebenbild. Daß Faust selbst nicht recht an den Herrn in dieser personifizierten Gestalt und an ein Jenseits glauben kann, interessiert den souveränen Herrn des Vorspiels nicht im geringsten. Er vertraut seinem Geschöpf fast auf blinde Weise: «Wenn er mir jetzt auch nur verworren dient: / So werd' ich ihn bald in die Klarheit führen.»

Hermann Kurzke *E-Mail 5. Juli 2003*

Mit einer gewissen Betroffenheit merke ich in den letzten Wochen immer wieder, wie sehr mein ganzes Denken von jenen Absolutheitserwartungen bestimmt ist, die Sie in Ihrem Glücksessay als die eigentlichen Glücksverhinderer identifiziert haben. Ich stelle große, wenn nicht maßlose Ansprüche an mich und die Welt. Wenn ich ganz unverfrorener Stimmung bin, berufe ich mich auf das Jesuswort aus der Bergpredigt: «Seid vollkommen, wie euer Vater im Himmel vollkommen ist.» Da ich aber zugleich auch Realist bin, weiß ich, daß solches Vollkommensein unmöglich ist. Was schließe ich daraus? Anstatt mich zu bescheiden und vom Unerreichbaren Abstand zu nehmen, projiziere ich meine Sehnsüchte auf den Himmel und finde mich damit ab, daß die Menschen auf Erden dann fundamental nur unglücklich sein können.

Kann also sein, daß Sie recht haben. Kann aber auch sein, daß Sie nicht recht haben, daß Ihr Plädoyer für das kleine mögliche Glück nur notdürftig die tiefe Enttäuschung darüber maskiert, daß das große Glück unmöglich ist. Denn alle Lust will Ewigkeit, Sie zitieren das Nietzsche-Wort mehrfach. Eine Lust, die mit weniger zufrieden ist, gibt doch das Entscheidende preis. Auch Nietzsche wußte, daß es das Ersehnte nicht gibt, aber er hielt daran fest. Er war unglücklich, aber groß. Vielleicht ist die Defizienzerfahrung, jenes metaphysische Ungenügen, das man religiös als Unerlöstheit bezeichnen kann, doch das Größte am Menschen, vielleicht ist das kleine Glück (das Biedermeierglück, das Sofabehagen) nur ein Sich-Abfinden, im Grunde traurig und ohne Alkohol nicht zu ertragen. Aber sehr wahrscheinlich ist das alles steiler Unsinn und Sie haben recht, in der Praxis, in der sich unser Verhalten wahrscheinlich wenig unterscheidet, sowieso.

6. Um Himmels willen

Hermann Kurzke *E-Mail 12. Juli 2003*

Gesundheit: Sehr unerfreulich. Ich schlafe infolge der Schmerzen in den Füßen (Polyneuropathie, schrieb ich das schon mal?) fast gar nicht mehr ohne Tabletten. Entweder stehe ich nachts auf und arbeite vor mich hin, um die Schmerzen zu übertäuben, wie im Augenblick, oder ich nehme Schlaftabletten. Der Effekt am nächsten Tag ist in beiden Fällen: Müdigkeit, Dumpfheit, Benommenheit. Meine Leistung ist stark reduziert, ich mache fast nur noch das unbedingt für die Uni Notwendige. Das Semester geht noch bis 1. August. Produziere zur Zeit nicht. Gleichzeitig werden ständig neue Tabletten ausprobiert, aber bisher komme ich dem Übel nicht bei. Ich habe das schon lange, aber in den letzten Monaten mit massiv zunehmender Tendenz. Daß ich in diesem Jahr noch keine einzige Nacht natürlich geschlafen habe, ist keine Übertreibung, sondern der Tatbestand.

Jacques Wirion *E-Mail 12. Juli 2003*

Der Bericht Ihres Gesundheitszustandes ist betrüblich. Von ganzem Herzen wünsche ich Ihnen Genesung von Ihrem qualvollen Zustand und wenn ich beten könnte, würde ich Sie in mein Gebet einschließen. So müssen Sie vorlieb nehmen mit meinen Gedanken.

Hermann Kurzke *E-Mail 13. September 2003*

In den Ferienwochen habe ich wieder ein paar Totengespräche gedichtet. Ich schicke Ihnen als Anlage das Stück *Mansiones caelorum*, das sich mit Brecht und Klopstock, reuigen Teufeln und Reichen im Himmel befaßt. Glaube hin oder her – es macht mir einfach Spaß, einen Himmel zu imaginieren und ihn mit denjenigen Toten zu bevölkern, die in unserem literarischen Gedächtnis ohnehin herumspazieren. Utile et dulce est.

Hermann Kurzke

Totengespräch Nr. 22. Mansiones caelorum

Eine Kamelkarawane zog durch ein riesiges Nadelöhr. Es waren lauter einst Reiche, Satte und Mächtige, darunter der Feldherr Lukullus mit Gepäck und Gefolge. «Ins Nichts mit ihm!» hatte sein Urteil gelautet, gefällt von einst Armen, Hungrigen und Ohnmächtigen. «Ins Nichts mit ihm!» echoten die Legionäre auf dem steinernen Ehrenfries, «welche eroberte Provinz wiegt uns die nichtgelebten, viel bergenden Jahre auf?» «Ins Nichts mit ihm!» skandierten auch die Sklaven und forderten die Expropriation der Expropriateure («Wie lange noch / Dulden wir und dulden die Unsern sie?»). «Ins Nichts mit ihm!» hatte gleichermaßen der Totenrichter verfügt, denn, so meinte er weise, «mit all der Gewalt und Eroberung wächst nur ein Reich an: das Reich der Schatten.»

Aber wo war das Nichts? Wohin konkret sollte man ihn bringen? Man fragte Brecht, man fragte Korsch, man fragte Bloch, man suchte die ersten Experten der marxistischen Eschatologie auf, aber die Antwort schien nur Hohn auf den Frager zu sein. Der Engel, der Lukullus abzuführen hatte, sah sich auf sich allein gestellt. Er hieß Abbadona – was den Entschluß bereits in gewissem Grade erklärt, den er bei sich faßte. Er galt als «Fall» unter den Hiesigen, stand, als «reuiger Teufel» etikettiert, im *Who is Who* des Himmels. Gottvater hatte ihn, der einst in Luzifers Heeren gedient hatte, auf Fürbitte seines Sohnes begnadigt, zur Empörung aller Frommen, die sich abgemüht hatten. Die Diskussionen darüber waren nie ganz verstummt. Ein reuiger Teufel! Orthodoxe Pastoren verhöhnten die liberal-liebedienerische Umarmungstheologie mit ihrem abgematteten Satansgeschlecht. Die Ordnung des Heils verlangte ihrer Meinung nach, daß ein Teufel durch und durch böse sei, und das in alle Ewigkeit. Unter den Dichtern aber fand man immer viele Anhänger der sogenannten Wiederbringungslehre, die darauf hinauslief, daß alle geschaffenen Wesen, also auch Teufel, einmal erlöst werden müßten.

Auf dem langen Weg, den sie zusammen zurückzulegen hatten, war Abbadona ins Erzählen gekommen. Lukullus war ein gebildeter Mann, kannte die römische Mythologie, hatte aber von der jüdisch-christlichen nur vage Vorstellungen und hörte mit wachsender Spannung zu, wie Abbadona vom Sturz der Engel erzählte – eine grandiose Lust sei es gewesen, mit Luzifer niederzufahren –, wie er aber allmählich begonnen hatte, den Fürsten der Hölle zu hassen, weil ihm nichts auf Erden recht war, und wie er ihm die Gefolgschaft aufgekündigt hatte, als jener den üblen Plan faßte, Gottes Sohn zu ermorden. Flammend war Abbadonas Rede gegangen. «Ich habe kein Teil, Gottesleugner! kein Teil an deiner finstern Entschließung, Gott den Messias zu töten!» Dann hatte er Engeln nur weinbare Tränen geweint, was seine Mitteufel schockierte. Von da an war er Jesus inkognito auf Schritt und Tritt gefolgt. Abbadona geriet immer mehr ins Hymnische, als er gedachte des Ölbergs, den er umschwebt hatte, der Kreuze, die ihn hatten gedenken lassen der Sünde mit bitteren Schmerzen, des Richterthrons, auf dem Jesus gesessen war mit hellglänzenden Wunden. Wörtlich konnte er noch zitieren, wie er um seinen Tod gebettelt hatte:

Schaue vom Thron, wo du ruhst, du hast ja selber gelitten!
Schau in das Elend herunter, wo wir Gerichteten stehen,
Auf den verlassensten aller Erschaffnen! Ich bitte nicht Gnade;
Aber laß um den Tod, Gottmensch Erbarmer, dich bitten.

Den Tod hatte Abbadona gewollt, weil er sich nicht wert fühlte, geschaffen worden zu sein. Auch hatte er geglaubt, es gebe keine Hoffnung für ihn, nur Sterbliche könnten erlöst werden. Aber, selige Überraschung, am Ende erscholl die Stimme des Vaters, scholl von dem Throne: «Komm, Abbadona, zu deinem Erbarmer!»

Ergriffen von der Erinnerung ans Ausgestandene schwieg der Seraph. Lukullus durchzuckte eine verwegene Hoffnung. Unwillkürlich pfiff er die Melodie von «Wir kommen alle, alle, alle in den Himmel», eines Schlagers aus der Zeit seiner zweiten Erschaffung. An sich ein Heide mit Sinn für Vorteil und Nachteil und deshalb von der Berechtigung des gegen ihn ergangenen Urteils so ziemlich überzeugt, hörte er doch mit Interesse, daß es hier einen Gott gab, dessen Mitleid anscheinend unendlich war. Er horchte den Abbadona nach den Folgen dieser Einstellung für den Strafvollzug aus. Der reuige Teufel wußte ihm leuchtenden Auges von der Seligkeit aller zu sprechen, die dieses Gottes Ziel sei, und daß er sogar den Doktor Heinrich Faust, einen notorisch hoffärtigen, stinkreichen Mörder und Ausbeuter, durchs Nadelöhr habe ziehen lassen. Der habe nicht einmal bereuen müssen. Es habe manchmal den Anschein, als sei äußerste Verruchtheit ein besonderer Reiz für die göttliche Gnade. Die nur mittelmäßig Verruchten hätten inzwischen beinahe die größere Chance, in der Hölle zu landen. Der Intellektuellenspott, man wolle in die Hölle, weil da die interessanteren Leute säßen, sei von gestern. Das Gericht habe Voltaire, Feuerbach und Freud zwar verdammt, aber Vorfälle dieser Art seien inzwischen Ausnahmen. Mit der Aufklärung habe eine mildere Praxis um sich zu greifen begonnen. «Seit Klopstock mich und Goethe den Faust in den Himmel geschickt hat», sei es erst ganz unmerklich, dann immer reißender zu einer Erosion der Hölle gekommen. Heute beordere man fast nur noch kleine Leute an diesen Ort, Mitläufer stellten das größte Kontingent, während die Täter und Drahtzieher auf himmlischen Partys herumgereicht würden und mit dem Sektglas in der Hand von den Sachzwängen plaudern dürften, denen sie leider ausgesetzt gewesen seien.

«Ist ja interessant», sagte Lukullus. «Der Christengott ist also Pazifist geworden. Und Satan, nimmt er das alles hin?»

«Er glaubt selbst nicht mehr so recht an sich», erklärte Abbadona. «Seit er weiß, daß Gott auch Teufel rettet, ist er sich selbst abhanden gekommen und ganz melancholisch geworden. Aber er hat noch stramme Vasallen, die auf die alten Regeln pochen. Beelzebub war neulich so zornig, daß er für drei Tage das Feuer ausgehen ließ. Er hatte auf eine Reihe von Persönlichkeiten – Leute deines Ranges, Lukullus – gehofft, die der Himmel aber allesamt begnadigte, woraufhin er zu Protokoll gab, daß er sich weigere, unter diesen Bedingungen noch eine Hölle zu führen. Die Höllenkrise, man muß es wohl so nennen, verlief freilich im Sande, weil alle soweit ganz zufrieden sind mit der allgemeinen Toleranz, und Beelzebub niemanden finden konnte, der noch an das absolut Böse glaubte.»

«Und wenn es das absolut Böse nicht gibt, gibt es auch keine ewige Höllenstrafe!»

«Richtig. Auch die dümmsten Teufel haben inzwischen erkannt, daß man Seelen nicht mit den gleichen Mitteln foltern kann wie Körper. Das Feuer, die glühenden Zangen, die siedenden Ölkessel – alles töricht. Folter mit Niveau verwendet andere Werkzeuge. Langeweile zum Beispiel. Alle zwanzig Gesänge von Klopstocks Messias! Oder unerträgliches Gewäsch. Da Prometheus, wie man hört, sich längst daran gewöhnt hat, täglich die Leber weggefressen zu erhalten, soll der Adler dazu übergegangen sein, ihm statt dessen täglich die Story von seiner Blinddarmoperation zu erzählen.»

«Schauderhaft. Du siehst eine Chance, ihn zu erlösen?»

«Ganz gewiß. Zuerst von dem verehrten Kirchenvater Origenes vorgebracht, dann aber jahrhundertelang von den Theologen verketzert, erfreut sich die Lehre von der Wiederbringung aller heute höchsten Ansehens. Man hat den Gottfried Arnold befragt, der vor einer Versammlung von Seraphim seine Meinung vortragen durfte. Er hat das sehr gut erklärt, ich war dabei und weiß es noch so gut wie wörtlich: Wenn die Seele, sagte Arnold, nach der Auferstehung gen Himmel fähret, so kommt sie nicht in einem Hui und plötzlich zum höchsten Grad, sondern wird durch viele Mansionen und Bleibstädte geführt, an welchen sie von Grad zu Grad erleuchtet und allezeit an Glanz vermehret wird, durch das Licht der Weisheit, bis sie zu dem Vater der Lichter selber kommt. Seit diesem Vortrag gibt es eine heftige Diskussion, ob nicht das, was früher Hölle hieß, vielleicht nur eine dieser Mansionen und Bleibstädte ist, ein Teil des Himmels, wenn auch sein niedrigster, dunkelster, für die Sündigsten bestimmter. Du wirst sehen, mein lieber Lukullus, daß es viele Wohnungen gibt im Hause des ewigen Vaters, und daß mit dem, was du vorfinden wirst, die Lehre des Origenes, wie sie uns der selige Gottfried Arnold überliefert, sehr gut übereinstimmt. Er meine, führte Arnold bei besagter Seraphenkonferenz aus, daß wir auch nach der Auferstehung eines Geheimnisses bedürften, das uns reinige und wasche, denn keiner werde ohne Flecken auferstehen können, und keine Seele sei zu finden, die sogleich von allen Gebrechen frei sei. Die Wiederbringung ist also kein jäher Gnadenakt, sondern ein ziemlich langer postmortaler Reifungs- und Vervollkommnungsprozeß. Ich bringe dich zwar in den Himmel, aber bilde dir nicht ein, daß du gleich den in verzückter Anschauung wunschlos Glücklichen beigesellt würdest.»

Ein Barackenlager wurde sichtbar, es wirkte gepflegt, fast idyllisch. «Wir sind da», sagte Abbadona. «Kamele, Gepäck und Gefolge nehme ich wieder mit, du wirst sie nicht vermissen. Ich bringe dich zum Eingewöhnen erst einmal zu den Opfern des Kommunismus. Die werden mit dir zuerst in vielem übereinstimmen, weil sie meistens Gegner des Marxismus sind, aber sie werden sich später mit dir entzweien, weil du Täter warst, nicht Opfer. Es wird darauf ankommen, wie du dich dabei bewährst. Von dort will ich dich zu den Opfern des Faschismus bringen. Bei denen ist die Stelle eines Kanzlisten ledig. Deine Aufgabe wird es sein, Lebensläufe von Menschen, die durch dich und deinesgleichen zu Tode oder zu Schaden gekommen sind, der Vergessenheit zu entreißen, auf daß nicht die Täter, deren Namen bis zum Überdruß bekannt sind, sondern die Millionen bisher anonymer Opfer Name, Gesicht und Geschichte erhalten. Von dir selbst aber darfst du nichts schreiben, kein Wort, und niemandem etwas erzählen. Daß ihr Name erinnert, der deine aber verstoßen wird, ist das Ziel. Du wirst das Vergessenwerden nicht als Annehmlichkeit, sondern als Ausstoßung und Einsamkeitsfolter erleben, denn du wirst dich selbst nicht vergessen können. Erst wenn niemand mehr deiner gedenkt, werde ich dir eine höher gelegene Mansion zuweisen, in der du auch dich selbst vergessen kannst. Sei froh, daß du nicht Mackie Messer, Pierpont Mauler oder Arturo Ui heißest. Du hast das Glück, aus einem wenig geliebten Nebenwerk des großen Bertolt Brecht zu stammen. Da ist der Weg in die Seligkeiten des Gedächtnisverlusts kürzer.»

Angesichts dessen, was Sie erleiden und erleben, ist es zwar verwunderlich, aber zugleich tröstlich, daß Ihnen so herrliche Texte über Himmel und Hölle gelingen. Gott sei Dank gibt es diese Dinge, die Sie herausreißen aus dem Tal der Zähren, und ich denke, daß es nicht allein die kreativen Prozesse sind.

Unsere Radtour war weniger erschöpfend für uns alle, als ich befürchtet hatte, und zeitweilig habe ich mich wirklich auf einem körperlichen Höhepunkt befunden.

Am Dienstag beginnt wieder der Schulbetrieb. In der Erwartung, daß dieses 37. Dienstjahr mein letztes sein soll, trete ich es mit gemischten Gefühlen an.

Im Augenblick, verlockt durch die vielen Beiträge in der Feuilletonwelt, beschäftige ich mich wieder mit einem frühen geistigen Interessenpunkt: Adorno. Mir scheint bei diesem Denker eine große Angst vor der Sinnlichkeit in der Musik vorzuherrschen. Und da er hochintelligent war, wußte er diese Angst vor dem Triebhaften mit allen erzgescheiten Argumenten zu rationalisieren. Seine *Minima Moralia* haben mir manchen Gedankenstoff verschafft. Besonders interessant scheint mir seine Beziehung zu Thomas Mann gewesen zu sein. Was halten Sie von Michael Maars Vorbild-Korrektur in bezug auf Leverkühns Teufel? Er bringt es doch wirklich fertig, anhand genauer Lektüre und überzeugender Belege nachzuweisen, daß nicht Theodor W. Adorno, wie bisher allgemein angenommen, sondern Gustav Mahler das reale Vorbild für die mittlere Teufelserscheinung im 25. Kapitel des *Doktor Faustus* gewesen ist. Adorno hatte sich aus Eitelkeit mit dieser «mephistophelischen Verewigung» schon kokettierend angefreundet.

Apropos Leverkühn: Die Thematik Ihrer Himmelsbehausungen berührt ja auch die Frage, wie weit ein Sünder oder Teufel es mit der Langmut und Gnade Gottes treiben kann. Ich habe ein historisches und theologisches Problem damit, daß Sie den «Heiden» Lukull, der ein halbes Jahrhundert vor Christi Geburt starb, in einen christlichen Himmel einführen lassen. Die Idee mit dem konvertierten Teufel, dem man die Lösung der Urteilsvollstreckung überläßt, ist sehr lustig. Besonders gut ist auch der Dreh, das Nichts als Namenlosigkeit zu gestalten, hoffen doch gerade die Ungläubigen im Ruhm ihres Namens zu überleben. Der kleine Seitenhieb gegen Heinrich Faust hat meine volle Zustimmung. Ich schlage Ihnen vor, auch noch den gescheiterten Apokatastasis-Versuch an Mephisto mit Hilfe der Liebesrosen einzubauen. Ihm verwandelt sich die Liebe zu den Engeln ins Nur-Erotische, und als er diese Empfindung auf das Sexuelle reduziert, kommt er wieder zu sich, d.h. zum geilen Teufelsbock. Am Ende ist er gar stolz, daß er auf seinen Stamm vertrauen kann und er freut sich, daß die edlen Teufelsteile gerettet sind. Ich vermute, daß die krude sexuelle Konnotation dieser Begriffe oft nicht erfaßt worden ist. Wie sehen Sie das? Jedenfalls verzichtet Mephisto auf die Wiederbringung und verdammt sich.

Beiliegend finden Sie zwei vor kurzem in *d'Lëtzebuerger Land* erschienene Glossen von mir.

Jacques Wirion
Religiöse Residuen

«Der Sommer war sehr groß.» So kann ich jetzt schon mit Rilke sprechen, und dieser Jahrhundertsommer hat mir dank medialer Kommentare, die ihn begleitet und als Ouvertüre einer weltweiten Klimaverschiebung ausgemacht haben, wieder einmal gezeigt, daß der Mensch, besonders der mediale, das Prophezeien nicht lassen kann. Niemand soll sich freuen an einem wunderbaren Sommer! Er soll ihn viel mehr als Zeichen kommenden Unheils deuten lernen. Manche publicitygierige Wissenschaftler und viele Medienmenschen gefallen sich denn auch in den modisch angepassten Kleidern von Propheten und Priestern. Vermutlich nur so können sie das willige und aufmerksame Ohr ihrer für religiöse Elemente nicht unempfindlichen Zeitgenossen gewinnen.

So träumen sie laut, gestützt auf mehr oder weniger glaubwürdige Wetterprognosen, von Palmen in Hamburg und verkünden seherisch Wüsten in Italien, Spanien und Frankreich. Die sommerlichen Tourismuswellen werden sich künftig stärker nach Norden orientieren und die Südeuropäer in ihren Steppen einem afrikanischen Schicksal überlassen. Doch auch Mittel- und Nordeuropa werden ihrem schlimmen Schicksal nicht entgehen, und in einigen Jahrhunderten wird der Kölner Dom zur Hälfte im Meerwasser stehen usw. usf. Mich beeindruckt die Präzision ihrer Prognosen, und wenn ich so was lese, muß ich immer an eine Titelseite des *Spiegel* aus den 80er Jahren denken, wo die Wälder Deutschlands infolge des sauren Regens und anderer Umweltbelastungen für das Jahr 2000 als Mondlandschaften dargestellt wurden.

Nun kann man düsteren Zukunftsvisionen prinzipiell positiv anrechnen, daß es gerade solche Schreckensbilder sind, die vielleicht das Bewußtsein der Menschen im Lande und ihrer Politiker wachgerüttelt und ein Umdenken initiiert haben, das eben das Schlimmste verhüten half. Auf der anderen Seite erodiert infolge dieser Taktik die Glaubwürdigkeit der Medien und mancher vorlauter Wissenschaftler doch auch, und am Ende entsteht eine Haltung, die sich resümieren läßt in dem resignierten Ausruf: So schlimm wird es wohl doch nicht kommen. Es ist ja nicht das erste Mal, daß man den Untergang an die Wand gemalt hat, und wir leben immer noch gut und wursteln weiter wie bisher.

Am interessantesten wird es aber, wenn die Ursachen der oder genauer die Schuld an den angekündigten Katastrophen ausgemacht werden. Bescheidenere und historisch denkende Wissenschaftler sehen in klimatischen Veränderungen nicht automatisch den Menschen als Verursacher, weil Klimakatastrophen und Klimaschwankungen ganz anderen Ausmaßes die Welt seit ihrem Bestehen bis zum Auftritt des Homo sapiens heimgesucht haben. Hier waren kosmische und tellurische Gewalten im Spiel, über die nun in den Augen mancher Medienpropheten, die das Schuldgefühl des Menschen funktionalisieren wollen, auch der moderne Mensch verfügt. Daß ein atomarer Weltkrieg in der Tat solche Gewalten zu entfesseln vermag und einen nuklearen Winter produzieren könnte, ist denkbar, was aber die Wirkungen des Treibhauseffektes anbelangt, so bin ich davon nicht so überzeugt wie manche Medienpropheten, die den Menschen als zweiten Schöpfer oder eher Zerstörer der Welt sehen wollen. Aber ich mag mich irren, und in der Zwischenzeit schadet es bestimmt nicht, Katalysatoren zu benutzen und den Müll zu sondern. Ja, solche Handlungen verschaffen ihren Akteuren ein gutes Gewissen, wie es der fromme Christ nach der Erfüllung seiner religiösen Rituale empfinden mag.

Jacques Wirion
Das überforderte Ich

Der Ursprung der Entwicklung unseres modernen Ichbewußtseins wird von den meisten Historikern und Soziologen in der Renaissance, also im 15. und 16. Jahrhundert der europäischen Geschichte, gesehen. Besonders hervorzuheben ist hier Michel de Montaigne, der sein Ich und dessen Veränderungen zum großen Zentralthema seiner riesigen Essaysammlung machte. Aber er war nur einer von vielen Autoren und Künstlern, die an dieser Bewegung beteiligt waren. Man denke an Dürers deutliche Bildsignaturen oder Descartes «Je pense, donc je suis». Auch religiöse Strömungen wie etwa der Calvinismus und der Pietismus haben durch die Personalisierung der Beziehung des Gläubigen zu Gott in diese Richtung gewirkt.

Geistige Aufklärung und soziale Emanzipation haben Maßstäbe gesetzt, denen nicht leicht nachzukommen ist. Vorbilder aller Arten wirken oft eher bedrückend und gerade nicht als hilfreiche Wegweiser. Das Sartresche Diktum von der Existenz, die der Essenz vorausgeht, ist alles andere als geeignet, ein unsicheres Ich stolz zu machen auf seine einmalige Position im Dasein. Es fühlt sich gar nicht wohl angesichts der Zumutung, aus seiner bloßen Existenz ein verantwortliches Leben gestalten zu sollen. Am liebsten würde es sich zur Eigenorientierung an Vorgaben halten, wie sie früher die Sitte und die Religion zur Verfügung stellten. Und mancher sucht sein Heil auf dem Weg in die Charakterpanzerung.

So soll nun der einzelne selber ganz allein als Regisseur seines Daseins Verantwortung tragen für die Qualität dieser Inszenierung. Da er derart sein Leben als ein Kunstwerk anzusehen beginnt, wird ihm schon der kleinste Schritt sauer, besonders am Anfang des Erwachsenenlebens nach der Ausbildung und dem bevorstehenden Eintritt in die Bereiche Beruf und Lebenspartnerschaft. Es ist doch so wichtig, daß er hier das Richtige tut, weil ein verfehlter Schritt über diese Schwelle sein ganzes Dasein verpfuschen kann. Grüblerische und somit handlungsgehemmte Naturen erleben bei dieser Entscheidung hamlethafte Qualen. Und die werden durch die Freiheit der Wahl nur gesteigert. Zudem vergrößert der fehlende Glaube an jenseitige Lebensformen den Druck, weil das eigene Leben so zur einmaligen und einzigen Chance und ein Gelingen unabdinglich wird.

Für Montaigne, den frühen Entdecker des Ich, stellte dieses Individuum nicht die Lösung der Daseinsprobleme dar, sondern in seiner Schwäche, Gebrechlichkeit und wesentlichen Bruchstückhaftigkeit war es für ihn das Problem selbst. Diesem Zertrümmerer überkommener Meinungen ging es im Unterschied zu traditionellen Denkern nicht um den Anschein einer durch Gewohnheiten und Vorurteile gefestigten Persönlichkeit, da eine solche in seinen Augen immer nur eine Fassade sein kann, welche die tiefe Zerrissenheit des Ego dahinter verdecken soll.

Ein erklärter Feind intellektueller Zergliederungen und der sich daraus ergebenden Lähmungen, der konservative Soziologe Arnold Gehlen (1904–1976), hat für derart geplagte Naturen ein Heilmittel parat, das allerdings nur wirkt, wenn sie bereit sind, einen Schritt zurück zu tun und das eigenständige Denken zu opfern. Sie sollen sich von den Institutionen Familie, Recht, Kirche, Wirtschaft, Wissenschaft konsumieren lassen, indem sie deren Vorgaben nicht in Frage stellen, sondern unbefragt ausführen. Diese bieten die besten Mittel gegen Reizüberflutung, welche das kulturschaffende Wesen Mensch im Laufe seiner sozialen Entwicklung geschaffen hat, und entlasten den Menschen dankenswerterweise. Die kulturelle Überlieferung enthalte viel Wissen und Weisheit, auf die wir nicht leichtfertig verzichten sollten. Hier wird eine aufklärungskritische Pointe spürbar, die an Edmund Burke, den großen Gegner der Französischen Revolution, erinnert. In seinen *Reflections on the Revolution in France* von 1790 schreibt er den von den Aufklärern bekämpften Vorurteilen ganz ähnliche, positive Wirkungen zu wie Gehlen den Institutionen: «Prejudice is of ready application in the emergency; it previously engages the mind in a steady course of wisdom and virtue, and does not leave the man hesitating in the moment of decision, sceptical, puzzled and unresolved. Prejudice renders a men's virtue his habit; and not a series of unconnected acts. Through just prejudice, his duty becomes a part of his nature.»

Montaigne lehrt statt dessen, die Unsicherheit auszuhalten. Angesichts des psychischen Elends und der sich daraus ergebenden und weit verbreiteten Bereitschaft, seine Autonomie dem erstbesten hergelaufenen Geisterführer um das Linsengericht des eigenen Seelenfriedens zu verkaufen, stellt sich mir wirklich die Frage, ob die Forderung des Aufklärers Kant, jeder möge sich des eigenen Verstandes bedienen und selbstbestimmt handeln, nicht genauso utopisch gewesen ist wie Jesu Gebot: «Liebe deinen Nächsten wie dich selbst.»

Hermann Kurzke *E-Mail 15. September 2003*

Ihre zwei Feuilletons habe ich mit Zustimmung gelesen. Auch ich kann die Klimahysterie nicht teilen. Ihr tiefstes Motiv ist sehr alt: Es ist die Angst vor dem Weltuntergang. Sie gehört zu den «religiösen Residuen», ist freilich insofern verwahrlost, als die christliche Antwort verlorengegangen ist. Denn der Untergang bedeutet ja christlich das Anbrechen einer neuen Zeit, in der Er alle Tränen abwischen wird, weder Tod noch Trauer noch Klage noch Mühsal mehr sein werden (Offb 21,4). Das sollte wenn nicht Hoffnung, so doch wenigstens Gelassenheit geben. Was mich betrifft, so bilde ich mir ein, der Weltuntergang würde mich nicht überraschen. Daß das Christentum die Naherwartungskrise überlebte und sich auf Dauer zu stellen vermochte, ist nicht nur ein Verrat an seinem jesuanischen Ursprung, sondern auch ein Zeichen dafür, daß die Untergangserwartung letzten Endes gar nicht so substanzlos ist. Sie bleibt aktuell. Das Ende des Menschengeschlechts ist so denkbar wie das Ende der Saurier. Die christliche Religion formuliert dieses Tiefenbewußtsein eschatologisch aus. Die gegenwärtigen Großkirchen haben freilich die eschatologische Dimension fast ganz preisgegeben. Sie reden nicht mehr oder nur noch mit Verlegenheit vom Jüngsten Tag oder vom Letzten Gericht, vom Berg Zion und vom himmlischen Jerusalem, von Hölle und Himmel und Unsterblichkeit der Seele. Sie haben sich auf Sozialarbeit eingerichtet. Überhaupt sagen sie nichts aus dem allgemeinen Kommunikationsstandard Fallendes mehr. Dabei ist die Legitimität einer apokalyptischen Dimension heute offensichtlicher als je.

Kants Mündigkeitspostulat so utopisch wie die Nächstenliebe: Ja. Mündigkeit ist anstrengend. Nur wenige Menschen wollen wirklich mündige Subjekte sein. Viel stärker als der Wille, sich seines Verstandes ohne Leitung eines anderen zu bedienen, ist die Sehnsucht nach einer Autorität, die einem sagt, was man tun soll. Viele haben ja auch keine wirkliche Chance, soll man es ihnen da übelnehmen, wenn sie den Mündigkeitsanspruch preisgeben und die Geborgenheit in der Herde vorziehen? Sie lieben den Pferch mehr als die unendlichen Weiten des Himmels. Durchschnittlich ist der Mensch lieber Schaf als Adler. Mit welchem Recht verlangt man, daß die Schafe mit einer Adlerphilosophie leben sollen?

7. Von Krankheit und Gesundheit

Jacques Wirion *E-Mail 25.Oktober 2003*

Ein neues Projekt beschäftigt mich im Augenblick: Eine philosophische Praxis nach dem Modell von Gerd Achenbach will ich eröffnen.

Anzeige im *Luxemburger Wort* 31. Oktober 2003
Philosophische Beratung in der «philosophischen Praxis»

Das «philosophical counseling» ist eine Methode der Lebenshilfe, die Ratsuchenden bewußt machen will, daß auch für ihre Lebensfragen und -probleme im unerschöpflichen Fundus des menschlichen Denkens seit der Antike Deutungen, Tröstungen und Lebenshinweise zu finden sind. Sie will den Besucher auf dem Weg zur Selbsterkenntnis fördern, ihn für Werte und Reichtümer seiner Lebenswelt sensibilisieren und sowohl seinen Denkhorizont als auch das Spektrum seiner Handlungsmöglichkeiten erweitern.

Orientierung wird keinesfalls als Fertigprodukt angeboten, sondern sie mag sich gesprächsweise ergeben.

Die einführende Gesprächssitzung ist kostenlos und unverbindlich.

Jacques Wirion *E-Mail 14. November 2003*

Ich muß Ihnen über mein neues Unternehmen im Anfangsstadium berichten. Seit dem 3.November unterhalte ich eine sogenannte «Philosophische Praxis» nach dem Modell von Gerd Achenbach. Mit einem erstem Klienten hatte ich schon ein Einführungsgespräch und er ist bereit, mich monatlich einmal für 50 Euro in Anspruch zu nehmen. Insgesamt haben sich bisher auf eine Anzeige im *Luxemburger Wort* hin fünf Leute gemeldet. Lebenshilfe und Beratung oder auch nur ein Gespräch oberhalb der Smalltalk-Ebene ist das, was die Leute suchen. Eine Klientin wollte mehr erfahren über Numerologie, doch da habe ich lieber verzichtet.

Hermann Kurzke *E-Mail 14. November 2003*

Eben mußte ich ohnehin jemandem von meinem Institut halb dienstlich, halb privat meine gesundheitliche Lage erklären. Das darf ich auch Ihnen senden, ohne weitere stilistische Anpassung, als Lebenszeichen:

Leider muß ich die betrübliche Mitteilung machen, daß ich in diesem Semester nicht lehren kann. Da sich mein Zustand nicht verbessert, sondern verschlechtert hat, bin ich für vermutlich mindestens 6–8 Wochen in eine auf Schmerzbehandlung spezialisierte psychosomatische Klinik in Bad Krozingen eingewiesen worden. Da es ja sonst immer Gerüchte gibt und ich nicht möchte, daß man meint, bei mir wäre eine Schraube locker, möchte ich die wichtigsten Zusammenhänge kurz erläutern.

Polyneuropathie: ein unansehnliches Leiden. Haben standardmäßig vor allem Alkoholiker und Diabetiker, aber es gibt darüber hinaus eine Gruppe mit unklarer Ätiologie, zu der ich gehöre. Hauptsymptom: stechende Schmerzen in den Füßen, wie wenn man drei Mal pro Minute mit einer glühenden Stricknadel angebohrt wird. Die Neurologie erklärt, es handle sich um Degenerationserscheinungen der feinsten, am weitesten vom Zentrum entfernten und deshalb am schlechtesten versorgten Nervenausläufer. Nicht heilbar. Die Schmerzen lassen sich durch Tätigkeit, körperliche oder geistige, übertäuben, aber übernehmen vollständig die Herrschaft, wenn man sich ausruhen will. Das hat etwas Satanisches. Man wird sozusagen ständig an die Arbeit zurückgeschickt. Man kann nicht schlafen, jedenfalls nicht ohne Hilfsmittel. Statt sich spät abends entspannt in sein Bett zu rollen, bekommt man Angst vor den Nächten. Die

Schmerzattacken begannen vor etwa 20 Jahren, traten aber damals nur alle paar Monate für wenige Tage auf. Vor etwa zehn Jahren verkürzte sich die Frequenz auf durchschnittlich zwei Tage die Woche. In beschwerdefreien Nächten konnte ich mich jedoch gut regenerieren und schlief wie ein Murmeltier. Das Schlimme in diesem Jahr ist, daß es nun keine beschwerdefreien Tage mehr gibt. Einfache Schmerzmittel helfen überhaupt nicht. Mit starken Schlafmitteln geht es, wobei der daraus resultierende Schlaf zwar die Nacht ohne Qual vergehen läßt, aber nicht eigentlich erholsam ist. Unter immer weiter wachsender Erschöpfung habe ich das Sommersemester noch ordnungsgemäß durchgeführt, hatte dann aber Anfang Oktober einen Kollaps. Seitdem lebe ich auf kleinster Flamme, bin ständig sehr müde und nach jeder kleinen Aktion vollständig erschöpft.

Ich möchte damit auch sagen, daß der Burn-out nicht darauf zurückzuführen ist, daß man mir zuviel zugemutet hätte. Ich habe mir vielmehr selbst zu viel zugemutet, weil ich keinen besseren Ausweg wußte. Arbeit war eine Art Medizin, mit der ich den Beschwerden lange Zeit Paroli bieten konnte. Die zweite Medizin ist meine Familie, Zusammensein, Essen und Trinken, Spielen lenkt ab, wenngleich nicht so zuverlässig wie Arbeit. Durch den Zwang zur Überarbeitung und die nie nachlassende Körperspannung, die der Schmerz erzeugt, ist durch lange Gewohnheit ein Teufelskreis entstanden, der nun irgendwie durchbrochen werden muß, vorwiegend durch die vorübergehende Herausnahme aus allen eingeschliffenen Kontexten. Hoffentlich klappt das.

Jacques Wirion *Brief 15. November 2003*

Daß die Dinge zuweilen diese vermaledeite Neigung zum Negativen entwickeln, suchen wir immer und immer wieder zu verdrängen. Und doch werden wir immer und immer wieder unweigerlich mit ihnen konfrontiert. Da Sie für mich partiell eine Vorbildfunktion besitzen, stelle ich mir immer wieder vor, wie ich mich in Ihrer Lage verhalten würde. Ich vermute, bin aber keineswegs sicher, daß Ihnen die religiöse Haltung, oder soll ich sagen der Glaube, eine Stütze bietet, auf die ich in einer solchen Situation nicht rechnen konnte. Aus der Erfahrung einer anderen Hölle hat der Essayist Jean Améry sich mit dieser Thematik befaßt (*An den Grenzen des Geistes* in: *Jenseits von Schuld und Sühne*). Aber mit oder ohne diese Stütze muß dieses Bewußtsein, in einem Teufelskreis von Schmerz und Erschöpfung gefangen zu sein, wirklich qualvoll sein. Ich schätze Sie ein als einen sehr stolzen Menschen. Wenn ich Ihre Anamnese richtig verstehe, haben Sie lange Zeit eigene Strategien der Schmerzbekämpfung entwickelt, die durchaus funktionierten. Und irgendwann erlahmen dann die körperlichen Kräfte und konfrontieren uns mit der schrecklichen Wahrheit unserer Schwäche.

Trete ich Ihnen zu nahe, wenn ich vermute, daß Thomas Mann, dieser Ethiker der Leistung und der konzentrierten Arbeit, nicht zufällig ins Zentrum Ihrer wissenschaftlichen Bemühungen gerückt ist?

Hermann Kurzke — *Brief 5. Dezember 2003, Werner-Schwidder-Klinik*

Lieber Jacques,
ich würde gern Du sagen, mir ist danach. Es entstehen andere Kommunikationen, intensivere zumeist. Wenn Du aber eine Aversion dagegen hast, kann ich schmerzfrei darauf verzichten, wir reden dann einfach nicht mehr davon.

Nehmen Sie das Vorstehende einfach als Testpassage, so wie ich. Sie haben mir am 15. November sehr Treffendes geschrieben. Ja, mein virtuoses Schmerzmanagement ist zusammengebrochen. Ich bin definitiv konfrontiert mit der schrecklichen Wahrheit der Schwäche, das Verdrängungsgebäude, das mein Stolz errichtet hat, liegt zwar noch nicht in Trümmern, aber zeigt tiefe Risse in tragenden Teilen. Ihre Feststellung, daß (bzw. die Frage, ob) der Glaube mir jetzt eine Stütze ist, hat mich vom ersten Tag an hier begleitet. In der Zeit der Not und Verzweiflung, der Schmerzen und des ausweglos scheinenden Teufelskreises war ich relativ «fromm», gelegentlich stand mir der Tod vor Augen, weil ich mich in einem Strudel fühlte, der sich immer schneller drehte, der mich vorzeitig verschlingen würde.

Vor ein paar Tagen schrieb ich in mein Notizbuch: «Ist meine Religion nur Wollen, wäre es eine Befreiung, wenn ich sie fahren ließe?» Mein Vater, den ich sehr geliebt habe, war ein frommer Mann, so daß auch ich selbstverständlich religiös sozialisiert wurde. Im Laufe des Studiums (Germanistik und Katholische Theologie) gelang es mir, diesen überlieferten Glauben beinahe vollständig zu zersetzen. Negative Erlebnisse mit der Institution Kirche kamen dazu, so daß meine religiöse Bindung nur noch sehr schwach war, als ich im Verlauf der 80er Jahre, wesentlich beeinflußt von meinem Freund Hansjakob Becker (Prof. für Liturgiewissenschaft in Mainz), ein literarisches und kulturelles Interesse an der christlichen Überlieferung zu entwickeln begann. Dieses Interesse war von Anfang an ziemlich heterodox, ich wollte neue Wege gehen, intellektuell verantwortbare ohne Kirchenmief, existentiell hilfreiche ohne kuscheliges Sektierertum, kulturell glaubwürdige, in denen die Künste nicht nur als Draperien des Gestänges der Dogmatik verwendet werden. Immer bewußter habe ich über die Möglichkeiten einer Restauration des christlichen Glaubens nachgedacht (deren Notwendigkeit in einer immer haltloser werdenden Welt ich hoch veranschlagte). Das *Geistliche Wunderhorn*, eine kommentierte Anthologie von fünfzig großen Kirchenliedern, ist die wichtigste Frucht dieser Bemühungen (außer den zwei Essays in der *Literarischen Welt*, die Sie kennen). Ich war auf einem einsamen Weg. Den Kirchen bin ich unheimlich, auch wenn sie mich heute nicht mehr völlig ignorieren können. Es gibt zwar etliche Theologen, die ich hochschätze, aber bei aller Liberalität gilt doch auch für sie das ‹Wes Brot ich eß, des Lied ich sing›; wer wirklich den Konflikt riskiert, fliegt raus wie Küng oder Drewermann. Aber auch die säkularisierte intellektuelle Welt wirft den Ball nicht zurück. Ich begegne viel Respekt, finde aber keine Mitstreiter.

Die Einsamkeit hat mich hochmütig gemacht. Darf ich übertreiben? Manchmal fühlte ich mich in unserer blassen Gegenwart als beinahe der einzige katholische Intellektuelle von Rang. Bitte diesen schrecklichen Satz gleich wieder vergessen! Ein zäher Ehrgeiz war am Werk, es der Welt zu zeigen. Freilich ist das wie bei Thomas Mann, da haben Sie völlig recht, und wie Thomas Mann die bebende Nervenspannung ausgehalten hat, ohne eine Polyneuropathie zu entwickeln, ist mir ein Rätsel ... Offenbar hat mein Besonderheits-, mein Sendungsbewußtsein meinen Körper so geknechtet, daß dieser nach lang ertragener Untertänigkeit schließlich in die Revolution getrieben wurde. Revolutionen aber sind immer Schuld der Regierungen, sagt (glaube ich) Goethe irgendwo.

Nun ist die Frage, ob die Religion mir bei der Schmerzbewältigung hilft oder nicht vielmehr Teil meiner Selbstunterdrückungsstrategien ist. Vielleicht sollte ich unter den Laborbedingungen hier einmal wagen, ohne die Religion auszukommen und den ödipalen Kampf mit meinem Vater aufzunehmen. Ob ich danach zurückkehre wie der verlorene Sohn, mit dem Pater peccavi auf den Lippen?

Ich befinde mich sehr wohl hier. Hier wird auf einer breiten Front psychosomatisch gearbeitet. Besonders spannend finde ich die diversen Gruppentherapien. Da gibt es einen Kurs, der heißt Tanztherapie, da lernst du deinen Körper (also dich selbst) kennen! Zum Beispiel wird eine Musik gespielt, du sollst deinen Bewegungsrhythmus darauf finden. Das gelingt nach einer Weile, alles tanzt autistisch vor sich hin. Dann aber heißt es: Versuchen Sie, Ihren Rhythmus einem Mittänzer aufzuzwingen! Lediglich aus der Überzeugungskraft Ihrer Gestik, ohne Worte und ohne Berührungen! Hier knicken manche ganz schnell ein und folgen willenlos, manche werden herrisch (auch Frauen) und widerspenstig, manche konfus. Sich behaupten gegenüber einem sozialen Druck ist ungeheuer schwer. Der Körper ist der Unterwürfige, nicht der Kopf. Eine Variation dieser Übung verlangte, daß man sein Gegenüber gestisch bekämpfe und bedränge und an die Wand treibe, aber ohne Berührung. Fast gespenstisch schnell sortieren sich da Herrscher- und Untertanennaturen. Die Listigsten freilich stellten sich nicht in Augenhöhe, sondern tauchten nach unten weg und befreiten sich so aus jeder Situation. Das ging mir gleich mit mehreren Frauen so. Die Männer konnte ich meistens gut beherrschen, die Frauen nicht.

Ein großer Teil der Therapie ist körperorientiert (ich lebe so gesund und sportlich wie noch nie), aber auch das soziale Verhalten und die Psychoanalyse kommen nicht zu kurz, so daß es auf eine Generalrevision aller meiner Grundlagen hinausläuft. Mit der Psychotherapie spiele ich Hase und Igel. Ich bin gespannt, ob ich hier etwas erfahre, was ich noch nicht weiß. Immer schon habe ich psychoanalytisch gedacht, als Literaturwissenschaftler, als Thomas-Mann-Biograph, aber natürlich auch privat. Interessiert schaue ich deshalb den Therapeuten über die Schulter. Eine reine Patienten-Naivität kann ich nicht aufbringen. Ständig sehe ich mir zu, was ich mache.

Dazu kommen natürlich auch medikamentöse Therapien, v. a. die Schmerz- und Schlafmittelproblematik betreffend. Bis jetzt gibt es noch keine meßbaren Erfolge (außer meiner guten Laune), aber ich bin ja erst zweieinhalb Wochen hier und man kündigte mir für meine Symptomatik eine Behandlungsdauer von 12 Wochen an. Die Woche ist hier die kleinste bekannte Zeiteinheit (immerhin nicht der Monat, wie im *Zauberberg*).

Der Zauberberg dient bereitwillig als Riesen-Reservoir von Anspielungen. Ich kam ja ohne Bücher hierher, war aber inzwischen im Antiquariat, in der Buchhandlung und in der Leihbibliothek und habe mir neben einem Dutzend anderer Bücher auch ein Zauberberg-Exemplar besorgt. Daraus exzerpiere ich Ihnen *pro domo*, auf daß Sie widersprechen mögen, ein paar Lesefrüchte zum Thema Gesundheit und Krankheit:

«Man denkt, ein dummer Mensch muß gesund und gewöhnlich sein, und Krankheit muß den Menschen fein und klug und besonders machen.» (Hans Castorp im Abschnitt *Notwendiger Einkauf*)

«... prägen Sie es sich ein, daß Krankheit, weit entfernt, etwas Vornehmes, etwas allzu Ehrwürdiges zu sein, ... vielmehr Erniedrigung bedeutet, – ja, eine schmerzliche, die Idee verletzende Erniedrigung des Menschen ...» (Settembrini ebd.)

«... die sogenannte Gesundheit, das heiße: die Erzphilisterei und Urbürgerlichkeit, als deren absolutes, und zwar absolut geniales Gegenteil die religiöse Welt eben zu bestimmen sei» (Naphta im Abschnitt *Operationes spirituales*)

Über einen Besuch würde ich mich sehr freuen. Aber ich bin Patient und muß einige Einschränkungen machen. Wir sind hier aus guten Gründen vor der Welt geschützt und müssen uns an relativ feste Regeln halten. Die Wochentage sind ohnehin durch Therapien besetzt. Am Wochenende kann man Urlaub bekommen. An einem Samstag oder Sonntag könnte ich mich für das Abendessen beurlauben lassen und hätte dann zwischen 13 und 22 Uhr Zeit. Vorerst habe ich, nach den Erschöpfungen des letzten Jahres, noch ein riesiges Ruhebedürfnis. Aber vielleicht irgendwann im Januar?

Ich wüßte noch viel zu erzählen, aber jetzt tut mir die Hand weh (die so verkrampft ist wie der ganze Kerl, an dem sie hängt) und ich grüße Sie herzlich.

Jacques Wirion *Brief 9. Dezember 2003*

Lieber Hermann,
es ist schön, daß Sie zum Du wechseln wollen …

Dein Wunsch ehrt mich. In der Tat war mir auch schon öfter danach und so bin ich froh, daß Du als der Ältere den ersten Schritt getan hast. Ich bin auch froh, daß meine Analyse Dich nicht verletzt hat, besonders der Hinweis auf den Glauben als Lebens- oder Überlebensmittel in schwieriger Zeit. Die religiöse Sozialisation war bei Dir vermutlich viel positiver als bei mir. Die Frömmigkeit meines Vaters habe ich nie wirklich empfunden, und meine Mutter ging zuweilen in die Kirche, um ihre Ruhe zu finden und zu sich und zu Gott zu kommen, doch hat sie dieses Thema, ihren Glauben also, nie wirklich zum Ausdruck gebracht. In diesen Dingen war sie schrecklich verschwiegen. Die Kleriker, die meine Jugend prägten, waren mit zwei Ausnahmen zutiefst verängstigte und starre Figuren. Als ich in Tübingen mein Studium fürs Lehramt begann, befreite ich mich in einer langen qualvollen Woche von meinem Glauben, wobei sexuelle Bedürfnisse und diesbezügliche Höllenstrafen eine zentrale Rolle spielten. Im späteren Lauf meines Lebens habe ich mit sogenannten Linkskatholiken öfter in Vortragsveranstaltungen und Gesprächsrunden zusammengewirkt. In diesem Rahmen habe ich den bekannten französischen Historiker Jean Delumeau eingeführt, der sich mit dem Thema Angst und Sünde intensiv befaßt hat. Die menschlichen Qualitäten dieser Leute und ihre totale Abstinenz von Bekehrungsversuchen haben meinen Unglauben nicht ändern können. Die Gottesvergiftung war bei mir allzu wirksam gewesen. Dabei möchte ich aber keineswegs behaupten, daß ich im Religiösen vollständig unmusikalisch wäre. Auf Tertia hatte ich bei einem wirklich interessanten Religionslehrer meine «theologischen Fähigkeiten» in einer Klassenarbeit unter Beweis gestellt, übrigens eines der seltenen Erfolgserlebnisse meiner geistig eher tristen Gymnasialzeit.

Dein literarisches und kulturelles Interesse an der Thematik ist mir durchaus nicht fremd.

Deine «Restaurationsbestrebungen» erklären vermutlich Deine Beschäftigung mit Novalis. Und glaube mir, diese Thematik hat mich schon immer fasziniert. Aber ich kann mir einfach nicht vorstellen, wie ein vernichteter Glaube wiedergefunden werden kann. Jedes restaurative Bestreben kommt mir als verzweifelter und am Ende doch immer wieder vergeblicher Willensakt vor. Die Scherben meines Glaubens lassen sich nicht kitten. Ich bin mir der Dinghaftigkeit der Metapher bewußt, aber mein Glaube war nie wirklich lebendig und konnte somit nicht verletzt, sondern nur zertrümmert werden, wie eine alte Vase.

Es gefällt mir, wie du unverblümt Deinen gewiß nicht unberechtigten Stolz zum Ausdruck bringst. Ich habe auch nicht das geringste gegen offene Katholiken, aber wenn ich lese, was ein Paul Claudel dem gewiß ehrlich suchenden André Gide seiner Homosexualität wegen zumutete, so finde ich in ihm einen geeigneten Punchingball, an dem ich boxend meine antikatholischen Affekte abreagieren kann. Ein Bekannter von mir hat in bezug auf meine antireligiösen Affekte einmal gemeint, ich sei gewiß zutiefst verletzt worden in diesem Teil meiner Person.

Mich freut ungemein, von Deiner guten Laune zu hören, und ich bin fast sicher, daß ihr die Genesung folgen wird. Hast Du wirklich das Gefühl, Dich innerlich nicht von Deinem Vater gelöst zu haben? So daß also Deine Restreligiosität auf ihn zurückzuführen wäre?

Dein Hinweis auf die Zeitvermessung auf dem Zauberberg hat mich schmunzeln lassen. Es ist doch erstaunlich, wie sich im Leben eines Menschen Theorie und Praxis immer wieder begegnen.

Mit Deinem Vorschlag eines Wochenendbesuches im Januar bin

ich einverstanden. Gib mir nur das genauere Datum an, und dann werden wir den Zeitpunkt festlegen.

Zwei Klienten habe ich bisher in meiner «philosophischen Praxis», und am Samstag findet die erste ernste Sitzung statt. Ich werde Dir vielleicht schriftlich oder mündlich darüber berichten. Ich will in der Tat, daß Deine gute Laune erhalten bleibt, damit der Genesungsprozeß einsetzen kann.

Wie kommen Deine Frau und Deine Familie mit der aktuellen Lage zurecht? Grüße sie jedenfalls meinerseits. (Vielleicht lockert sich die verkrampfte Hand zu einer Antwort.)

Hermann Kurzke *Brief 3. Januar 2004*

Ich wünsche Dir eine glückliche Hand bei allem, was Du beginnst in dem vor uns liegenden Jahr. Dazu gehört ja auch Dein *philosophical counseling* – eine vorzügliche Idee. Obwohl ich hier umgeben bin von Körper- und Seelentherapien aller Art (Psychotherapie klassisch und modern, Musiktherapie, Gestaltungstherapie, Bewegungstherapie, Bibliotherapie etc. etc.), beklage ich manchmal doch, daß das alles irgendwie grundlagenlos ist, die eigenen Bedingtheiten nicht mit reflektiert und nur ein relativ enges Spektrum von Antworten kennt. Meistens soll man sein unterdrücktes Ich befreien. Schon wenn man die Unvermeidbarkeit von Leid anspricht, erweckt man Befremden, denn die Prämisse hier ist natürlich, daß alles Leiden eine zu beseitigende Krankheit ist. Dennoch glaube ich, daß man eine Philosophietherapie hier als willkommene Ergänzung des Angebots betrachten würde. Ich bin sehr gespannt auf Deine Erfahrungen.

Zur Metareflexion der Psychotherapie habe ich hier die allerbesten Gelegenheiten. Neulich wurde eine Gruppentherapiesitzung, an der ich als Patient teilnahm, auf Video aufgenommen und eine Woche später in einem Seminar der Universität Freiburg mit der Gruppe diskutiert. Es war fast zum Lachen deutlich, wie ich anstelle (und neben) der Patientenrolle auch die Rolle des Beobachters, ja, des Nebentherapeuten spiele … wie ich als Hebamme die feststeckenden

Konflikte meiner Mitpatienten zu gebären helfe ... Eine hochproblematische, *superbia*-verdächtige Rolle – aber die meisten haben Vertrauen zu mir, und die Ärzteschaft läßt mich lächelnd gewähren.

Von Religion wird hier so gut wie nie gesprochen. Sie ist ja auch ein Konkurrent, war sie doch jahrhundertelang die Verwalterin der Seele. In der Adventszeit habe ich mal eine Gesprächsrunde mit einer Plauderei über *O Heiland, reiß die Himmel auf* unterhalten. Die Sehnsucht nach dem Messias als Sehnsucht nach Erlösung, die Unerlöstheit als *conditio humana*, das Erlösungsversprechen als Mittel gegen die Depression. Komm, tröst uns hier im Jammertal ... Hier leiden wir die größte Not ... Ach komm, führ uns mit starker Hand vom Elend zu dem Vaterland. Die Patientenrunde, etwa 20 Personen, war, so schien es mir jedenfalls, ergriffen, sang inbrünstig mit und fühlte sich im Leid akzeptiert. (Ich schicke Dir eine Druckfassung davon mit, die freilich nicht so innig ist wie das hier mündlich Vorgebrachte.)

Das soll keine Quietismuswerbung sein. Das Veränderliche, schrieb ich in dem Dir bekannten *Welt*-Artikel *Frömmigkeit ohne Glauben*, soll man verändern. Für das unveränderliche Leid aber ist Religion eine nicht verwerfliche Option.

Damit bin ich wieder bei Deinem Brief. Deine Schilderungen von starr-verängstigten Klerikern, peinvollen Selbsterkundungs- und -befreiungswochen, bemüht-wohlmeinenden Linkskatholiken usw. beschreiben Erfahrungen, die ich gut kenne. Restauration «als verzweifelter und am Ende doch immer wieder vergeblicher Willensakt»: ja, das ist mein Problem als «katholischer Intellektueller», Du bringst es auf den Punkt.

Daß ich schrieb, ich wolle es probeweise einmal ohne Religion versuchen: Du hast das nicht direkt kommentiert, aber ich habe merkwürdigerweise das Gefühl, das müßte ein leises Bedauern bei Dir ausgelöst haben, denn es geriete ja unser Rollenspiel in Gefahr, Du Settembrini, ich Naphta. So beeile ich mich richtigzustellen, daß meine Tiefenreligiosität sich so einfach nicht abstellen läßt. Was aber abzustellen mir derzeit sinnvoll scheint, ist die ehrgeizige Fiktion des katholischen Intellektuellen, der an aller Religionskritik vorbei einen Weg zur Restauration des Christlichen gefunden hätte. Ich habe auf diesem Gebiet gesagt, was ich zu sagen hatte, und getan, was ich zu tun hatte (damit meine ich vor allem das *Geistliche Wunderhorn*) und sollte nun schweigen können. Möge Gott mein Werk segnen oder verwerfen.

Ja, es hat mich wieder einmal in eine Kirche getrieben. Weihnachten war ich abstinent, aber am 1. Januar ging ich hier in Staufen, wo der Doktor Faust vom Teufel geholt wurde, zur Messe. Anfangs störte mich, daß der Tag nicht mehr «Fest der Beschneidung des Herrn» heißt, sondern «Hochfest der Gottesmutter Maria» – eine Untat der Liturgiereform. Marienfeste haben wir mehr als genug, während ein Fest, das an Jesus als Beschnittenen denkt, doch eine gute Sache war. Das eigentliche Erlebnis aber war dann ein anderes: Der Priester war blind. Dennoch tat er das Seine mit traumwandlerischer Sicherheit, nicht nur am Altar, sondern auch beim Kommunionausteilen, wo er die Leute ganz nah an sich herankommen ließ, ohne sie zu berühren. Er wirkte auf mich als überzeugende Verkörperung des Glaubens. Wer nicht sieht, tut auch nichts des Gesehenwerdens halber. (Stimmt das?) Er kann kein Pharisäer sein.

Danach fuhr ich ein paar Kilometer weiter nach Sulzburg, wo es eine romanische Basilika gibt, so rein wie die auf der Reichenau. Unter dem Chor eine Krypta, ein Ort tausendjährig verdichteten Geheimnisses. Hier gibt es keine Gottesvergiftung, sondern nur ein Versammeltsein, das beiderseitig wortlos bleiben darf. St. Cyriakus heißt die Kirche und ist heute evangelisch, infolgedessen meistens zu, sonst würde ich Dich mit Bestimmtheit hinführen (wollen).

Wenn Du den Aufwand eines Treffens nicht scheust, kannst Du Dir bis jetzt noch jeden Samstag aussuchen. Ich bin voraussichtlich bis 11. Februar hier.

Wir haben ja sicher Stoff genug, können schließlich ganze Lebensläufe austauschen. Ob wir auch einmal etwas zusammen schreiben? Ich zögere. Ich werde von hier zurückkehren mit der Absicht, viele Ländereien abzugeben, und darf dann nicht im gleichen Tempo neue Gärten anpflanzen wollen. Alles hat sich der Lust und der Laune unterzuordnen, muß von selbst entstehen wie eine Wolke am Himmel.

Es geht mir gut hier, und das gilt allmählich auch für die körperliche Seite. Zu prahlen steht mir noch nicht zu, aber ich bin zuversichtlich.

Hermann Kurzke
Adventsfeuilleton in der Patientenrunde

Deutschland ist ein Jammertal. Landauf, landab wird gejammert. Eine Lähmung liegt auf dem Land, eine tiefsitzende Freudlosigkeit. Die psychiatrische Diagnose lautet: Depression. Altmodischer: Melancholie. Melancholie ist, nach Sigmund Freud, gekennzeichnet durch den Verlust der Liebesfähigkeit, die Hemmung jeder Leistung und die Herabsetzung des Selbstwertgefühls. Sie ist auf Dauer gestellte Trauer, die einen Verlust nicht verwinden kann.

Was haben wir Unentbehrliches verloren, daß wir so melancholisch wurden? An den materiellen Verhältnissen kann es im Ernst nicht liegen. Gejammert wird auf hohem Niveau – darüber, daß man nur ein Prozent Wachstum zu erwarten hat, nicht etwa über dreißig Prozent Rückgang. In Brasilien oder Simbabwe sind die Menschen arm, aber fröhlich, das erzählen jedenfalls deutsche Reisende mit erstaunten Augen. Das soll um Gottes willen keine Apologie der Armut sein, nur ein Hinweis auf Selbstverständlichkeiten. Überall fehlt Geld, so der Chor der Jammernden. Das soll nicht bestritten werden, ist aber kein zureichender Grund für Depressionen.

Die deutsche Geistesgeschichte kannte früher etliche radikale Antworten auf die Frage, wie mit Verlusten umzugehen sei. Zu den Extremisten zählt in dieser Hinsicht Martin Luther: «Nehmen sie den Leib, / Gut, Ehr, Kind und Weib: / laß fahren dahin, / sie haben's kein Gewinn, / das Reich muß uns doch bleiben.» So steht es in der Schlußstrophe von *Ein feste Burg ist unser Gott.* Alles kann dir genommen werden, so wie Hiob alles genommen wurde außer dem Leben, und du bleibst doch vor Gott absolut wertvoll, ein Bürger seines Reiches. Was sorgt sich der Mensch? «Betrachtet die Vögel des Himmels», sagt Jesus in der Bergpredigt, «sie säen nicht, sie ernten nicht, sie sammeln nicht in die Scheunen und euer himmlischer Vater ernährt sie doch.» Unser Bundesadler ist kein solcher Vogel des Himmels, sondern eine fette Henne, er fliegt nicht, sondern sitzt und mantelt, hält seine Beute fest. Die Bergpredigt empfiehlt stattdessen metaphysische Sorglosigkeit. Frei bist du nicht, wenn du alles hast, sondern wenn man dir nichts mehr nehmen kann. «Um das Gewicht einer jeden Last, die wir abwerfen, muß unsere Kraft doch wachsen!» (Reinhold Schneider) Diogenes lebte zufrieden in seinem Faß. Dagobert Duck pflegte in einigen frühen Micky-Maus-Heften ein Faß mit Hosenträgern anzuziehen, wenn er pleite war. Es kann nicht schaden, wenn ein reiches Land einmal eine Weile im Faß geht.

Depression ist Hoffnungslosigkeit, Aussichtslosigkeit, Überforderung, Utopieverlust. Advent ist Hoffnung und gläubige Erwartung. Advent antwortet auf Klagestress und ziellose Trauer mit der Hoffnung auf den Erlöser. «Komm, tröst uns hier im Jammertal», singen wir passend in der vierten Strophe des Adventslieds *O Heiland, reiß die Himmel auf*.

Singen wir? Wer singt hier eigentlich? Der Dichter oder Herausgeber der frühesten Quelle erläutert, das Lied spreche davon, «wie heftig die heiligen Patriarchen und Propheten nach Christo verlangt». Andere Drucke des Liedes im 17. Jahrhundert tragen die Überschrift «Seufzen der Altväter in der Vorhöll». Es handelt sich insofern um ein Rollengedicht, nicht wir seufzen, sondern die Altväter; wir können uns allenfalls in sie hineinversetzen – in die alttestamentlichen Patriarchen und Propheten, die nach uraltem Glauben in der Vorhölle schmachten, einer Art Buß- und Wartesaal, wo sie des Messias harren. Singend vereinen wir unsere Stimmen mit denen Abrahams, Isaaks und Jakobs, vor allem aber mit der des Jesaja, von dem die wichtigsten Quellen für das Lied stammen: «O daß du die Himmel zerrissest und herabstiegest» – «Eherne Pforten werde ich sprengen und eiserne Riegel brechen» – «Tauet hernieder, ihr Himmel, und die Wolken mögen den Gerechten regnen» – «Es wird sich die Erde und die Wüste freuen und aufjubeln die Einöde und blühen wie eine Lilie» – «Und es wird ein Reis hervorgehen aus der Wurzel Jesse» (Jes 64,1; 45,2 und 8; 35,1; 11,1).

1. O Heiland, reiß die Himmel auf,
Herab, herab vom Himmel lauf,
Reiß ab vom Himmel Tor und Tür,
Reiß ab, was Schloß und Riegel für.

2. O Gott! ein Tau vom Himmel gieß,
Im Tau herab, O Heiland, fließ.
Ihr Wolken brecht und regnet aus
Den König über Jakobs Haus.

3. O Erd schlag aus! schlag aus, O Erd!
Daß Berg und Tal grün alles werd.
O Erd herfür dies Blümlein bring,
O Heiland aus der Erden spring.

4. Wo bleibst du, Trost der ganzen Welt,
Darauf die Welt all Hoffnung stellt,
O komm! ach komm! vom höchsten Saal,
Komm, tröst uns hie im Jammertal.

5. O klare Sonn, du schöner Stern,
Dich wollten wir anschauen gern.
O Sonn, geh auf: ohn deinen Schein
In Finsternis wir alle sein.

6. Hie leiden wir die größte Not,
Vor Augen steht der ewig Tod.
Ach komm, führ uns mit starker Hand
vom Elend zu dem Vaterland.

Die Bilder der ersten Strophe sind rücksichtslos und gewalttätig, so stark ist die Sehnsucht. Der kommende Messias soll nicht pfleglich umgehen mit den Himmeln, er soll sie aufreißen, die Türen aus den Angeln treten, allerschnellstens herabrennen. Das Bild der zweiten ist sanft; der Erwartete wird befruchtend sein wie Regen in der Dürre: Fließ herab im Tau, du König Israels! Die dritte träumt inbrünstig davon, daß die tauerquickte Wüste aufgrüne, der Same aufgehe, die Blume der Erlösung entspringe. Klagend fragt die vierte: Wann endlich geschieht das? Wo bleibst du? Komm doch endlich, komm herab vom Himmelssaal und tröste uns Jammernde! Finsternis herrscht in der fünften, um so strahlender ersteht die Vision der klaren Sonne, des schönen Sterns. Die sechste faßt die ganze Bitternis und die ganze Sehnsucht zusammen: «Hie leiden wir die größte Not, vor Augen steht der ewig Tod. Ach komm, führ uns mit starker Hand vom Elend zu dem Vaterland.»

Der Erstdruck des Liedes, das dem Jesuiten Friedrich von Spee zugeschrieben wird, findet sich in einem Büchlein mit dem Haupttitel *Das Allerschönste Kind in der Welt*, das 1622 in Würzburg erschien. *O Heiland, reiß die Himmel auf* wurde ursprünglich als Katechismuslied geschrieben und diente dazu, Auszubildenden das Geheimnis der Menschwerdung Gottes zu erklären. Den sprachlosen und unbeschreiblichen Binnenraum dieses Geheimnisses umrankt das kunstvoll verrätselte Titelblatt in fünf Sprachen und drei Schriften: Es beginnt mit einem hebräischen Psalmzitat (deutsch «Der Schönste»), dann folgt die italienische («Il più bello») und die deutsche Übersetzung («Das Allerschönste Kind»). «Margarita in Concha», die Perle in der Muschel (in den nächsten Zeilen des Titelblatts), ist ein altüberliefertes Sinnbild für das Verhältnis von Gottheit und Menschheit in Jesus. Das griechische «O Mysterion» wird deutsch mit «Wunder über Wunder» wiedergegeben. Danach wird eine Stelle aus dem Kolosserbrief zitiert, die wieder vom Geheimnis spricht, «welches von Ewigkeit und Alters her verborgen war, jetzt aber seinen Heiligen offenbart worden ist, denen Gott kundtun wollte, welches der Reichtum der Herrlichkeit dieses Geheimnisses unter den Heiden sei».

Der Glaube, daß der Messias wirklich schon gekommen sei vor zweitausend Jahren und uns erlöst habe, fällt heute aus den verschiedensten Gründen schwer. Leichter fällt es, sich mit dem Seufzen der Altväter zu identifizieren, die noch nach Erlösung flehen. Die gebräuchliche christliche Lesart wendet das Lied ins Eschatologische und bezieht es auf die Wiederkunft Christi am Jüngsten Tage. Nun liegt es nicht jedem, ganz buchstäblich anzunehmen, daß der Menschensohn, wie es im Lukasevangelium heißt, auf den Wolken des Himmels kommen wird mit großer Macht und Herrlichkeit. Aber die mythischen Botschaften als Metaphern zu lesen ist auch dem Intellektuellen erlaubt. Anderes als bildhaftes, uneigentliches Sprechen von Gott kommt uns ohnehin nicht zu. Man singe das Lied als Metapher für die Sehnsucht nach Befreiung aus der Depression. Das ist erst einmal etwas ganz Profanes, aber es ist doch ein Zugang. Jürgen Habermas, der sich selbst zu den «religiös Unmusikalischen» zählt, hat 2001 in seiner Rede zur Verleihung des Friedenspreises des deutschen Buchhandels überraschend davon gesprochen, die säkulare Seite solle «ein Gespür für die Artikulationskraft religiöser Sprachen» bewahren. Er fuhr fort: «Säkulare Sprachen, die das, was einmal gemeint war, bloß eliminieren, hinterlassen Irritationen. Als sich Sünde in Schuld, das Vergehen gegen göttliche Gebote in den Verstoß gegen menschliche Gesetze verwandelte, ging etwas verloren. Denn mit dem Wunsch nach Verzeihung verbindet sich noch immer der unsentimentale Wunsch, das anderen zugefügte Leid ungeschehen zu machen. Erst recht beunruhigt uns die Unumkehrbarkeit vergangenen Leidens – jenes Unrecht an den unschuldig Mißhandelten, Entwürdigten und Ermordeten, das über jedes Maß menschenmöglicher Wiedergutmachung hinausgeht.» Es folgt der erstaunliche Satz: «Die verlorene Hoffnung auf Auferstehung hinterläßt eine spürbare Leere.» Die Auferstehung hatte einmal dem nicht mehr ungeschehen zu machenden Leid eine Perspektive geboten, eine Wiedergutmachung außerhalb der Raumzeit des irdischen Lebens. Daß ohne sie Leere sich breitmacht (und nicht etwa beglückende Vernünftigkeit) zeigt mindestens, daß die Auferstehung nicht einfach ein entbehrliches Phantasma war. Aus der Tatsache, daß erlittener Schmerz nicht unerlitten gemacht werden kann, schließt Habermas zwar nicht auf die positive Wahrheit religiöser Lehren, aber zumindest auf einen Ausdrucksbedarf; er stellt fest, daß es Bereiche gibt, für welche die säkulare Welt keine Ausdrucksformen bereitstellt, weshalb man gut daran tut, die religiösen Ausdrucksformen nicht einfach auf die Müllhalde zu fahren, jedenfalls nicht, solange man keine besseren hat.

Das Schöne Kind ist Margarita in Concha, die Perle in der Muschel, Gott in Menschengestalt. Warum nicht auch das metaphorisch lesen, nicht als theologischen Lehrsatz, sondern als Suche nach dieser Perle des Göttlichen in jedem Menschen? Gott als Metapher oder als Kommunikationsfigur zu lesen ist keine Profanation, sondern eine Zugangserleichterung. Religion ist nicht nur Offenbarung, sondern immer auch ein Produkt kultureller Tätigkeit. Schon Thomas Mann sprach (in *Joseph und seine Brüder*) ganz unbefangen vom Hervordenken Gottes, das den Menschen notwendig sei, um ihr Handeln daran auszurichten – «immer ahmen sie nur die Götter nach, und je wie das Bild ist, das sie sich von ihnen machen, danach tun sie».

Denn zur Depression tragen auch der bleierne Materialismus und Reduktionismus bei, der alles Hohe aus dem Niederen erklärt und den Menschen als eine Art bioelektrisches Auto ohne Fahrer definiert. Bei aller Aufgeklärtheit, mit der solche Thesen daherkommen, bewirken sie faktisch eine Selbstentmündigung. Es ist nicht antiaufklärerische Regression, sondern aufgeklärte Kulturarbeit, das fressende Loch der Depression durch religiöse Formung beherrschbar zu machen. «O komm! ach komm! vom höchsten Saal, / Komm, tröst uns hie im Jammertal.»

Jacques Wirion *Brief 7. Januar 2004*

Es ist schon interessant, daß die Erben der klerikalen Seelsorge ihre Erblasser mit keinem Wort erwähnen. Welcher Künstler erinnert sich und sein Publikum schon gerne an seine Modelle?

Meine bisherigen beiden Klienten, die ich durchschnittlich einmal pro Monat sehe, sind noch ganz auf Distanz und rücken kaum heraus mit dem, was ihnen auf dem Herzen liegt.

Dein Hinweis auf mein Schweigen in bezug auf Deinen Versuch, probeweise ohne Religion auszukommen, hat mich schmunzeln lassen, und ich will versuchen, kurz meine widersprüchlichen Empfindungen bei der ersten Lektüre zu rekonstruieren.

Zunächst fand ich das interessant und ein leicht mephistophelisches Gefühl des Triumphes kam in mir hoch angesichts der Aussicht, die «hohe Seele» auf meinen Wegen zu finden. Diesen Affekt wollte ich aber nicht gestehen, weil ich die Schnecke nicht wieder in ihr Häuschen treiben wollte und auch weil ich Deine Bemerkung nicht ganz ernst genommen habe. Diese Skepsis bestätigst Du ja selbst. Aber das von Dir angedeutete Bedauern um unser Rollenspiel hat wohl bei mir auf einer tieferen und weiseren Bewußtseinsebene mitgespielt. Es gibt noch anderes. Wie sehr Du Naphta bist, weiß ich nicht, doch daß in mir das Settembrinihafte mit dem Alter abnimmt und ich inzwischen religiös ehrliche Menschen durchaus in ihrer Position belassen und respektieren kann, läßt den freudigen Aha-Effekt etwas abstumpfen. Auch spüre ich bei Dir die tiefe Ehrlichkeit eines Gottsuchers, der auch mal Distanz zum Glauben nehmen kann. Dieses komplexe Gemisch von widersprüchlichen Empfindungen hast Du nun mit Deinem hebammenhaften Nachhaken ans Licht des Bewußtseins befördert. Ich danke Dir dafür.

Ich finde es auch eigenartig, daß Du in bezug auf Deinen Kirchenbesuch die Sprache der Drogenabhängigkeit – abstinent – benutzt und weiß nun wieder nicht: Soll ich mich freuen oder es bedauern? In meinen Empfindungen und in vielen meiner Entscheidungen und Handlungen stellen sich selten die Festigkeit, Ausdauer und Klarheit ein, die zu wünschen wären, wenn man ein Ziel mit allen Mitteln anstrebt.

Mit dem Habermas-Zitat (in Deinem Adventsfeuilleton) hast Du etwas Zentrales in mir berührt: Man solle «ein Gespür für die Artikulationskraft religiöser Sprachen» bewahren. Gerade diese Sprache oder ihre Artikulationskraft ist es, die mich nervt. Meinen Ohren ist es bloß «garstiges Geklimper». Den maß- und endlosen Lobhudeleien des Korans oder der Psalmen kann ich nichts abgewinnen. Die Sprache des Spee-Gedichtes hat für mich etwas frisch Kindliches, das bei mir eher ein herablassendes Schmunzeln hervorruft als wirkliche Rührung.

Hermann Kurzke *Fax 14. Januar 2004*

Dein Brief vom 7.1. hat mir, an einem sonst düsteren Tag, einen warmen Strahl gebracht, ich danke Dir dafür.

Naphta finde ich intellektuell faszinierend. Er ist viel klüger als Settembrini. Aber Folgerungen wie «Terror» und «Diktatur des Proletariats» stoßen mich natürlich ab. Da unterhalte ich mich schon lieber mit einem humanen Atheisten. Wenn der sich mit mir unterhalten will. Wenn ich ihm nicht zu kompromißlerisch bin. Denn ein Naphta ohne Terror ist eine halbherzige Sache ohne Biß …

Mit Jacques Wirion in Staufen, Fauststube, lebendige Unterhaltung über Faust, Biographisches, die Klinik, seine philosophische Praxis (sind die Klienten Patienten oder Gesprächspartner?). Weiter im Sonnenhof, Müdigkeits- und Hustenanfall dort. Ganztags kein Fußstechen, setzte aber pünktlich mit dem Schlafengehen ein, trotz großer Müdigkeit.

Nachts. «Wie an einer Wasserquelle» als Titel für ein ungeschriebenes Buch? Erwog im Halbtraum die Frage, ob Psychotherapie oder Wahrheitserkenntnis das Ziel in Jacques' philosophischer Praxis ist. Die Wahrheit erschien mir wie ein Baum, ein prächtiger Solitär, der am Wasser steht oder im Wurzelbereich Zugang zu Lebenswasser hat.

Sonntags mit Jacques in Breisach. Kontingenzbewältigung prinzipiell unabschließbar, daher unaufhebbare Notwendigkeit von Religion. Kontingenz wie Wetter. Aber selbst wenn das Wetter planbar wäre, entstünden neue Kontingenzen, menschengemachte. Ein genetisch optimierter Homunculus brächte viel Leid über die Nichtoptimierten. Die Geschichte unseres Austauschs begann kontrovers, aber richtig streiten können wir eigentlich nicht. Problem zu großer Einigkeit? Verstehe mich mit Jacques sehr gut. Sind wir Naphta und Settembrini? Zum Naphta fehlt mir die Konsequenz, bin ein Liberaler trotz aller Rückneigung. Liberalismus freilich nicht nur lobenswert, auch eine Schwäche, ein Mangel an Durchsetzungskraft, der sich hinter der Toleranzgebärde versteckt.

Das unvermeidliche Leiden und die Kraft der Religion. *O Heiland reiß* und die Depression. Das Contra bildet Jacques' Glücksessay. Die Funktionen der Gottesmutter. Wie der Bedarf eine Figur erzeugt, weit über die Dogmatik hinaus, eine Muttergottheit. Die Marienkrönung im Breisacher Münster, das sorgende Gottvatergesicht, ergreifend.

8. Warum? Darum! Basta!
Vor dem Lauf der metaphysischen Pistole

Jacques Wirion
Von der Notwendigkeit des Zufalls

Nur in einer Welt des Zusammenhängenden, der Systematik, der stabilen Ordnung kann der Zufall als Störenfried oder Schwarzer Peter auftreten. In einer total ungeordneten, einer chaotischen Welt ohne Zentrum wird er nicht wahrgenommen, verschwindet gleichsam im familiären Umfeld.

Die Notwendigkeit ist eigentlich nicht sein Gegenprinzip, denn auch jeder Zufall entwickelt sich notwendig aus verschiedenen Voraussetzungen. Er ist nicht die Ausnahme im Bereich des Notwendigen, sondern das Unerwartete und somit Fremde, das aber nach den gleichen Regeln funktioniert wie das Notwendige. Sein Auftreten war eben nicht vorgesehen worden, liegt aber durchaus im Bereich des Möglichen. Das Plötzliche und Wirksame seines unerwarteten Auftritts verleiht ihm die Aura des Wunderbaren. Und der, den er so unvorbereitet trifft, hat sogar das Recht, sich irgendwie positiv oder negativ ausgezeichnet zu fühlen. Also halten wir fest: Der Zufall ist nie unvorhersehbar, sondern immer nur unvorhergesehen.

Hier kommt das subjektive oder psychologische Element ins Spiel. Der Zufall ist überhaupt eher ein psychologischer Begriff als ein philosophischer. Da spricht man lieber von Kontingenz. Wenn wir schreien: «So ein Zufall!», dann drücken wir dadurch nur unser Erstaunen aus über das Auftauchen von Umständen, die Verknüpfung von Kausalsträngen, die wir nicht bedacht und also keineswegs erwartet hatten, die sich aber durchaus im Rahmen der Möglichkeiten und Wahrscheinlichkeiten bewegen und die man hätte vorhersehen können.

Mythos, Religion, Philosophie und Wissenschaft waren und sind immer darum bemüht, und das ist nicht die geringste ihrer Funktionen, die den Menschen im tiefsten beunruhigende Erfahrung des Zufalls zu bannen, ihr den Schrecken durch Sinngebung zu nehmen. Was wir Menschen nicht vorgesehen haben, soll von einer höheren Instanz vorgesehen worden sein. Als Zufallszähmung könnte man diese Funktion auf den Begriff bringen.

Der Zufall hat es nun einmal an sich, auch wenn er sich nach überstandenem Überraschungseffekt erklären läßt, daß er unsere Weltsicht ankratzt und das Weltvertrauen erschüttert. Er stellt unsere Sinnsysteme so lange in Frage, als die notwendige, weil so beruhigende kausale Klärung ausbleibt. Hinter jedem Auftritt des Zufalls öffnet sich der Abgrund tiefster Weltkontingenz. Wir ahnen, ohne daß diese Ahnung immer zu einer klaren Einsicht werden muß: Alles, was existiert, könnte genauso gut nicht existieren. Unser Leben und unsere Lebenswelt sind im Grunde Produkte eines Spiels und nicht einer planenden Absicht. Hiermit tut sich der Urgrund des Nichts auf, beginnt der Glaube an eine planende, transzendente Macht zu wanken. Der Zufall schüttelt das locker sitzende Kleid der zivilisatorischen Zähmung ab und tritt vor uns nackt und wild wie je.

Jacques Wirion *Brief 20. Januar 2004*

Ein Gefühl von reicher Fülle, aber kein Völlegefühl, das ist es, was ich mit nach Luxemburg gebracht habe. Noch so vieles lag mir zuweilen auf der Zunge und wurde dann durch neue Gesprächsrichtungen verdrängt, aber so wie das, was wir am Wochenende gepflegt haben, stelle ich mir ein wirkliches Gespräch vor. (Darf ich mir einen kleinen Hinweis erlauben? Im Eifer des Gesprächs ist Dir zuweilen nicht aufgefallen, daß ich auch noch ein Pfefferkörnchen beisteuern wollte, so daß ich etwas das Gefühl hatte, nicht recht zu Wort zu kommen. Aber vielleicht bin ich diesbezüglich überempfindlich.)

Nun stell Dir vor: Als ich zu Hause ankam – übrigens nach einer sehr angenehmen, knapp dreistündigen Fahrt, die mir durch eine vergleichende Kritik der Ungarischen Tänze von Brahms auf France-Musique angenehm verkürzt wurde – hörte ich am späteren Abend während des Abwaschs eine Sendung vom Sonntagmorgen, die ich aufgezeichnet hatte; sie paßte haargenau zu der biogenetischen Problematik, die wir in der Konditorei in Breisach berührt hatten. Ich habe das Manuskript sofort heruntergeladen. Nun erschrick bitte nicht, wenn Du den Namen des Autors liest. Er spielt nämlich direkt oder indirekt von Anfang an eine Rolle in unserer Beziehung: Ludger Lütkehaus. Ich lese gerade von ihm das 700-Seiten-Opus über «NICHTS», in dem er auch auf die Thematik des dem Menschenkind «von Gott und/oder den Eltern geschenkten Lebens» eingeht. Vielleicht kommst Du auch über diesen Text dem arroganten Autor näher, der es wagt, sein Werk mit der Bibel auf eine Ebene zu stellen.

Hermann Kurzke *Brief 21. Januar 2004*

Ich finde, wir hatten schöne Stunden miteinander, und danke Dir für Dein Kommen. Deine Liebesgaben (Marzipan) sind bereits verzehrt und Dein Artikel ist gelesen. Der sogenannte «Zufall» ist ja einschlägig für unser Kontingenzthema, deshalb erzähle ich Dir heute eine Patientengeschichte dazu, eine, die das Leben selber geschrieben hat.

Génie, 22, ist hier wegen Angstzuständen und körperlich unerklärlichen Rückenschmerzen nach einem mehrere Monate zurückliegenden Autounfall, bei dem ihre 19jährige Freundin ums Leben gekommen ist. Die Autofahrt war auf Génies Wunsch zustande gekommen, eine weitere Freundin saß am Steuer, sie überlebte. Die juristische Schuld lag eindeutig beim Unfallgegner, die Mädchen hatten gar keine Chance. Die verstorbene Freundin war auf Génies Bitte hin mitgefahren. Génie fragt nun: Wieso mußte sie sterben? Warum nicht ich? Sie erzählt weiter, daß sie seit dem Unfall nur Glück hat, sich mit ihren Eltern (einschließlich Großfamilie) versöhnt hat, denen sie mit 15 weggelaufen war, daß sie ihre große Liebe gefunden hat (mittelbar als Folge des Unfalls) etc. Sie ist glücklich, aber die

Freundin ist tot. Auf die Freundin führt sie ihre Schmerzen zurück, so, als müßte sie einen Teil der Todesschmerzen übernehmen.

Die Psychotherapie konnte zwar Einsichten in die Zusammenhänge herstellen, aber auf das Warum? hat sie nur die Antwort: ein böser Zufall. Das reicht Génie nicht, sie kann sich dabei nicht beruhigen. Ich deutete vorsichtig auf Begriffe wie Schicksal, Kismet (sie ist Muslimin), Vorsehung hin, und daß es gut sein könne, für das Unbegreifliche eine höhere Macht verantwortlich zu machen; nicht sie selbst habe die Deutungslast zu tragen. Hältst Du das für zulässig, für intellektuell redlich? Darf man die Unbegreiflichkeit Gottes als Füllmaterial der Deutungsleerstelle verwenden, die in diesem Fall, der Kontingenz und nicht aufhebbares Leid verschwistert zeigt, durch keine «aufgeklärte», «wissenschaftliche» Deutung beseitigt werden kann? Du erfindest in Deiner Glosse das schöne Wort «Zufallszähmung». Welcher Zufall ist bekömmlicher, der wilde oder der gezähmte? Was würdest Du als Philosoph auf Génies Warum? antworten?

Jacques Wirion — *Brief 22. Januar 2004*

Machen Deine Abstiege in die Tiefen der eigenen und auch fremder Seelen gute Fortschritte? Förderst Du Ersprießliches zutage? Mit Seelenzergliederern à la Dr. Krokowski hast Du es ja vermutlich nicht zu tun. Gibt es auch einen Hofrat Behrens im Betrieb? Ich glaube dieser kreuzfidele Burschenschaftstypus ist in diesen Welten ausgestorben. Das heutige Klinikpersonal hält sich eher verdeckt hinter der Rolle des wissenden, aber diskreten Beraters, der zunächst zuhört und nur gelegentlich eigene Vorstellungen oder gar Hinweise äußert. Eine psychosomatische Klinik ist ja auch kein Lungensanatorium und Gott sei Dank wird dort auch nicht «so gern und mit soviel Dankbarkeit gegen Ärzte und Schwestern gestorben» wie in Sanatorien (Rilke).

Nun einige Gedanken zu einem weiteren Thema, das wir in Bad Krozingen berührt haben, zum Mythos.

Mythosverzicht ist vermutlich angesagt, wenn man wirklich ehrlich sein will. Das belegt auch der Fall Nietzsche. Auch dieser Atheist wollte oder konnte nicht auf den Mythos verzichten, das war sein christliches Erbe. An Stelle des toten Gottes mußte er den Übermenschen als Sinn des Lebens setzen.

Sollten wir heute nicht – gewitzt durch die schreckliche Geschichte des 20. Jahrhunderts und unter dem Eindruck wachsender Fundamentalismen diesseits und jenseits des Atlantiks – den schwierigen Versuch unternehmen, auf die großen Erzählungen zu verzichten? Oder sollen wir eher – wie du meinst – diese Erzählungen mit einem Augenzwinkern, quasi postmodern bejahen?

Ein Glaube, der nicht mehr darstellt als einen spielerischen Umgang mit der Tradition, scheint mir allerdings nicht geeignet, viel Überzeugungskraft zu vermitteln. Und somit lauert da irgendwo schon immer der faule Ernst des Dezisionismus. Dann will man, wie unser guter Aschenbach im *Tod in Venedig*, erhobenen Hauptes über das Wissen hinweggehen ...

Hier ziehe ich mit Nietzsche die Position der intellektuellen Sauberkeit vor, die ihm zufolge ja auch christliche Wurzeln hat, etwa die Beichtväter-Feinheit des christlichen Gewissens. Hier liegt für mich auch die intellektuelle Unsauberkeit von Pascals berühmter Wette, die im Grunde keine tiefere Motivation hat als die kommerzielle eines guten Geschäfts. Ein Gott, der da mitmacht, kann mir gestohlen bleiben.

Übrigens hat Nietzsche die Thematik berührt, die auch Dich so intensiv beschäftigt, wenn er vom Menschen sagt: «... nicht das Leiden selbst war sein Problem, sondern daß die Antwort fehlte für den Schrei der Frage ‹w o z u leiden?› Der Mensch, das tapferste und leidgewohnteste Thier, verneint an sich n i c h t das Leiden, er w i l l es, er sucht es selbst auf, vorausgesetzt, daß man ihm einen S i n n dafür aufzeigt, ein D a z u des Leidens.» Das steht im Schlußabschnitt der berühmten Abhandlung *Was bedeuten asketische Ideale?* (*Zur Genealogie der Moral*).

Gerade diese Frage nach dem Sinn in einer vergänglichen und kontingenten Welt ist das Erbe eines überzogenen Lebensanspruchs, wie ihn die Religion mit der schmeichelhaften Vorstellung einer Gotteskindschaft des Menschen in diese trostlose Welt gesetzt hat. Wir glauben nur glücklich sein zu können, wenn wir wissen, wozu wir bestimmt sind. Der Glaube hat uns die Teleologie eingepflanzt, aber der Weg zur Mündigkeit führt über die Überwindung jener.

Was ist eigentlich so unerträglich an der Vorstellung, daß wir aus dem Nichts kommen, einige Zeit da sind und wieder ins Nichts verschwinden? Gibt uns dieses Leben nicht an sich Stoff genug, an dem wir uns abarbeiten und somit Lebensfülle erlangen können? Wir sollten aber dieses Leben keinesfalls nietzscheanisch überhöhen, sondern einfach so annehmen, wie es sich uns darbietet. Das hat auch nichts mit Nihilismus zu tun, weil wir uns durchaus mit dem Gegebenen befassen. Nihilistisch in ihren Konsequenzen ist vielmehr die durch Religiosität verbrämte Hybris desjenigen, der in dieser Welt immer nur die Alternative des Alles oder Nichts ins Auge faßt. Denn wer alles will, muß notgedrungen bei nichts enden.

Wir hatten gesprächsweise die Seichtheit des Glaubensgesprächs zwischen Eco und Martini berührt. Was aber soll man nun sagen, wenn man die Presseberichte über den Austausch zwischen Habermas und Ratzinger liest, der kürzlich in München stattgefunden hat? Manche Aufklärer scheinen den aufrechten Gang mit einer dem Boden näheren Fortbewegungsweise vertauscht zu haben.

Jacques Wirion — *Brief 26. Januar 2004*

Die Fragen, die Du mir am Ende Deines Briefes vom 21. Januar so zutraulich stellst, gehen zielgerade zum Kern unserer Differenzen: Ob ich Deinen Trost für Génie für zulässig, für intellektuell redlich halte und was ich als «Philosoph» auf ihr «Warum?» antworte. Ein wenig komme ich mir vor wie vor dem Lauf einer metaphysischen Pistole. Und so will ich Dir zunächst zwei spontane und dann zwei reflektierte Antworten geben.

Intellektuell redlich kann ich die Antwort nicht finden und als Philosoph forme ich meine Antwort nach dem Modell des Angelus Silesius: So wie die Ros' ohn' Warum ist, so ist es auch das Leid.

Was die reflektierteren Antworten anbelangt, so würde ich zur ersten Frage sagen, daß Du es bestimmt ehrlich gemeint hast mit Deinen vorsichtigen Andeutungen und Deiner Trost spendenden Antwort, aber ich hätte da meine Probleme, wie Du Dir denken kannst.

Was meine philosophische Antwort anbelangt, so muß ich etwas expliziter werden. Ich würde schon auf den Zufall verweisen und dann Génies Ungenügen an dieser Antwort hinterfragen müssen. Die Deutungslast, von der Du sprichst, müßte ich ihr auf andere Weise ausreden. Wir neigen alle dazu, Ereignisse unseres Lebens als Zeichen übermäßig zu bewerten, weil wir unser Ich immer ins Zentrum der Welt zu stellen bestrebt sind. Es ist besonders eine Unart gläubiger Menschen, daß sie sich immer noch trotz Kopernikus, Darwin und Freud im Zentrum der Aufmerksamkeit einer kosmischen Instanz als Krone der Schöpfung und Herren im eigenen Seelenhaushalt sehen. Daher stammen auch die unerfüllbaren Ansprüche, die auf die Dauer in den Nihilismus führen müssen. Alles, was Gläubigen zustößt, muß dementsprechend eine Bedeutung im Plan einer Vorsehung haben. Noch die Astrologie lebt aus diesem Größenwahn, demzufolge gerade die Bewegungen der Gestirne noch ausreichen, eine Bedeutung für das Leben jedes Erdenwurms abzugeben. Die Vorsehung sieht für uns vor, plant für uns, auch wenn wir ihre Planungsschritte nicht verstehen. In Génies Augen könnte der Tod ihrer Freundin doch auch ein teuflischer Spaß sein, den sich die Vorsehung erlaubt, indem sie Génies Los verbessert. Könnte nicht hinter der verzweifelten Frage nach dem Warum die vermessene Henoch-Antwort Gottes erwartet werden, die sich Génie nicht selbst zu geben wagt: «Weil du die von mir vorgezogene Tochter bist. Die Freundin mußte für dich sterben, damit du glücklich wirst.» Hinter der Frage vieler Leidenden steckt so oft die Sehnsucht nach unendlicher Elternliebe. Das Kind will vor allen anderen geliebt werden. Diese erträumte Antwort kann Génie sich aber selbst nicht geben, weil sie zugleich ihre Einwilligung in den Tod der Freundin bedeuten würde. Und dies erlaubt ihr Gewissen nicht.

Wenn wir ganz ehrlich sind: Was bietet der Hinweis auf Schicksal und Vorsehung denn mehr als der auf den Zufall? Eine rätselhafte, geheimnisvolle Kraft, die für uns undurchsichtige Pläne hegt. Die Antwort bleibt nicht weniger unbefriedigend als der Hinweis auf den Zufall, außer daß wir das beglückende Gefühl haben dürfen, irgendeine Schachfigur zu sein in den Händen eines Spielers, der seinen Figuren nicht die geringste Aufklärung in bezug auf ihr Los schuldet. Ein Kind will eben lieber von seinem Vater gebraucht werden, als gar keinen Vater zu haben.

Aber ist das ein Ideal, diese ewige Kindschaft? Hat die religiöse Institution nicht immer schon den Versuch gemacht, die Gläubigen in dem Zustand der Unmündigkeit zu halten? Die Metaphorik vom Hirten und den Schafen spricht Bände in diesem Kontext. Der Hinweis auf den Zufall hingegen ist eine Antwort von Erwachsenen für Erwachsene: Warum? Darum! Basta!

Nun gut, so würde ich es meinem Kinde Génie auch nicht sagen. Aber irgendwie würde ich sie auf diese Welt, wie sie Jacques Monod so treffend in *Zufall und Notwendigkeit* beschrieben hat, einstimmen und sie auf das Exil im Sein vorbereiten: «Der Mensch weiß nun, daß er seinen Platz wie ein Zigeuner am Rande des Universums hat, das für seine Musik taub ist und gleichgültig gegen seine Hoffnungen, Leiden oder Verbrechen.» Zwischen Génies Glück und dem Tod ihrer Freundin gibt es keine Beziehungen. (Wenn es sie gäbe, müßte ich sie einem bösen Demiurgen zusprechen oder, wie Stendhal es ausdrückt: Die einzige Rechtfertigung Gottes liegt in seiner Nichtexistenz.) Wir sind inzwischen, wie Du wohl merkst, bei der ewigen Theodizeefrage gelandet. Und die Antworten, die in der Bibel dem aufbegehrenden Hiob auf seine diesbezüglichen Fragen von höherer Stelle erteilt wurden, sind skandalös und einer Gottheit ihrer Prahlsucht wegen unwürdig.

Am Schluß meiner Ausführungen muß ich aber darauf hinweisen, daß mein Leben bisher von tragischen Ereignissen dieser Art, wie Génie sie erlebt hat, verschont blieb. Und wer weiß, wie ich dächte, wenn …

Wie geht es Dir? Wenn Dein Heilungsprozeß meinen sehnlichen magischen Wünschen entsprechend verliefe, wärest du bald frei von Fußschmerzen und Hustenanfällen. Aber was soll schon der bloße Wunsch eines solchen Skeptikers bewirken? Tut mir leid!

Im Eifer des Nahkampfs überpurzeln sich derzeit unsere Gedankentruppen ... Ich schreibe an Deinen Briefen entlang, zuerst dem vom 20. Januar. Daß Du in unsere Unterhaltung manches Pfefferkörnchen nicht einstreuen konntest, tut mir sehr leid. Ich muß sehr eifrig, offenkundig übereifrig, bei der Sache gewesen sein, autoerotisch fasziniert, in produktiver Selbstüberschätzung befangen. Solche Zustände sind ja gelegentlich nicht schlecht, aber nur als Ausnahme, als Regel gehören sie in die Psychopathologie. Vermutlich wollte ich Dir den Eindruck vermitteln, die weite Reise habe sich gelohnt, und habe nicht an den Rat des weisen Knigge gedacht, daß als unterhaltend nicht der empfunden wird, der gut reden, sondern der, der gut zuhören kann. Also: ich will mich bessern.

Die Frage, ob Nichtsein besser sei als Sein, halte ich für Klugschwätzerei. Das Nichts erscheint als Lockung nur, wenn es sich als Gegensatz zum Sein versteht (unter dem man leidet). Ein echtes Nichts aber muß auch vom Sein unabhängig sein, darf keine Lockung sein (weil es dann ein Etwas wäre). In Deinem Brief vom 22. 1. redest Du von «aus dem Nichts kommen» und «ins Nichts verschwinden». Darin sehe ich eine kontrastive Vergegenständlichung des Nichts zu einem Etwas, aus dem man kommen kann – eine Art Romantisierung des Nichts. Wieder am 20. 1. schlägst Du eine «asketische Annahme der Sinn- und Trostfreiheit unseres Daseins» vor: Offenbar stellst Du Dir unter dem Sinn und dem Trost, den Du asketisch verschmähst, eine unabhängig vom Menschengeschlecht existierende metaphysische Gegebenheit vor. Ich aber glaube, Sinn und Trost werden immer kulturell erzeugt, von Menschen gemacht. Es geht nicht um die Frage, ob sie vorweg existieren, sondern Du kannst entscheiden, ob Du eine Welt mit oder eine solche ohne Sinn und Trost entwerfen bzw. fördern willst. Deine Askese ist nicht etwa eine Entscheidung für die Wahrheit, sondern nur eine Entscheidung für eine andere kulturelle Option. Diese kulturelle Option lautet: In Fällen unbeherrschbarer Kontingenz die Zähne zusammenbeißen, durchhalten als *lonely rider* gegen die Masse der trostbedürftigen Weichlinge.

Das Nichts ist eine kulturelle Fiktion ebenso wie Gott, der Sinn oder die Große Ordnung des Seins. Der nüchterne Kant hatte schon recht mit der prinzipiellen Unzugänglichkeit solcher Fragen für unsere reine Vernunft. «Gott» ist eine Frage der praktischen Vernunft, unerkennbar wie das Nichts. Der Nihilismus ist ein Glaube, die Aufklärung ist ein Glaube, die Emanzipation ist ein Glaube, das Christentum ist ein Glaube. Wenn Du – mit Recht – bei mir eine bloß funktionalistische Religionsvorstellung monierst, antworte ich mit der Gegenfrage, ob nicht auch Dein Atheismus und Nihilismus nur funktionalistisch sind. «Selbstbetrug», sagst Du über die «hilfreiche Fiktion», aber strickst nicht auch Du an einer hilfreichen Fiktion («asketische Annahme»), die Dich stark machen soll, das Leben zu ertragen?

Zu Deinem Brief vom 22. Januar (der sich mit meinem gekreuzt zu haben scheint, denn auf meine Frage zum Fall Génie gehst Du noch nicht ein): Ja, meine Seelenzergliederung macht Fortschritte, ist aber anders als bei Krokowski kein widerwärtiges Wühlen im Schlamm, sondern aufklärerischen Geistes und vom Wunsch nach umsetzbaren Erkenntnissen angetrieben. Ich fühle meine Kraft, mein Leben zu bestehen, wieder wachsen.

Mythosverzicht. Ja – – – (sehr gedehnt), aber ist Mythosverzicht nicht auch eine große Erzählung?

Wunderbar Dein Satz vom spielerischen Umgang mit der Tradition, hinter dem der faule Ernst des Dezisionismus lauert. Hier weiß ich auch nicht recht weiter. Ich sehe nur, daß sich hinter dem Rücken der Entmythologisierung ständig Aftermythen bilden, die schlimmer sind als die alten Götter. «Wo keine Götter sind, walten Gespenster» (Novalis) – einer meiner Leib- und Magensätze.

Habermas – Ratzinger: Ist Habermas zu Kreuze gekrochen? Hat sich der lichte Aufklärer dem finsteren Reaktionär ergeben? Reagierst Du da nicht im Banne eines typischen Settembrini-Klischees? Im ersten Augenblick hatte ich zugegebenermaßen ähnliche Empfindungen, hatte aber außer ein paar Zeilen in der FAZ noch zu wenig Informationen dazu. Handelt es sich um das Phänomen der Heimatsehnsucht alternder Aufklärer (Heine, Horkheimer und andere)? Oder ist Habermas *going postmodern*? Den religiösen Diskurs gleichberechtigt zulassend im Hinblick auf seine potentiellen kulturellen Leistungen? Oder geht es um die Frage der ethischen Grundlagen unserer Gesellschaft, der ja ein parasitäres Verhältnis zur Religion nachgesagt wird, sofern sie die Werte und die Sitten nicht mehr erzeugt, von denen ihr sozialer Halt abhängt? Geht es um den Gebrauchswert der Religion als Mutterkuchen, von dem der Embryo Bindungs- und Abwehrkräfte bezieht, die nach der Geburt nirgends mehr erhältlich sind? Es liege im Interesse des Verfassungsstaates, soll Habermas gesagt haben, mit allen kulturellen Quellen schonend umzugehen, aus denen sich das Normbewußtsein und die Solidarität von Bürgern speisen. Hierin allein scheint mir das Einverständnis der beiden alten Männer zu liegen, die doch wohl beide in der aristotelischen Vernunfttradition stehen (auch Ratzinger als Thomist, wie ich annehme).

Mir gefällt das jedenfalls, wenn unbefangen über die Funktionen von Religion nachgedacht wird. Die es nicht tun, sind entweder naiv oder allzu *highbrowed*. Es gibt einen fast masochistischen Theologenhochmut, der Gott von Zwecken völlig freistellen will um seiner Reinheit willen. Da darf er uns nichts mehr nützen, darf keine Gebete mehr erhören, keine Schmerzen lindern, keinen Trost mehr geben, keinen Zufall mehr deuten, keine metaphysische Sicherheit mehr gewähren in einer chaotisch vibrierenden, rasenden Welt. Das religionslose Christentum Dietrich Bonhoeffers, die dialektische Theologie Karl Barths oder Rudolf Bultmanns, generell die ganze Tradition der *theologia negativa* seit Cusanus meinen es gut mit Gott, stellen aber unerhört harte Anforderungen an den Menschen, der einen Gott lieben soll, von dem er keinerlei Nutzen hat, der ihm sogar sagt, jedweder Nutzen der Religion sei Götzendienst. Damit ist Gott von jeder Pflicht freigestellt, der Mensch allein hat den Schwarzen Peter und soll diese ganze Konstruktion auch noch gläubig bejahen. Seine Hände sind immer leer, Gottes Hände immer voll, dennoch soll er Gott lieben und loben. Das ist zwar ein sehr tapferer, sehr redlicher, sehr männlicher Standpunkt, der die Unmündigkeit und den Infantilismus des gewöhnlichen *homo religiosus* verweigert, aber nur wenigen Menschen erträglich ist. Für die Unmündigen und Infantilen (die Mehrheit also!) kommt er nicht in Frage, und die brauchen doch auch etwas, womit sie leben können. Wieso ist Gott eigentlich so anspruchsvoll? Wie in Thomas Manns Joseph-Roman frage ich: Wo wäre er ohne uns? Haben wir ihn nicht hervorgedacht? Sollte er sich nicht dankbar erweisen?

Freilich ergreift mich Dietrich Bonhoeffers berühmter Brief aus Tegel vom 30. April 1944 trotzdem, ich setze ihn hierher, obgleich er mir in der Sache widerspricht:

> Oft frage ich mich, warum mich ein «christlicher Instinkt» häufig mehr zu den Religionslosen als zu den Religiösen zieht, und zwar durchaus nicht in der Absicht der Missionierung, sondern ich möchte fast sagen «brüderlich». Während ich mich den Religiösen gegenüber oft scheue, den Namen Gottes zu nennen – weil er mir hier irgendwie falsch zu klingen scheint und ich mir selbst etwas unehrlich vorkomme (besonders schlimm ist es, wenn die anderen in religiöser Terminologie zu reden anfangen, dann verstumme ich fast völlig, und es wird mir irgendwie schwül und unbehaglich) –, kann ich den Religionslosen gegenüber gelegentlich ganz ruhig und wie selbstverständlich Gott nennen. Die Religiösen sprechen von Gott, wenn menschliche Erkenntnis (manchmal schon aus Denkfaulheit) zu Ende ist oder wenn menschliche Kräfte versagen – es ist eigentlich immer der deus ex machina, den sie aufmarschieren lassen, entweder zur Scheinlösung unlösbarer Probleme oder als Kraft bei menschlichem Versagen, immer also in Ausnutzung menschlicher Schwäche bzw. an den menschlichen Grenzen; das hält zwangsläufig immer nur so lange vor, bis die Menschen aus eigener Kraft die Grenzen etwas weiter hinausschieben und Gott als deus ex machina überflüssig wird; das Reden von den menschlichen Grenzen ist mir überhaupt fragwürdig geworden (ist selbst der Tod heute, da die Menschen ihn kaum noch fürchten, und die Sünde, die die Menschen kaum noch begreifen, noch eine echte Grenze?), es scheint mir immer, wir wollten dadurch nur ängstlich Raum aussparen für Gott; – ich möchte von Gott nicht an den Grenzen, sondern in der Mitte, nicht in den Schwächen, sondern in der Kraft, nicht also bei Tod und Schuld, sondern im Leben und im Guten des Menschen sprechen. An den Grenzen scheint es mir besser, zu schweigen und das Unlösbare ungelöst zu lassen. Der Auferstehungsglaube ist nicht die «Lö-

sung» des Todesproblems. Das «Jenseits» Gottes ist nicht das Jenseits unseres Erkenntnisvermögens! Die erkenntnistheoretische Transzendenz hat mit der Transzendenz Gottes nichts zu tun. Gott ist mitten in unserem Leben jenseitig. Die Kirche steht nicht dort, wo das menschliche Vermögen versagt, an den Grenzen, sondern mitten im Dorf. So ist es alttestamentlich, und in diesem Sinne lesen wir das Neue Testament noch viel zu wenig vom Alten her.»

Das Denken der gegenwärtigen Postmoderne steht dazu im krassestmöglichen Gegensatz. Selbst wenn, so schreibt Umberto Eco an Kardinal Martini, Christus nur das Sujet einer großen Erzählung wäre, wäre die Erdichtung dieser Erzählung genauso wunderbar und geheimnisvoll, «wie daß der Sohn eines wirklichen Gottes wahrhaftig Mensch geworden sein soll.» Wollte man auf Eco eine postmoderne Kirche gründen, dann müßte es eine Kirche der Ungläubigen sein, die nicht Dogmen verkündet, sondern Mythen kultiviert.

Es lohnte sich dann auch für Ungläubige, in die Kirche zu gehen und sich einzugliedern in die Menge der Verehrenden. Die große Vertikale weitet das Gemüt, befreit von der banalen Zweidimensionalität der horizontalen Vernetzung. Der Gottesdienst gewährt eine Zeit des Innehaltens, in der sich alles neu sortieren kann. Er stärkt die Solidarität mit den «Leidensgenossen» (wie Schopenhauer alle Mitmenschen genannt haben wollte), stellt einen Raum bereit für das Eingedenken der eigenen Fehlbarkeit («Ich bekenne, daß ich gesündigt habe in Gedanken, Worten und Werken»), für einen möglichen Sinn des Leidens («Mein Blut, das für euch und für alle vergossen wird zur Vergebung der Sünden»), für die Heilung der Seele («sprich nur ein Wort, und meine Seele wird gesund») und für das Gedächtnis der Toten.

Jacques Wirion *Brief 31. Januar 2004*

Der Génie-Brief vom 26. Januar dürfte dich inzwischen erreicht haben und in bezug auf die Sinn-Thematik führt er denjenigen vom 22. Januar weiter aus. Eine Fußnote noch zu meinem Zitat aus Angelus Silesius. Ich habe die Quelle gesucht und stelle fest, daß ich das ein bißchen zugespitzt habe. Das Original-Distichon steht im *Cherubinischen Wandersmann* und lautet:

> *Die Ros' ist ohn warumb / sie blühet weil sie blühet/*
> *Sie achtt nicht jhrer selbst / fragt nicht ob man sie sihet.*

Was Lütkehaus anbelangt, so hast Du nun mal die Antipathie und der Ludger hat durchaus Mephistophelisches an sich. Was nun Deine Taktik anbelangt, meine Mythosdistanzierung oder gar den Verzicht darauf seinerseits als einen Mythos hinzustellen, sie kann mich nicht überzeugen, weil ich ja im Unterschied zu Nietzsche etwa nicht den Übermenschen an die Stelle Gottes setze und auch keine Gespenster oder Götzen, sondern einfach die überlebensnotwendige Geschwisterlichkeit aller Menschen in einem Kosmos mit gleichgültigen und kalten Sternen. Nur ein Narr erwartet von dort Antworten, da stimme ich Heine zu.

Die Verlockung des Nichts besteht nicht in Etwas, sondern im ewigen Frieden des Nichtseins im Kontrast zum Leiden des Seins, den nur das Nichts ohne Wenn und Aber zu verschaffen hat.

Das Nichts ist nicht mit einer sonstigen kulturellen Fiktion gleichzustellen, weil es eben die Negation aller Fiktionen ist. Es mag sein, daß das Nichts nicht «ist» (Die Sprache als gebunden ans Sein, verwehrt uns das Sprechen über dieses Nichts) aber eine Fiktion ist es einfach deshalb nicht, weil es inhaltlich n i c h t s ist. Eigentlich ist meine Vorstellung des Nichts inhaltlich leer und nichts anderes als die Leugnung aller absolutistisch auftretenden Fiktionen. Skepsis ist vielleicht das treffendere Wort dafür.

Das Bild vom lonely rider ist gar nicht so schlecht, weil es eine Arroganz bei mir entlarvt, die ich als solche zwar nicht anstrebe, die meine Haltung aber bestimmt ausstrahlt. Danke für das Spiegelbild, das nicht einer gewissen Komik entbehrt und mich schmunzeln läßt!

Was die Heimatsehnsucht alternder Aufklärer anbelangt, so ziehe ich die Position Ernst Blochs vor. Übrigens bleibt mir der Anfang seiner Tübinger Einleitung als Lebensmotto unüberholt: «Ich bin. Aber ich habe mich nicht. Darum werden wir erst.» In ihm scheint etwas auf von dem, was ich vorhin Geschwisterlichkeit genannt habe. Ich habe ihn 1965 noch dort in einem überfüllten Auditorium maximum erlebt.

Es stimmt zwar, daß unser ethisches Verhalten auch durch eine religiöse Sozialisation geprägt worden ist, aber da gibt es doch noch anderes. E. Lévinas, der ja wohl nicht als Ungläubiger einzustufen ist, meint, daß die Verantwortung dem anderen gegenüber sogar höher anzusiedeln ist als der Gehorsam vor Gott.

Warum handelt man gut und richtig? Wenn und weil dadurch Freude und Glück in der Welt vermehrt werden. Ich übe gewissermaßen positive Macht aus, so etwa wie Nietzsches Zarathustra aus seinem Überfluß heraus schenkte.

Wenn ich aber transzendente Gebote bemühe, handle ich moralisch aus Pflicht oder Angst vor göttlichen Sanktionen. Findest Du das menschlich sehr edel? Die Motivation – *deus lo volt* – ist seit einiger Zeit nicht mehr wirksam, und da diese Quelle heute den meisten nicht mehr so erquickend fließt, ist es wirklich an der Zeit, nach immanenten Wurzeln der Ethik zu suchen. Ethik ist zunächst nicht spezifisch human. Es gibt schon im Reich der höheren Tiere Verhaltensweisen, welche die Interessen des Individuums überschreiten und dem Erhalt der Gruppe zugute kommen.

Eine areligiöse Begründung der Ethik ließe sich auch dialektisch, also *ex negativo*, als Protest gegen die ethische Indifferenz des Universums und den Nichtwert schlechthin, den Tod, gewinnen. Diese kalte Welt und der Tod, der eigentlich nichts oder das Nichts bedeutet, sind derart skandalös, daß der Mensch ihnen sozusagen aus purem Trotz ethische Werte als solche entgegensetzt, die das Faktische transzendieren. Wir werden somit zu Wertschöpfern vor der Indifferenz, dem Nichts und dem Negativen.

Nun ist es nicht so, daß diese Mängel automatisch diese produktive Protestreaktion hervorrufen. Sie können durchaus auch die Verzweiflung und damit Unwerte und unethisches Verhalten nach sich ziehen. (Canetti hat etwa die Schlechtigkeit des Menschen auf den Tod zurückgeführt.) Aber neben dem Verbrechen und gerade durch dieses entsteht quasi dialektisch immer wieder die Gegenbewegung als Sprung über das Faktische hinaus in den Bereich der Werte.

Freilich kostet das Anstrengung, denn da ist kein Gott, der hilft.

Die Müdigkeit, welche die «Wertschöpfer aus dem Nichts» bisweilen überfällt, hat mich zu einem kleinen Feuilleton über die Resignation angeregt:

Jacques Wirion
Auf das Spiel verzichten
Überlegungen zur Resignation

Resignation ist die sublimste Rache am Schicksal.
Hans Kudszus

Sisyphos kann und will einfach nicht mehr. Er macht nicht mehr mit, verzichtet auf das ernste Spiel und paßt. Enttäuschung auf Enttäuschung, ewiges Ausbleiben von Befriedigungen, das ist es, was seinen Alltag in eine graue Tönung der Aussichtslosigkeit taucht. Eine Lustlosigkeit aus Erschöpfung hat nach und nach alle schöpferischen Energien in ihm aufgezehrt. Er läßt den Stein kurzerhand am Fuße des Berges liegen und geht seiner Wege. Mögen doch andere ihn hochwälzen, er hat das nun schon lange genug versucht mit dem allgemein bekannten Ergebnis.

Alles in diesem Dasein ist doch so eindeutig daraufhin eingerichtet, unseren Kampfesmut zu brechen. Immer sind wir in unseren Anstrengungen allein, weil wir sehr bald merken, wie unsere Mitstreiter in ihrem Eifer plötzlich nachlassen und nur so tun, als stünden sie uns zur Seite. Nur zum Scheine drücken sie gegen den Stein, denn wir merken sehr bald, daß der schwere Brocken keineswegs leichter zu schieben ist.

Erfolge, die zuweilen zu verzeichnen sind, sind so sporadisch, daß sie schneller vergessen werden, als sie erwartet worden sind. Und spätere Erinnerungen an sie zwecks Ermutigung und Aufrichtung haben nur eine schwache Wirkung und eine kurze Dauer.

Die Stimmung der Resignation heißt Melancholie, ihre Ideologie ist der Nihilismus, und ihr Wappentier ist der Fuchs, der auf die nur schwer erreichbaren Trauben verzichtet, indem er sie als sauer deklariert.

Nun gibt es geistige Aufputschmittel. Lessing, Schiller und andere

Kämpfernaturen sind die guten Pharmazeuten, jener mit seinem Spruch: «Nur die Sache ist verloren, die man aufgibt», dieser mit dem Exempel seines voluntaristischen Arbeitsethos, das seinen todkranken Körper sozusagen gegen dessen materielle Hinfälligkeit noch jahrelang im Dienste des Werkes im Diesseits hielt. Den tapferen Lessing übertrumpft dann etwas später der heroische Industriekapitän Henry Ford: «Es gibt mehr Leute, die kapitulieren als solche, die scheitern.»

Auch eine große Aphoristikerin hat sich zum Thema geäußert: «Nichts ist erbärmlicher als die Resignation, die zu früh kommt», meint Marie von Ebner-Eschenbach, und man kann ihr nicht widersprechen. Allerdings gibt uns ihr Satz keinen Hinweis auf den Kairos der Resignation, den müssen wir jeweils selber ausfindig machen.

Wen aber wundert es, wenn der Erzpessimist der Philosophiegeschichte Verständnis hat für die Haltung der Verzichtenden? «Ein guter Vorrat an Resignation ist überaus wichtig als Wegzehrung für die Lebensreise.» (Arthur Schopenhauer)

Gegen die Resignation sind aber auch einige Kräuter gewachsen, welche das Vorkommnis heilen oder wenigstens erträglich machen können. Die Gewohnheit, die Routine des Tätigseins, jener Blick in den Spiegel der Seele, der allzu große Abweichungen vom tüchtigen, aktivistischen Eigenimage haßt, und, im tiefsten Innern hausend, die Furcht vor der Langeweile in der Untätigkeit sind einige der wichtigsten Gegenmittel.

So bleibt man also schön im Tretrad, setzt sich noch nicht zur Ruhe oder gar aufs Altenteil, läßt die Segel noch von der leisesten Brise schwellen, reißt die Flinte wieder aus dem Korn und wälzt ihn weiter, den Stein, obgleich das doch gar keinen Sinn hat.

9. Sünde, eine Kosten-Nutzen-Rechnung

Jacques Wirion *Postscriptum zum Brief vom 31. Januar 2004*

Beiliegend findest Du eine kleine häretische Auslassung, die Du ruhig zerpflücken darfst.

Jacques Wirion
Lob der Sünde

Die Sünde ist schon längst kein Thema mehr, seit die obersten Werte, gegen die man sich versündigen könnte, nicht mehr als allgemein anerkannte vorhanden sind. In einer universalen Inflation und Verflüchtigung der Werte hat sich auch das Gewicht der Sünde längst aufgelöst. Allerdings gibt es noch in den meisten von uns Erinnerungsstücke an frühe Verbote und moralische Prägungen, die man mit gutem Grunde als Sündentümpel bezeichnen könnte, aus denen zuweilen schwache Alarmsignale aufsteigen wie Blasen und unser inneres Ohr platzend berühren.

Obschon nun eine entlastende Befreiung von «Sünden» in moralisch unsicherer Zeit vielleicht nicht die dringendste Aufgabe ist, so will ich sie insofern doch angehen, als der dumpfe und irrationale Aspekt der Sünde in Gestalt von falschen Schuldgefühlen Machtlüstlingen religiöser und zunehmend auch therapeutischer oder politischer Couleur ein trübes Gewässer bietet, in dem sie nach Herzenslust auf Kosten ihrer Opfer fischen.

Gegenüber den bisherigen Erfindungen monotheistischer Gotteskonstrukteure ist es eigentlich nicht schwierig, den Menschen auf Kosten dieses imaginierten Schöpfers zu entlasten und von Schuld zu befreien. Man muß nur den Spieß kurzerhand umdrehen. Wie anthropomorph etwa der biblische Gott ist, belegen die zahlreichen Manifestationen seines göttlichen Zorns. Es ist dies übrigens der einzige

Affekt im Katalog der Hauptsünden, den der Mensch im religiösen Diskurs mit seinem Gott gemeinsam hat.

Die Fabrikanten der monotheistischen Gottesidee sind trotzdem alle derart von der Heiligkeit ihres geistlichen Produktes überzeugt gewesen, daß sie die logischen Mängel, die Selbstwidersprüche ihrer Konstruktion nicht hoch veranschlagten oder leicht apologetisch wegerklären konnten. Die Erhabenheit der Vorstellung von dem EINEN war in ihren Augen derart respekteinflößend, daß sie alle beeindrucken und etwaige Zweifel und ketzerische Gedanken im Keime ersticken würde.

Das hat auch jahrhundertelang so funktioniert. Die Stimme der Vernunft verstummte vor der Autorität eines Gebildes, das sich in den religiösen Gemeinschaften wie Mehltau auf die kritischen Gemüter legte.

Als Sünde bezeichnet der Gotteskonstrukteur traditionsgemäß eine Abkehr des Menschen von Gott und eine Hinkehr zur Durchsetzung des menschlichen Willens und der menschlichen Interessen.

Gerade ein solcher Sündenbegriff ist aber sehr schwach auf den Beinen. Er läßt sich nämlich im Ursprung und in seiner Bedeutung von «Trennung, Absonderung» viel eher auf den Schöpfer selbst beziehen denn auf sein Geschöpf.

Die Ursünde hat der Schöpfergott selbst begangen. Indem er sich durch die Erschaffung des Menschen vom Menschen trennt, den er aus sich herausläßt, sondert er ihn ab und überläßt ihn seinem ungöttlichen Geschick. Der Schöpfer kehrt sich ab von seinem Geschöpf, das er zudem in eine weniger vollkommene, um nicht zu sagen verpfuschte Welt entläßt. Auch die spätere Entsendung seines Sohnes zur gnädigen Errettung der Geschöpfe und Erlösung von ihren Sünden erweist sich als ein verspäteter und aussichtsloser Versuch, das Verpfuschte wieder zurechtzubiegen, und zugleich erneut als sündhafte Absonderung aus dem Göttlichen. Wie kann Gott von diesem göttlichen «Abfall» erwarten, daß er nicht seinerseits dauernd von ihm abfällt und seine Taten zum Himmel stinken? Und so erweist sich der Mensch gerade durch die Sünde als Ebenbild Gottes.

Und dieser Vorgang ist nicht einmal so negativ, wie es der Sündenbegriff suggerieren möchte.

Der Mensch wendet sich von Gott, seinem Erzeuger und Vater ab, weil er seine eigenen Wege suchen und gehen muß. Diese «Sünde» muß er begehen, weil er nur so zum Menschen wird. Er kann nicht ewig «Gotteskind» bleiben, sondern muß erwachsen werden.

Und doch gibt es da eine große Angst: die des *zoon politikon* vor der Absonderung, der Isolation und dem Nicht-dazu-Gehören, in der die Angst vor der Sünde wurzelt.

Wenn Jesus am Kreuze schreit: «Vater, Vater, warum hast du mich verlassen?», so bringt er diese Klagefrage als von Gott abgesonderter Sohn Gottes und Stellvertreter von zahllosen verlassenen Menschen vor. Der Mensch, der sich durch die Sünde von Gott entfernt hat, wird – aus der Sicht der Gotteskenner – durch den Erlöser wieder zu ihm hingeführt, wobei allerdings dogmatisch festgelegt wird, daß er sich in der Entfernung nicht wohlfühlt.

Hier stellt sich implizit auch die Frage nach der Willensfreiheit. Wenn Gott den Menschen zu der Bestimmung berufen hat, Ihn zu erkennen und zu lieben, erwartet er dazu das freie Ja des Menschen. Wer frei zustimmen kann, muß freilich auch die Möglichkeit haben, die Zustimmung zu verweigern. In solchem Nein besteht nun aber für die Theologen die Sünde, die willentliche Abkehr von Gott. In ihrer negativen Bewertung der Absage negiert diese Auffassung die Freiheit, auf die sie sich beruft. Wirklich frei wäre der Mensch ja nur, wenn beide Alternativen seiner Entscheidung gleichwertig wären. Wird nämlich eine der beiden Entscheidungen als Sünde entwertet, neigt automatisch der Zeiger an der Waage der Freiheit in eine Richtung.

Warum hat Gott den Menschen in die Freiheit der Geschöpflichkeit entlassen und verlangt zugleich, daß er diese Freiheit nur in *einem,* nämlich *seinem Sinne* nutzt?

Auch wird von den Gottesexperten die Verweigerung des Glaubens zur Sünde an sich deklariert, als freiwillige Entfernung von Gott. Hinter einer solchen Bewertung steht eine Vorstellung von Autorität, die davon ausgeht, daß es unmöglich ist, ihr die Anerkennung und den Glauben nicht zu schenken. Sofort wird ein Akt, der der eigenen Denkweise unerklärlich ist, als ein solcher des Trotzes, des Widerstands gedeutet. Die Verwalter des Glaubens wollen keine autonomen, sondern nur folgsame Adressaten. Ihre eindeutig positive Beurteilung ihres Gottesartefakts muß automatisch jede Entfernung vom absolut Guten als böse empfinden. In dieser Dichotomie liegt aber der Ansatz jeglicher Form des Fundamentalismus.

Indem aber der Mensch die Einheit mit Gott aufgibt, sich von ihm entfernt, entspricht sein Handeln – wie schon weiter oben ausgeführt – dem seines Schöpfers, der ja den Menschen aus der ursprünglichen Einheit entläßt in die Welt der Freiheit und Entzweiung. Und, ist diese göttliche Ebenbildlichkeit des Menschen wirklich von Übel? Im Gegenteil: Nur wenn die ursprüngliche und nicht mehr hinterfragbare Allgüte der Gottesimagination aufgegeben wird, kann die spaltende und unheilschwangere Verabsolutierung von Gut und Böse überwunden werden.

Das Böse an der absoluten Ordnung, an jeder verabsolutierenden Gottesordnung, liegt in ihrer Unfähigkeit, die Unordnung, das Andere zuzulassen. Das absolut Gute wird immer schon höher bewertet und somit die Welt gespalten.

Hermann Kurzke *Brief 1. Februar 2004*

Macht Spaß, das Briefwechseln, man neigt nicht so zur Versöhnlichkeit wie im persönlichen Gespräch. Mein Génie-Brief hat Dir einige vortreffliche Formulierungen entlockt. Kühl und bestimmt hast Du die metaphysische Pistole beiseite geschoben. Ich kann Dir ganz und gar folgen und sollte still sein. Aber ich bin trotzdem nicht zufrieden mit Deiner Antwort – psychologisch, nicht philosophisch.

Ich habe Génie heute unsere Briefe gezeigt. Sie war vor allem stolz und gerührt darüber, wie wichtig wir sie nehmen. Deine Antwort imponiert ihr, ohne ihr zu helfen. Da ist (das sage jetzt wieder ich) ja noch der Schmerz, über den Du kein Wort verlierst, dem Du das Daseinsrecht bestreitest. Er läßt sich aber nicht abspeisen mit Deinem «Warum? Darum! Basta!» Eine Antwort für Erwachsene: Aber was tun, wenn die allermeisten Menschen keine Erwachsenen sind? Wenn sie Kinder sind, darf man ihnen dann Antworten für Kinder geben oder darf man das nicht?

Zur Psychologie des Schmerzes eine Überlegung. Génie widerspricht nicht, sondern stimmt zu, wenn ich ihr sage, ihre Schmerzen bedeuteten eine Art Solidarität: sie will vom Sterbensleid der verstorbenen Freundin etwas mittragen. Die Schmerzen sind Trauerarbeit, sie sind Buße für eine (geglaubte) Schuld. So, als Mit-Leiden mit der viel härter, mit der tödlich getroffenen Freundin haben die Schmerzen einen Sinn. Sie als sinnvoll zu erfahren ist therapeutisch vermutlich besser, denn sie als absurd hinzustellen.

Ob Schmerzen (zumal solche ohne zureichende körperliche Ursache) vielleicht gar nicht so selten eine Form der Verarbeitung von Schuld (oder allgemeiner ein Symptom von Schuldgefühlen) sind? Ich frage mich auch nach dem Sinn der eigenen Schmerzen. Sie kommen ja, sofern sie beim Entspannungseintritt einsetzen, wie Aufpeitscher daher. Sie sagen: Du hast kein Recht, Dich auszuruhen, Du mußt etwas tun, Dein Leben rechtfertigen durch Werke. Das Erbsünde-Gefühl mag ganz am Grunde liegen, das Gefühl, nie gut genug zu sein vor dem Anspruch auf Vollkommenheit. Da ist etwas, das mich stachelt. Versagt ist mir der Trost des Jean Paulschen vergnügten Schulmeisterleins Maria Wuz zu Auenthal: «Abends», denkt er, «lieg' ich auf alle Fälle, sie mögen mich den ganzen Tag zwicken und hetzen, wie sie wollen, unter meiner warmen Zudeck und drücke die Nase ruhig ans Kopfkissen, acht Stunden lang.» Mich aber zwickt und hetzt es die ganze Nacht weiter. Ich beneide den Wuz um seinen embryonalen Schlaf, wie er am Ende eines Leidenstages unter sein Oberbett kriecht, sich schüttelt, mit den Knien bis an den Nabel zusammenkrempt und zu sich sagt: «Siehst du, Wuz, es ist doch vorbei.» Natürlich übertreibe ich, wenn ich sage, es ist nie vorbei, aber zeitweise fühle ich mich wie ein Verfolgter, der nie ausruhen darf.

Vom «Stachel» trieb mich eine Assoziation weiter zu des Paulus «Pfahl im Fleisch» (2Kor 12,7). Paulus legt an dieser Stelle eine interessante religiöse Psychopathologie vor. Er beklagt sich nicht, daß Gott ihn, obwohl er ihn darum gebeten hat, nicht von der Krankheit befreit hat, sondern sieht sie als ein Mittel, daß er sich nicht überhebe. Die Krankheit hilft ihm, sein offenbar gewaltiges narzißtisches Größenerlebnis auszutarieren. Vorher im 11. Kapitel zählt Paulus auf, was er alles ausgehalten hat (dreimal gestäupt, einmal gesteinigt, dreimal

Schiffbruch …), und läßt seinem narzißtischen Leistungsstolz freien Lauf. Der Schmerz büßt die Schuld der Vermessenheit (der superbia), das ist sein Sinn.

Das ist nicht fertig gedacht und noch roh und holprig und nur bedingt auf mich anwendbar, aber ich lasse es erst einmal so stehen. Zu Deinem Lob der Sünde ein andermal.

Jacques Wirion *Brief 6. Februar 2004*

Unsere «Differenzen» finden literarische Modelle in den Figuren von Doktor Relling, dem mitleidigen und verständnisvollen Arzt, und Gregers Werle, dem Wahrheitsfanatiker, in Ibsens *Wildente*. Wenn die Leute eine Lebenslüge entwickelt haben, die ihnen hilfreich ist, so sollte niemand sie mit der Wahrheit heilen wollen, weil die sie ja noch tiefer in die Verzweiflung stürzt.

Der harte lonely rider, den Du in mir siehst, ist in der Tat auch eine Fassade. Vermutlich würde ich Génie *in natura* auch anders antworten als Dir im Brief, aus dem gleichen Grund, den Du am Anfang Deines Briefes vom 1. Februar erwähnst. Die Distanz des Briefschreibers ist immer größer als die des direkt und *in persona* Angesprochenen und zur Rede Gestellten.

Daß ich den Schmerz nicht erwähne, heißt nicht, daß ich ihn nicht ernst nähme. Vielleicht tue ich das gerade, weil ich ihn fürchte. Aber seiner Wirklichkeit will ich das Denken nicht unterjochen. Insofern lasse ich ihm schon sein schreckliches Daseinsrecht, nicht aber die Gewalt, mir die Sicht der Wahrheit zu verstellen. Vermutlich bekommt meine Haltung so etwas Luxuriöses, von der rauhen Wirklichkeit Unberührtes, und das ist nicht unbedingt von Vorteil. Hier offenbart sich mir eine Aporie. Etwas herablassend und arrogant ist allerdings auch die Haltung des Verteidigers der Lebenslüge, Doktor Rellings also, weil er ja eigentlich weiß, daß die Leute sich was vormachen, aber zugleich auch der Meinung ist, daß diese Leute nicht stark genug sind für die Wahrheit. Wenn er nun in bezug auf sich selbst auch vermutet, daß er die Wahrheit vielleicht nicht aushält, kann ich seine Position akzeptieren. Sind die allermeisten Menschen wirklich Kinder, und bin ich so naiv, das nicht wahrzunehmen?

Was Du über die heilende Kraft der Schmerzen im allgemeinen sagst, ist richtig und braucht auch keineswegs transzendente Voraussetzungen.

Die Erklärung Deiner Schmerzen bereitet mir Schwierigkeiten. Erlaube mir von außen eine andere Deutung. «Du hast kein Recht auszuruhen ... Du mußt dein Leben rechtfertigen.» Legst Du mit diesen Worten Deinem Körper nicht eher die Wünsche, ja Befehle, Deines Willens und Geistes in den Mund? Ist es wirklich Dein Körper, der Dich in Momenten der Entspannung aufpeitscht? Ich habe deine Schmerzen immer eher als Alarmsignal deines Körpers verstanden angesichts einer Überlastung durch den Willen. Seine Botschaft würde ich mal so übersetzen: «Es reicht jetzt, du mußt mich, deinen Körper also, endlich schonen und ihm Liebe erweisen. Ich meine das durchaus auch sexuell. Jetzt erlaube ich Dir nicht mehr, im Ausspannen neue Kräfte zu sammeln, weil du die ja wieder rücksichtslos gegen mich, deinen Körper, ausnutzt. Ich muß dich / mich so grausam quälen, weil du sonst nicht verstehst.» Die Schwäche dieser Lesart liegt sowohl in der scharfen methodischen Zweiteilung von Körper und Geist als einfach auch in meiner doch weitgehenden Unkenntnis Deines Innenlebens. Vergiß sie einfach, wenn sie Dir nicht paßt.

Es ist erstaunlich, welche Hinweise ich oft aus literarischen Texten empfange. Eben lese ich in Nietzsches *Zarathustra* über den letzten Menschen: «Man arbeitet noch, denn Arbeit ist eine Unterhaltung. Aber man sorgt, daß die Unterhaltung nicht angreife.» Und da bekomme ich ein schlechtes Gewissen im Vergleich zu Dir und meiner Frau. Sie rackert sich wirklich ab, um in der vor kurzem eröffneten Schule pädagogisch Neues und Fruchtbares in die Wege zu leiten, Du fühlst Dich im Unrecht, wenn Du nicht Deinem inneren Anspruch auf Vollkommenheit entsprichst und weil Du glaubst, dich durch Werke rechtfertigen zu müssen. Ich erkenne im Vergleich zu euch, die ihr in eurer Arbeit zu leiden bereit seid, in mir den letzten Menschen, der das Glück erfunden hat und blinzelt.

Was Jean Pauls Wuz betrifft, so frage ich mich, was der da genießt.

Vermutlich nicht den Schlaf, sondern gut deutsch und melancholisch Schlafes Bruder, den vollständigen Ausstieg aus dem Sein.

Ein Satz in Deinem Vergleich mit Wuz trifft mich: «... aber zeitweise fühle ich mich wie ein Verfolgter, der nie ausruhen darf.» Ich werde den Eindruck nicht los, daß Du eine Identität im Leiden suchst. Und das würde auch einen gewissen Dolorismus Deinerseits erklären. Zwar kenne ich Ähnliches: wohl fühle ich mich, solange ich beschäftigt bin, und wenn äußerer Anreiz fehlt, also kein «Verfolger» da ist, so drohen Unlust und Langeweile. Warum kann unsereiner nicht in Frieden mit sich selbst ruhen und die Zeit unbeschäftigt verstreichen lassen?

Hermann Kurzke *Brief 8. Februar 2004*

Die Tage fliegen dahin und sind zugleich leer und voll. Zu Deinem Brief vom 31.1. werfe ich seit Tagen Argumente hin und her, kann aber nur wenig schreiben, da ich mir zu allem Überfluß eine sehr schmerzhafte Entzündung in der rechten Schulter zugelegt habe, die mir das Schreiben erschwert.

Mythosdistanzierung als Mythos: Ganz so habe ich es nicht gemeint, nicht daß Du nur andere Götter/Götzen schaffst, wollte ich sagen, sondern ... Ich setze neu an. Das Emanzipationsparadigma (Befreiung vom Glauben etc.), der Rationalismus, die von Dir beanspruchte Skepsis, die Menschenrechte: das alles sind keine endgültigen Wahrheiten, sondern einem Gegenteil abgerungene Positionen und von diesem abhängig. Toleranz erscheint lockend nur, wo Intoleranz ist oder droht. Sobald aber allgemeine Toleranz existiert, wird sie langweilig, statt ihrer wächst die Sehnsucht nach Orientierung, nach festem Gesetz und festem Befehl (wie Fontane sagte). Das Emanzipationsparadigma wird irgendwann langweilig werden, die Bindungssehnsüchte werden wachsen und sind nicht illegitimer, haben gleichermaßen das «Glück» zum Ziel. Die Wissenschaft wird irgendwann ihre Zauberweisen ausgesungen haben, denn die Erforschung der Welt ist ein endliches Unterfangen – wenn es hoch kommt, beschäftigt sie uns noch ein- oder zweihundert Jahre. Je mehr das Wissenschaftsparadigma erlahmt, um so mehr wird das Glaubensparadigma gekräftigt werden. (Das sage ich nicht triumphierend, meine ganze Arbeit erfolgte, selbst wenn sie sich der Restauration z. B. des Kirchenlieds widmete, immer im aufklärerischen Geiste.) – Zum Lob der Sünde ein andermal. Viel Glück bei Deinen zahlreichen Unternehmungen. Ich fahre nach zwölfwöchigem Aufenthalt dahier am 11. Februar nach Hause und werde erst einmal überschüttet werden. Es kann eine Weile dauern, bis ich wieder schreibe.

Hermann Kurzke *E-Mail 27. Februar 2004 22 Uhr*

Eben schrieb ich Dir ein langes Mail mit dem Titel «Sünde», beim Senden stürzte der PC ab, als ich ihn wieder hochgefahren hatte, war das Mail weg.

Hermann Kurzke *E-Mail 27. Februar 2004 23.15 Uhr*

Ich rekonstruiere ein paar Bemerkungen zum Lob der Sünde. Du hältst Dich in einem spöttischen Tonfall an Nebensächlichkeiten auf. Das «Gewicht der Sünde» ist heute noch ebenso groß wie je, wenn man nicht vom trüben Gewässer spricht, in dem Machtlüstlinge fischen, nicht von den Immunisierungsstrategien der Gotteskonstrukteure, die jede Kritik an ihrem System mit dem Etikett «Sünde» brandmarken, sondern von der fundamentalen Defizienz des Menschen, die ihm nicht erlaubt, etwas wirklich dauerhaft Glückbringendes zu tun. «Es ist doch unser Tun umsonst, auch in dem besten Leben», dichtet Martin Luther in dem Bußlied *Aus tiefer Not schrei ich zu Dir*. Umsonst, was die Erlösung anbetrifft, das tiefe, vollkommene, ewige Glück. Settembrinihaft siehst Du im Abfall von Gott eine Emanzipation. Ödipus muß seinen Vater töten, um erwachsen zu werden. Naphtahaft antworte ich: Er wird nicht erwachsen. Er bleibt ein Kind. Mündigkeit gibt es nur gelegentlich, selten mit dauerhaftem Erfolg. Sie ist ein Stern des Abendlandes, dessen Leuchtkraft umgekehrt proportional ist zu seiner wirklichen Bedeutung. Die erste Hälfte des 20. Jahrhunderts, die sich mehr und schlimmere Verbrechen erlaubte als irgendeine Zeit vorher, sagt, was es wirklich mit dieser Mündigkeit auf sich hat. Sie ist eine große Illusion. Sündenbewußtsein in Gestalt von Selbstkritik ist da förderlicher.

Am Schluß schiebst Du das Böse dem Gottesglauben in die Schuhe, sehr bequem. Daß die Kirchen oftmals in pharisäischen Fundamentalismus abgeglitten sind, ist nicht strittig. Jesus aber sagte: Wer von euch ohne Sünde ist, werfe den ersten Stein. Jesus war kein Fundamentalist. Jesuanisch gesprochen ist Sünde Lieblosigkeit. Nur wer den Bruder liebt, der ist in Gott, heißt es im ersten Johannesbrief.

Das war, knapper und schlechter, ungefähr, was ich in meinem verlorenen Mail schrieb.

Jacques Wirion *E-Mail 29. Februar 2004*

Ob das Wissenschaftsparadigma erlahmt, bezweifle ich, weil sowohl die Physik als auch die Biologie heute an Grenzen stoßen, die sie nicht zum Innehalten, sondern gerade zum Suchen nach neuen Wegen anstacheln. Gerade die sich täglich bestätigende Komplexität des Seienden scheint mir das künftige Wirken der Naturwissenschaften zu garantieren.

Nun zu Deiner Reaktion auf das Sündenlob. Sie hat mich insofern enttäuscht, als ich die Pointe meines Textes nicht wiederfinden kann. Du wirst ja hoffentlich mit den Nebensächlichkeiten nicht die beiden Kerngedanken meiner Aussage gemeint haben: Gott als Sünder und die Problematik der Willensfreiheit. Im Grunde geht es mir darum, die christliche Gottesvorstellung einerseits als inkonsequente und widersprüchliche hinzustellen und andererseits die Ebenbildlichkeit von Gott und Mensch als unausweichlichen Anthropozentrismus zu entlarven. Bis in die Definition der Sünde hinein. Diese Aspekte, die für mich zentral sind, hast Du nicht einmal gestreift. Ich vermute, daß Du das in der abgestürzten Fassung getan hast.

Was die schlimmen Verbrechen des letzten Jahrhunderts anbelangt, so bist Du doch vermutlich mit mir einverstanden, wenn ich behaupte, daß sie eher auf das Konto technischer Fortschritte zu buchen sind als auf das des Unglaubens.

Noch ein kleiner Nachschub: Daß der Mensch von krummem Holze ist, mag ich zuweilen settembrinisch vergessen, und doch ist es mir bewußt. Und gerade hier möchte ich ansetzen und eine Aufklärungsposition entwickeln, die das reflektiert hat. Ich weiß auch schon, bei welchem Meister ich mich inspirieren muß: Michel de Montaigne.

Hermann Kurzke *E-Mail 7. März 2004*

«Gott als Sünder», der sich von seinem Geschöpf abkehrt, von ihm gewissermaßen «abfällt», das ist eine originelle Idee, aber doch nur eine Art Scherz, ein ironisches Spiel, ein Anthropomorphismus, der die Logik voraussetzt, die Du doch gerade bekämpfst. Desgleichen die Debatte über die Willensfreiheit. Der Widerspruch entsteht nur, wenn wir uns einen Gott denken, der so ist wie wir. Die große Theologie sieht aber in Gott den ganz und gar Inkommensurablen, unsere Maßstäbe Verlassenden, den wir nicht vor unseren Gerichtshof zerren können.

Mit diesem sich entziehenden Wesen habe ich freilich auch meine Probleme. Ich finde, er könnte sich mir ein wenig deutlicher offenbaren. Da ich subjektiv glaube, relativ viel für ihn getan zu haben, meint etwas in mir, er sollte sich revanchieren. Aber er ist so stumm!

Dann bleibe ich halt bei meinem anthropomorphen Kulturgott. Anthropozentrismus: Du rennst damit bei mir offene Türen ein. Ja, freilich ist Gott ein Erzeugnis der Menschen. Der Mensch erfindet sich zu seinem Mangel ein Korrektiv. Er projiziert seine Bedürftigkeit auf ein höheres Wesen. Er erfährt sich selbst angesichts dieses Höheren als defizient und erzeugt sich so einen Begriff von «Sünde». Aber ist das Sündenbewußtsein dann nicht ein Motor der Vervollkommnung? Ist Gott nicht eine große Idee, die den Menschen nach oben zieht? Arbeit am Mythos, Hervordenken Gottes (wie es Abraham tat in Thomas Manns Joseph-Roman) um der Humanisierung willen, als Gegengewicht zur Niedrigkeit – das ist die Seite, die ich ungern missen möchte.

Auch Goethe kannte schon dieses große «Als ob». Laß uns handeln, als gäbe es die Götter – damit wir ihnen gleichen können.

Heil den unbekannten
Höhern Wesen,
Die wir ahnen!
Ihnen gleiche der Mensch!
Sein Beispiel lehr uns
jene glauben.

Das steht in dem Gedicht *Das Göttliche*, mit dem berühmten Initium «Edel sei der Mensch, hilfreich und gut». Schau genau hin: Das Beispiel des Menschen soll uns lehren, die Götter zu glauben – nicht umgekehrt. Am eigenen Schopf sollen wir uns aus dem Sumpf ziehen, mit Hilfe der höheren Wesen, die wir ahnen.

Freilich ist solche Kulturreligiosität, die sich dem Anthropozentrismus der Gottesidee offen stellt, wohl die letzte, verzweifeltste Position in Sachen Religion. (Auf den Protest der Metaphysik gegen ihre Psychologisierung bin ich gefaßt.) Vielleicht fordert nur meine Identität als Sohn eines frommen Katholiken von mir, daß ich die Religionskritik, der ich intellektuell nichts entgegenhalten kann, wenigstens um ihre religionsfeindlichen Wirkungen bringe ... Ich bin für den Glauben, bin aber selbst gar nicht mehr richtig gläubig. Aliud credere, aliud credere esse credendum. Ich will bewahren, ja restaurieren, sage aber selbst, daß der Restaurator ein Mann ist mit dem Licht auf dem Rücken: Es leuchtet ihm selbst nicht, aber den nach ihm Kommenden. Er trägt den Schmerz des glaubenslosen Intellektuellen, während die Wärme des Glaubens erst denen zugute kommt, die den Glauben wieder als etwas Überliefertes erhalten, nicht denen, die ihn als ein zu Überlieferndes erst rekonstruieren. Ich leide an Gottes Kälte gegen meine religiösen Bemühungen. Es scheint ihn nicht zu interessieren, was ich mache. Ich fühle mich manchmal im Stich gelassen. In anderen Augenblicken sage ich freilich, daß Gnade ruhen müsse auf einem, der in diesen gottlosen Zeiten eine große Zahl von Menschen für das Thema Kirchenlied zu erwärmen vermochte …

Zur Zeit fühle ich mich unfromm. Spät, sehr spät hole ich meine ödipalen Kämpfe nach gegen den Vatergott. So könnte ich mich gut mit Dir zusammen von der Sünde emanzipieren. Das wäre eine Befreiung. Aber ich weiß, daß sie nur für unsere (also eine abtretende) Generation gilt, und daß die Jüngeren wohl besser daran täten, sich nicht so viel auf ihre Souveränität einzubilden. Ein bißchen Sündenbewußtsein täte dem egozentrischen Durchschnittsdummkopf von heute doch gute Dienste, meinst Du nicht? Ohne Sündenbewußtsein verschwindet doch auch die Arbeit an sich selbst, oder?

In der Klinik herrschte eine untergründige Religionsfeindschaft, wohl deswegen, weil Religion immer die große Unterstützerin von Verdrängung und Selbstunterdrückung schien, also eine der Triebkräfte von Neurosen. Zweifellos hat das Christentum versäumt, seinen Sündenbegriff psychoanalytisch zu reflektieren. Anstelle des lächerlichen Beichtspiegelsündengerassels müßte die Beichtpraxis modernisiert werden (nicht abgeschafft, wie es praktisch der Fall ist). Als Faustregel: Psychotherapie für behebbare Leiden, Beichte für unaufhebbare, für die man Versöhnung braucht, aber von den Menschen nicht bekommt.

Ob Du mit Deinem Spott über die Sünde auch den Begriff der Schuld angreifen willst? «Das Leben ist der Güter höchstes nicht,/ der Übel größtes aber ist die Schuld.» (Schiller am Ende der *Braut von Messina*)

Jacques Wirion *E-Mail 9. März 2004*

Dein Brief vom 7. März ist auf eine erschreckende Weise ein Volltreffer. Oder soll ich sagen, daß ich das Gefühl habe, daß bei mir der Groschen gefallen ist. Ich beginne deutlicher zu verstehen, welche Bedeutung Religion für Dich hat. Es ist wie in der Schule: Nur die Wiederholung des Stoffes fördert den Verständnisprozeß. Erschreckend daran ist aber, daß dieses Verständnis mich immer ungeeigneter werden läßt, Dir einen würdigen Widerpart abzugeben.

Bildlich sehe ich Dich, dem Kleeschen Angelus Novus oder dem Benjaminschen Engel der Geschichte nicht unähnlich, an einer weit vorgeschobenen Grenze des Religiösen, den Rücken gegen dieses gekehrt, beschäftigt mit der heftigen Abwehr gegen die bösen Vernichter des Religiösen, das Dir als heiliges Gut aus der Kindheit herüberscheint. Vermutlich verdankst Du diese Rolle eines Sankt Georg der Bindung an Deinen Vater. Ob ich mich aber in diesem Feindesland wirklich wohl fühle oder meine Rolle des Anstürmers gegen den Limes nur spiele und daneben auch zuweilen sehnsuchtsvolle Blicke nach dem Glaubensparadies werfe, ist noch ungewiß.

Wenn ich mich mit solchen ironischen Spielchen befasse, liegt kein Widerspruch darin, daß ich die Logik des Anthropomorphismus benutze, weil ich eigentlich nicht einen Beweis gegen die Existenz Gottes führen will. Das kann ich auch gar nicht, solange die Gottesvorstellung so vage bleibt, wie sie ehrlicherweise bleiben muß. Und dann kann man sie auch mit dem verschwommenen Begriff Transzendenz wiedergeben. Wenn ich Gott nicht erfahre, so ziehe ich nicht den Schluß, daß es ihn nicht gibt, aber den, daß er, wie die feinen intermundialen Götter des Ironikers Epikur, sich nicht um mich kümmert; und somit lasse ich dieses geheimnisvolle Etwas in den Köpfen der Gläubigen, halte es aber aus dem meinen heraus. In dieser Stummheit oder Abwesenheit berühren sich unsere Erfahrungen, auch wenn wir verschieden darauf reagieren. Deiner Verzweiflung ob dieses Schweigens verleihst Du deutlich Ausdruck. Mein Gedankenspiel im «Lob der Sünde» hat keinen anderen Zweck als die innere Inkonsistenz eines Schöpfergottes, wie ihn die biblischen Texte konstruiert haben, aufzuzeigen. Das ist meine Antwort auf diese Erfahrung von Abwesenheit. Das Warten auf Gott habe ich aufgegeben und versuche nun ohne diese Konstruktion auszukommen, auch wenn ich dann manche Frage nicht beantworten kann. Aber ist das so schlimm, sind uns nicht manche dieser Fragen auch schon in die Wiege der frühen Kindheit gelegt worden, um uns schön brav an die Kette ihrer unterschwelligen und nie zu befriedigenden Ansprüche zu legen?

Gott als Sünder ist der anthropomorphe Spiegel, den ich der Theologenzunft vorhalte. Aus dem Bann des Anthropomorphismus können sie immer nur ausbrechen, indem sie in Gott der/die/das

Inkommensurable hineinprojizieren; das ist allerdings ein komfortables Totschlagargument. Das Inkommensurable läßt sich genauso gut von einem zufällig entstandenen hochkomplexen Kosmos sagen. Aber was wird dann aus den anthropomorphen Eigenschaften wie Personalität oder Schöpfertum?

Wenn Du die rhetorische Frage stellst: «Ist Gott nicht eine große Idee, die den Menschen nach oben zieht?», so bist Du meiner Vorstellung ganz nahe. Gott ist in der Tat eine Idee des Menschen, also ein anthropogenes und anthropomorphes Gebilde, wie zur Selbststeigerung geschaffen, und von Goethe im Chorus mysticus gar mit dem Weiblichen, der Liebe identifiziert. Doch all das verschafft ihm noch nicht den Status der Wirklichkeit.

Mit Deiner Schlußfrage nach der Verwandtschaft von Sünde und Schuld berührst Du diese vertrackte Mischung von Positivem und Negativem, von Förderung und Vergiftung, die mich schon immer in diesen Begriffen beschäftigt hat. Mein Lob der Sünde berührt sich vermutlich mit dem christlichen Oxymoron der *felix culpa.*

Noch eine Frage als PS: Wie kannst Du einer kommenden Generation einen Glauben überliefern, den DU selbst nicht besitzt? Wirst Du da nicht unfreiwillig zu einem Schauspieler?

Hermann Kurzke *E-Mail 10. März 2004*

Zu Deinem Postscriptum: Schon das Kind ist ein Schauspieler, es ahmt nach. Schauspielerei ist nicht das Gegenteil von Identität, sondern ihre Voraussetzung. Unser Ich *wird* durch Schauspielerei. Es testet Rollen durch, so lange, bis es seine Rolle gefunden hat oder sie entwickelt hat aus der Überkreuzung der ihm überlieferten Rollenmuster.

Aber das sind faule Ausreden. In der Tat kann ich meinen Glauben der kommenden Generation nicht überliefern. Meine eigenen Kinder übernehmen von mir nicht den Glauben, sondern die Ironie. Meine Tochter fragte mich, sie war ungefähr acht, ob es Gott wirklich gebe.

Ich gab meiner Stimme Festigkeit und sagte: Selbstverständlich. Der Grund für die Festigkeit war ein pädagogischer: Weil ich sie nicht verunsichern wollte, weil ich ihr Kraft geben wollte in einer Welt, in der sie von anderen Kindern ausgelacht zu werden droht, wenn sie an Gott glaubt. Insofern war ich auch da ein Schauspieler. Meine Kinder haben wie ich kulturelle Achtung vor der Religion, meiden aber religiöse Aktionen und fühlen sich in Gottesdiensten meistens fremd.

Der heutige Generalangriff auf den christlichen Glauben erscheint auch mir manchmal endgültig, wie ein Todesstoß. Der Glaube wird nicht mehr weitergegeben. Es scheint die Väter nicht mehr zu geben, von denen jene selbstverständliche und unhinterfragbare Gewißheit ausgeht, die meine Jugend geprägt hat. Ich konnte meinen Kindern nur noch meine Gebrochenheit vorleben. Sie kennen nicht die zerreißende Wehmut, die mich oft ergreift, wenn ich Kirchenglocken höre. Komm heim, rufen die Glocken mit süßer Sirenenstimme, der Verstand mag einwenden, was er will. Die kühle Kraft des Weihwassers erschließt sich nur dem Demütigen, der auf das moderne Gewäsch vom Aberglauben verzichtet. Das Kreuzzeichen bannt Dämonen, es baut einen schützenden Kokon um dich auf. Nicht von Zauberei ist die Rede, sondern von Riten und Symbolen, deren Kraft sich nur entfaltet im diskussionslosen Vollzug. Das Wasser steigt mir in die Augen, wenn ich im Claudiusschen Abendlied singe: «Und wenn Du uns genommen, laß uns in Himmel kommen, Du unser Herr und unser Gott.» Es wäre intellektuell so viel leichter, Atheist zu sein! Aber das Gemüt macht nicht mit. Gottlos sein ist für mein Gemüt wie Winter in einem ungeheizten, zugigen Haus. Und doch ist auch das Gemüt nicht produktiv, ist wie gelähmt von den Einwänden des Verstands und des Geschmacks, die fast alles verbieten. Wie gern würde ich beten – so wie Mendel Singer (in Joseph Roths *Hiob*), wiegend, mit dem ganzen Körper, gedankenlos und automatisch («die Worte gingen durch ihn den Weg zum Himmel, ein hohles Gefäß war er, ein Trichter»). Ein Es sein, kein Ich. Wenn ich bete, ist immer zu viel Kopf dabei, so daß mir bestenfalls so ein Krebslein oder Fröschlein von Gebet gelingt, wie Gottfried Kellers Grüner Heinrich es zu Gott als seinem Oberproviantmeister schickt, als er vor Hunger keinen Ausweg mehr weiß. Aber in der Regel geht es mir wie Lord Chandos, die Worte zerfallen mir wie modrige Pilze. Wie gern streckte ich meine Hand aus, damit Gott sie ergriffe! Aber er ergreift sie nicht. Die naive Gabe, das Gute der Welt gläubig Gott zuzuschreiben, ohne ihn dann auch für das Böse verantwortlich zu machen, ist mir entschwunden. Wie war das schön, als man Gott danken durfte für das Gute und Gelingende, und alles Häßliche und Mißlungene als Seine Mahnung und Seinen fürsorglichen Korrekturhinweis zu lesen vermochte! Zwei Seelen, wohnen, ach ... Die eine will dem Ruf der Glocken folgen und sich rückhaltlos in die Arme der Mutter stürzen. Die andere aber warnt mit scharfer und trauriger Stimme: Bleib! Nur Lüge und Enttäuschung warten dort auf dich.

Dabei sind die Religionen weltweit im Aufwind, auch die katholische, und die Depressivität ist vorwiegend ein begrenztes Phänomen der gesättigten Länder Westeuropas. Aber was hilft mir das?

10. Altruismus ist ungesund!

Jacques Wirion *E-Mail 11. März 2004*

1976 veröffentlichte der Psychoanalytiker Tilmann Moser einen hundert Seiten langen haßerfüllten Brief unter dem Titel *Gottesvergiftung* an die Adresse des erbarmungslosen Richtergottes seiner Kindheit. Diese Anklageschrift gegen den Mißbrauch kindlicher Gefühle durch die Religion wurde ein Bestseller. Moser machte damit auf ein bisher in der Therapie nicht beachtetes Thema aufmerksam: Die Tatsache, daß ein übermächtiges Gottesbild seelisch krank machen kann.

Heute, also fast dreißig Jahre später, revidiert er sein früheres Werk in einem neuen Buch. Der Titel deutet die Richtung der Korrektur an: *Von der Gottesvergiftung zu einem erträglichen Gott.* Als ich gestern in einer Sendung des SWR von diesem Buch hörte, habe ich sofort an unser Gespräch gedacht. Ich habe viele Parallelen zu mir wiedererkannt, eine gewisse Beruhigung, die Möglichkeit des Wiederaufflammens, den Haß auf Augustin ... Ich referiere, was sich mir einprägte:

Mosers neues Buch ist nicht so aggressiv wie das frühere. Der Glaube wird auch als positive Kraft angesehen. Er kann das körperliche und seelische Wohlbefinden fördern. Doch die Möglichkeit einer negativen Entwicklung bleibt weiterhin bestehen, weil das Kind mit einem gnadenlosen Richtergott, der sein Inneres besetzt, nicht verhandeln kann. Der Big-Brother-Gott, der alles sieht und weiß, treibt das Kind in eine totale Hoffnungs- und Aussichtslosigkeit.

Ob Gott als Zensor oder Freund erlebt wird, hängt sowohl vom Gottesbild der Eltern als auch vom Mut des Kindes, ein eigenes Bild zu entwerfen, ab. So kann es die Strenge Gottes auf die Probe stellen durch eine Lüge. Wenn die nicht geahndet wird, verändert sich das Gottesbild positiv. Es wird toleranter, freundlicher. In der Krisenzeit der Pubertät kann der Jugendliche das Experiment mit der Selbstbefriedigung wiederholen. Wenn auch nach dem dritten Mal die Strafe ausbleibt, so ist die Gottheit vermutlich anders, als das Bild des strengen Richters annehmen läßt.

Auch erkennt Moser nun die Kraft positiver Andachtsgefühle, die in der Kindheit gefördert werden. Der Einschüchterungsgott seiner Jugend ist auf dem Rückzug, doch haust er noch in vielen Menschen, die älter als vierzig Jahre sind. Als Therapeut beobachtet Moser, daß viele Patienten ihre frühen religiösen Erlebnisse verdrängen. Er schließt daraus, daß viele Therapien deshalb erfolglos sind, weil sie den Aspekt der religiösen Prägung ausklammern. Fordert der Arzt etwa den Patienten auf, im Rollenspiel Gottes Part zu übernehmen, fällt das Spiel oft humaner und gnädiger aus, als es dem Gottesbild des Betreffenden entspräche. Auf diesem Weg wird oft ein Wandel des Gottesbildes erreicht.

Erstaunlich ist nun, daß Moser sich selbst als Atheisten bezeichnet, als jemanden, der mit Gott abgeschlossen hat. Trotzdem will er bei seinen Patienten diesen nicht abgeschlossenen Prozeß des Glaubens weiter entwickeln helfen, weil er sich nicht als missionarisch kämpfenden Atheisten versteht. Er meint: «Ich bin nicht mehr wütend und auch nicht mehr so verzweifelt an Gott, so daß ich gelassen argumentieren kann und offen bin für die Kräfte, die über mich hinausgehen.»

Die Wut ist allerdings doch nicht ganz verschwunden. Sie hat sich verlagert auf Augustinus, den Kirchenvater des 5. Jahrhunderts, der nach allen Regeln der analytischen Kunst seziert wird. In Bezug auf die Lektüre der Autobiographie des Kirchenvaters bekundet Moser sein Entsetzen. Dieser Mann habe einen Teil seiner Leiden verursacht. Er habe das Abendland durchdrungen mit seinen Lehren; die Kirche habe sich ihm fast schutzlos ausgeliefert. Deshalb sei ihm an einer späten Erledigung gelegen.

Es ist Sonntag am späten Vormittag, Gottesdienstzeit, ich nütze sie zu einem Brief an Dich, ein klassischer Fall von Säkularisation als Aufhebung im mehrfachen Sinn ... Zunächst möchte ich Dich beruhigen: Privat und gesundheitlich geht es mir gut, jedenfalls deutlich besser als in der Zeit vor Krozingen. Die Schmerzen melden sich nicht mehr täglich, sondern so etwa an drei von zehn Tagen. Die Nächte sind meistens unruhig, aber nur selten so schwer gestört, daß ich aufstehen muß. Ich lebe so entspannt wie möglich. Ich habe meine Prioritäten neu gesetzt, habe vieles abgesagt, die Vorstandschaft in der Internationalen Arbeitsgemeinschaft für Hymnologie niedergelegt, verzichte vorerst auf das Weiterschreiben an meinen Totengesprächen, gehe nach dem Frühstück erst einmal eine Dreiviertelstunde mit Jescha spazieren (ja, das macht Spaß mit dem Hund, ist immer gut gelaunt, voll mitreißender Lebensfreude), arbeite nur so viel, wie ich Lust habe, treibe viel Sport, nehme mir Zeit für die Familie. Wir haben ja noch vorlesungsfreie Zeit. Außer Verwaltungs- und Organisationstätigkeiten für das Graduiertenkolleg Kirchenlied und für meine hymnologische Forschungsstelle arbeite ich mit Genuß an einem höchst müßigen Aufsätzchen über die katholische Rezeption des Freylinghausenschen Gesangbuchs. Dieses Gesangbuch (Halle 1704 ff, mit zahlreichen Auflagen bis etwa 1770) ist das zentrale Produkt des Halleschen Pietismus (August Hermann Francke und Konsorten), mit einer riesigen Ausstrahlung in den evangelischen Raum. Die katholische Rezeption, so viel kann ich schon mit Sicherheit sagen, ist jedoch gleich Null. Gab es keinen katholischen Pietismus? Ist die katholische Vorstellung von «Frömmigkeit» eine andere als die evangelische? Eine weniger pietistisch gefühlshafte, auf existentiellen Vollzug und auf Spüren Gottes, sondern auf objektive Gesetzesbefolgung und Teilnahme an Liturgie und Sakrament gerichtete? Aus dem Pietismus sollen sich ja das bürgerliche Ich-Bewußtsein, die Autobiographie, der Bildungsroman, die Briefkultur und vieles andere herleiten. Aber die deutsche Kulturgeschichtsschreibung, die so etwas beobachtet hat, ist dominant protestantisch. Die stark differierende katholische Entwicklung ist anders verlaufen und bis heute weitgehend unbekannt. Jedenfalls habe ich Spaß dabei, mich relativ gründlich mit diesem abgelegenen Gegenstand zu beschäftigen, in den Gesangbüchern unserer Sammlung herumzuwühlen, Fassungen zu vergleichen und mir keine Gedanken darüber zu machen, ob ich meine Zeit nicht effektiver einsetzen könnte. Ein Glasperlenspiel.

Danke für Tilmann Moser. Mit dessen *Gottesvergiftung* habe ich mich schon einmal beschäftigt, in einem Aufsatz über *Kirchenlied und Psychoanalyse*, der nach meiner Meinung zu den besten Sachen gehört, die ich auf dem Feld Religion gemacht habe. Ich hänge Dir das an. Du kannst dort auch sehen, welche Tröstungen das Kirchenlied für den kleinen Menschen, der sich nicht als mündig erlebt, bereit hält, und kannst noch einmal mit mir darüber streiten, ob solcher Trost erlaubt ist oder ob er den Menschen nur in seiner Unmündigkeit reaktionär bestärkt.

Die Thesen, die Du referierst, wirken auf mich recht widersprüchlich. Moser scheint einerseits dem Gottesglauben inzwischen wieder Positives abgewinnen zu können, andererseits betont er laut seinen Atheismus. Er kommt von Gott nicht los. Ich glaube, er ist gespalten wie viele (wie ich auch); er braucht, älter werdend, elementar den Gott seiner Kindheit, ohne den er nicht leben kann. Er ist ein später Revertit mit einer Altersreligiosität wie Horkheimer und Habermas.

Über die Berechtigung der kritischen Rückberufung auf Augustinus, die Dich mit Moser verbindet, wüßte ich gern mehr. Ich habe in Deinem Glücks-Essay noch einmal nachgelesen. Was Dich provoziert, ist der Begriff der Erbsünde, ist die Zuordnung des dem freien Willen nicht zugänglichen Geschlechtstriebs zu dieser Erbsünde, ist die Erwählung weniger und die Verdammung vieler und die daraus entstehende Angst, ist die Schuldkultur der Erbsündigkeit als Werkzeug der Macht, ist die Maßlosigkeit des Glücksverlangens und das aus der Negativierung des Diesseits zwingend folgende Unglücklichsein. Ob Du historisch dem Augustinus gerecht wird, kann ich nicht beurteilen, ist aber auch nicht so wichtig, denn zweifellos haben die von Dir skizzierten Vorstellungen eine verhängnisvolle Rolle gespielt. Ich will versuchen, ob und wie diese Fatalitäten auch anders interpretiert werden können.

Zur Erbsünde: Ich sehe in ihr nur einen unglücklichen Ausdruck für die Defizienz des Menschseins, das jedes Handeln, auch das noch so gut gemeinte, in Schuldzusammenhänge verstrickt. Ich erinnere an Brechts *Guten Menschen von Sezuan*. Die gute Shen Te wird untergebuttert, nur als zynisch-raffinierter Shui Ta kann sie die Bedingungen schaffen, unter denen Güte möglich ist. So gesehen ist Sündenverfallenheit ein unleugbarer Tatbestand. Den Geschlechtstrieb würde ich dabei in keiner Weise privilegieren. Das Geschlecht ist nicht sündiger und nicht unmündiger als der Mensch überhaupt. Daß die augustinische Tradition freilich eine christliche Kultur des Geschlechts nicht nur nicht entwickelt, sondern verhindert hat, rechne ich wie Du zu den Bereichen, in denen das Christentum Nachholbedarf hat.

Zum Thema Erwählung und Verdammung denke ich origenistisch, nicht augustinisch. Eine ewige Verdammung halte ich für unvereinbar mit einem akzeptablen Gottesbegriff. Des Menschen Entscheidungen sind so an seine Zeitlichkeit gebunden, daß eine ewige Strafe immer unangemessen wäre. Also, ich bin letzten Endes für die Erlösung aller. Der Mensch bedarf der Gnade, weil er aus seiner Defizienz durch keine Handlung herauskommt (insoweit denke ich eher protestantisch – eine Rechtfertigung durch Bußleistungen, fleißiges Zur-Messe-Gehen oder gute Taten etc. gibt es selbstverständlich nicht). Darin muß sich die Größe Gottes zeigen, daß er alles verzeihen kann.

Schuldkultur und Machtmißbrauch: Ja, das gibt es. Mit Wachheit ist zu verhindern, daß die Autoritäten dieser Welt sich der Schuld als Hebel bedienen. Die allen gemeinsame Schuld ist wie das allen gemeinsame Leid vielmehr etwas Demokratisches und muß die Menschen solidarisieren.

Die Maßlosigkeit des Glücksverlangens. Ist sie nicht unbestreitbar? Ist der nicht ein Philister, der sich zufriedengibt mit Frau und Kind, gemütlicher Wohnung, Fernsehen, Weintrinken und Fernreisen? Mich hat der berühmte Satz des Augustinus immer ergriffen: «Unruhig ist unser Herz, bis daß es ruhet in Dir.» Das «bis daß es ruhet in Dir» sollte fundamentalistischem Mißbrauch eigentlich verhindern können. Eine Religion, die weiß, daß sie das Glück auf Erden nicht herstellen kann, kann nicht terroristisch sein, kann keinen heiligen Krieg und keine Selbstmordattentate rechtfertigen.

Hermann Kurzke
Kirchenlied und Psychoanalyse (Auszüge)

Bittere Küchlein

C. G. Jung berichtet in seinen Erinnerungen:

> Meine Mutter hatte mich ein Gebet gelehrt, das ich jeden Abend beten mußte. Ich tat es auch gern, weil es mir ein gewisses komfortables Gefühl gab in Hinsicht auf die unbestimmten Unsicherheiten der Nacht:
>
> *Breit aus die Flügel beide,*
> *O Jesu, meine Freude*
> *Und nimm dein Küchlein ein.*
> *Will Satan es verschlingen,*
> *So laß die Englein singen:*
> *Dies Kind soll unverletzet sein.*

Daß Jesus geflügelt sein sollte wie ein Vogel, störte den Knaben Carl Gustav nicht. Probleme hatte er mit dem «Einnehmen» in der dritten Zeile. Medizin nimmt man ein, vornehmlich bittere. Vogel Jesus schien die «Chüechli», die Küchlein nicht zu mögen, die er einzunehmen hatte, damit Satan sie nicht bekam. «Einnehmen» begegnete dem Kind außerdem noch in der Wendung, daß der Herr Jesus Leute «zu sich nähme», was hieß, sie in einer schwarzen Kiste in die Erde zu stecken. Carl Gustav fing an, dem Herrn Jesus zu mißtrauen. Dieser verlor seinen Aspekt als großer und wohlwollender Vogel und wurde mit den schwarzen Männern bei Beerdigungen assoziiert. Ein Trauma entwickelt sich. Jesus ist von da an eine Furchtgestalt.

Auch der Freiburger Psychotherapeut und Schriftsteller Tilmann Moser, in seiner Anklageschrift *Gottesvergiftung,* zitiert die Strophe (denn um eine Liedstrophe, die achte von Paul Gerhardts *Nun ruhen alle Wälder* handelt es sich, nicht eigentlich um ein Gebet), erinnert sich aber auf eine ganz umgekehrte Weise daran. *Nun ruhen alle Wälder* und *Der Mond ist aufgegangen* seien Lieder, die auch starke Kinderängste gemildert hätten. «Sie haben das Gefühl vermittelt, die Eltern verwalteten einen Teil deiner tröstlichen Macht und seien fähig, sie uns mitzuteilen. [...] Wenn der Vater gar mitbrummte und ebenfalls im Einklang mit Dir schien, war die Welt in eine feierliche Schönheit getaucht. Uns alle schien dann ein ungeheuer kostbares Band zusammenzuhalten.»

C.G. Jung zitiert das Lied, um zu erklären, wie ein Trauma entsteht. Er hat den Text als Kind natürlich völlig mißverstanden, Küken (kleine Hühner) mit «Küchlein» (kleinen Kuchen) verwechselt und das neutestamentliche Bild von Jesus als Henne, die ihre Küken unter die Flügel nimmt, nicht identifiziert (Mt 23,37). Das wäre leicht zu beheben gewesen. Insofern wird hier nicht Paul Gerhardt kritisiert, sondern eine religiöse Praxis, die gedankenlos und sinnleer gewesen sein muß. Jung wird sich in der Folgezeit auf die Suche nach neuen Formulierungen und Symbolen für jene Erfahrungen machen, welche die Religion für ihn nur enttäuschend formuliert hat. Keiner, dozierte er 1932, sei wirklich geheilt, der seine religiöse Einstellung nicht wieder erreicht habe, jeder kranke in letzter Linie daran, daß er das verloren habe, was lebendige Religionen ihren Gläubigen zu allen Zeiten gegeben hätten.

Tilmann Moser aber wendet sich von diesen Erfahrungen selbst ab. Er fühlt sich von Gott hinters Licht geführt und zum Narren gehalten. Er wirft ihm vor: «Du bestehst aus Verweisung, Entschädigung, Ersatz, bist ein Destillat aller frühen, unerfüllten Ahnungen und Ängste.» Gott eigne sich für alle Arten von Übertragungswünschen. In der Tat: Die Metapher «Gott» bietet zahlreiche Möglichkeiten an: die Verschmelzung mit einem einzelnen, z.B. mit Jesus, die Verschmelzung mit einem Kollektiv, der Gemeinde oder, zeitenübergreifend, der Kirche, so daß die Mühsal der Individuation entfällt, schließlich die Identifikation mit einem grandiosen Herrscher, der das Winzigkeitsgefühl zugleich bestätigt und aufhebt. «Gott» verheißt Erfüllung für alle narzißtischen Sehnsüchte, verspricht Antwort auf die Gefühle der Verlorenheit, auf das Verlangen nach Führung, Versorgung, Fütterung, Tränkung, Schutz und Beschenktwerden – den ganzen Katalog frühelterlicher Funktionen. Für Moser ist er jedoch nur ein Phantasma – die Fata Morgana der «Geborgenheitsfiktion».

Er spricht von Betrug. Statt zu reifen und wirklich erfüllt zu werden, würden die Bedürfnisse nur übertragen. Das Beten zum Beispiel erscheint ihm als eine Art Onanie, «eine Selbstbefriedigung auf einem riesigen Umweg», während umgekehrt die Onanie «ein Gebet an das eigene Selbst» wäre. Es ist das Emanzipationsparadigma der Achtundsechziger, von dem aus Moser die Kirchenlieder kritisiert. Sie sollen zu den Verhinderern von Bedürfnisbefriedigung, Aufklärung und Mündigkeit gehören. Mosers *Gottesvergiftung* erschien zuerst 1976 und trägt die Spuren des revolutionären Optimismus jener Jahre. Die Frage, ob Onanieren wirklich besser ist als Beten, stellt er sich noch nicht.

Ich Wurm

Die Kommunikationssituationen des Kirchenlieds sind außerordentlich reich ausgestaltet. Die Lieder bieten eine Vielzahl von Rollenmustern an. Mit der linguistisch üblichen, rein horizontalen Sprachdefinition, wonach ein Sender einem Empfänger über einen Code eine Botschaft vermittelt, lassen sie sich nicht greifen. Es kommt eine vertikale Dimension hinzu, die zahlreiche neue, im zivilen Leben unbekannte Kommunikationsmuster möglich macht. Die zweidimensionale Kommunikationsfläche weitet sich zu einem dreidimensionalen Fiktionsraum – auch rein linguistisch gesehen ein beträchtlicher Komplexitätszuwachs. Aus der sprachlichen Anwesenheit jenes unsichtbaren Mitspielers erwachsen Ausdrucksformen, die es in rein diesseitigen Diskursen nicht gibt. Moser gibt das widerwillig zu, wenn er von seiner Mutter erzählt, die der Meinung war, die meisten Dinge, die sie beschäftigten, könnte sie nie einem Menschen, auch keinem Psychoanalytiker, sondern nur Gott anvertrauen. Moser hielt das für eine Ausflucht. Wir wollen es ganz wörtlich nehmen. Die Annahme einer Kommunikationsfigur «Gott» erlaubt Diskurse, die ohne sie keinen Lebensraum haben, und zwar zentral wichtige Diskurse, die schwer oder gar nicht zu ersetzen sind und deren Wegfall psychisch kaum zu verkraften ist. Sie entlastet und befreit.

Was ist, psychoanalytisch gesehen, Singen, insbesondere gemeinsames Singen? Die Musik, schon bei Schopenhauer Ausdruck des Willens selbst, gehört zu den Idiomen des Unbewußten. Singen als Kommunikationsform ist befreiend. Geborgen im Kollektiv werden dem Individuum kühne Aussagen und poetische Wendungen zugetraut, anvertraut und ermöglicht, die als gesprochene Privataussagen peinlich, anmaßend oder lächerlich wären. «Ich bete an die Macht der Liebe, die sich in Jesu offenbart; ich geb mich hin dem freien Triebe, wodurch ich Wurm geliebet ward; ich will, anstatt an mich zu denken, ins Meer der Liebe mich versenken.» (Gerhard Tersteegen) Das stand lange in jedem Soldatengesangbuch. Gewiß dämpft Singen die rationale Kontrolle, tragen Melodien über Fragwürdigkeiten der Texte hinweg. Aber wenn man anerkennt, daß es ein legitimes Bedürfnis gibt, dieser ständigen Kontrolle auch einmal zu entkommen, dann hat man gerade darin einen der Gründe für die befreiende Kraft des Singens. Singen vereinigt das Bewußte und das Unbewußte, es ist, qua Text, bewußte Sprache, qua Musik Idiom des Unbewußten. Wer singt, mit dem *geschieht* das, wovon er singt. Er hebt die Stimme bei «Macht», er betont das Wort «Wurm» durch eine lange Note, er läßt bei «ich will» den Ton steigend anschwellen und versinkt melodisch im Meer der Liebe bei den drei fallenden halben Noten auf «versenken». Als Musik, als Wort *und* Melodie, spricht das Kirchenlied zum Selbst in seiner Ganzheit, also nicht nur zum bewußten Ich, sondern auch zu seinem Schatten, zur Summe des Nichtgelebten und nicht Lebbaren, aber gleichwohl die Psyche Prägenden. So wie «Glauben» eigentlich nicht ein System abstrakter Sätze meint, sondern die Summe aller Strebungen des Selbst, so ist Singen kein bloßer Wortvorgang im Kopf, sondern Ausdruck der Seele, von deren unermeßlichem Reichtum Jung mit Bewunderung spricht.

Ich Adler

Gott ist das Ganze, schreibt Thomas Mann im Joseph-Roman. Gott ist der Archetypus der Ganzheit, koinzidierend mit dem Archetypus des Selbst, lehrt darüber hinaus C. G. Jung. Das fragmentierte Ich hat ein Bedürfnis, vom Ganzen zu reden, dem heute mehr als je das Bewußtsein der Ichschwäche, der Begrenztheit unserer Erkenntnis und der Ausdifferenzierung der Teilsysteme unerbittlich widerspricht. Wer es tut, macht sich lächerlich – es sei denn, er redet von Gott. In diesem Fall ist er unbelangbar. Von etwas unbedingt Großem und Ganzem reden zu dürfen, ohne etwas Irdisches, Partikulares preisen zu müssen, das ist eine häufige Kommunikationsleistung des Kirchenlieds. «Großer Gott, wir loben dich, Herr, wir preisen deine Stärke, vor dir beugt der Erdkreis sich und bewundert deine Werke. Wie du warst vor aller Zeit, so bleibst du in Ewigkeit.» Das Anschwellende der Melodie erweitert das Ich und zieht hinauf. Der langsam wiegende Dreivierteltakt nimmt das Wir in die Bewegung einer gewaltigen Sphärenharmonie hinein. Von einer vielhundertköpfigen Menge gesungen macht das Lied einen gigantischen Eindruck. Ein vereinzeltes Ich gibt es nicht mehr, sowenig wie in Christian Fürchtegott Gellerts «Die Himmel erheben des Ewigen Ehre, Ihr Schall pflanzt seinen Namen fort. Ihn rühmet der Erdkreis, ihn preisen die Meere; Vernimm, o Mensch, ihr göttlich Wort!» «Die Himmel» sprechen hier, werbend und warm, zu Zweiflern, denen der Urknall oder seine damaligen Vorläufertheorien das Universum entpoetisiert haben: «Wie kannst du der Wesen unzählbare Heere, den kleinsten Staub fühllos beschaun?» Die Betrachtung des gestirnten Himmels, einst eine erhabene Erfahrung, hinterläßt eine Art Trauer, wenn sie nicht mehr überwältigend zum Menschen sprechen darf. «Die unendliche schöpferische Musik des Weltalls», schrieb Novalis 1799 in seinem Essay über die Christenheit, wird dann «zum einförmigen Klappern einer ungeheuren Mühle, die vom Strom des Zufalls getrieben und auf ihm schwimmend, eine Mühle an sich, ohne Baumeister und Müller [...], eine sich selbst mahlende Mühle sey.»

Wem die Demut des Preisenden nicht genügt, der kann imaginativ in die Größe selber eintauchen. Gerhard Tersteegens *Gott ist gegenwärtig* läßt in der fünften Strophe das Ich höchst wirkungsvoll in Gott als Größenselbst eingehen. Es redet zu Gott: «Luft, die alles füllet, Drin wir immer schweben, Aller Dinge Grund und Leben, Meer ohn' Grund und Ende, Wunder aller Wunder, Ich senk' mich in dich hinunter! Ich in dir, Du in mir! Laß mich ganz verschwinden, Dich nur sehn und finden.» Ich bin das Ganze. Meine Kleinheit ist aufgehoben in einem Gewaltigen, das sich mir nicht entzieht. Die Metaphern des Versinkens und Durchdrungenwerdens sind für dieses Lied typisch wie am Schluß, in der vorletzten Strophe, die des Schauens und des Aufsteigens wie ein Adler: «Laß mein Herz Himmelwärts Wie ein Adler schweben, Und in dir nur leben!»

Laß uns einfältig werden

Aufklärungskritisch steht im Abendlied von Matthias Claudius (*Der Mond ist aufgegangen*) der Mond am sternenprangenden Himmelszelt über der nächtlichen Welt als einer «stillen Kammer», «traulich» und «hold», wo die Menschen «des Tages Jammer verschlafen und vergessen» sollen. Er ist die Allegorie unseres Halbwissens oder Halbnichtwissens. «Seht ihr den Mond dort stehen? Er ist nur halb zu sehen Und ist doch rund und schön!» Das Lied singt von den Grenzen der Aufklärung. «Wir spinnen Luftgespinste Und suchen viele Künste Und kommen weiter von dem Ziel!» Es will tröstlich befreien vom unaushaltbaren Anspruch steter Mündigkeit: «Gott! Laß dein Heil uns schauen, Auf nichts Vergänglich's trauen, Nicht Eitelkeit uns freun. Laß uns einfältig werden Und vor dir hier auf Erden Wie Kinder fromm und fröhlich sein.» Überall sonst im bürgerlichen Diskurs wäre die Bitte «Laß uns einfältig werden» unaussprechlich, weil reaktionär. Durch das Hinzutreten Gottes wird ihr nichtreaktionäres Potential aussprechbar. Ein Kind sein dürfen: Was so notwendig ist, im Lied wird es dem Erwachsenen noch einmal erlaubt.

Die goldne Sonne voll Freud und Wonne (Paul Gerhardt) läßt alles erstrahlen, was gut ist: «Mein Haupt und Glieder, Die lagen darnieder: Aber nun steh' ich, Bin munter und fröhlich, Schaue den Himmel mit meinem Gesicht.» Im mundus spiritualis ist die Sonne nicht nur ein glühender Gasball, sondern das Bild des Himmels. Der Himmel ist ein gewaltiger Magnet, der das Ich nach oben zieht und die nach unten ziehende Schwerkraft der materiellen Interessen entmachtet. «Ich hab erhoben Zu dir hoch droben All meine Sinnen; Laß mein Beginnen Ohn' allen Anstoß und glücklich ergehn [...] Geiziges Brennen, Unchristliches Rennen Nach Gut mit Sünde, Das tilge geschwinde Von meinem Herzen und wirf es hinaus.» Freiheit vom Rennen und Jagen ist das Ziel. Am Ende der Zeiten wird die Sonne über der ewigen Freiheit leuchten: «Kreuz und Elende, Das nimmt ein Ende, Nach Meeresbrausen Und Windessausen Leuchtet der Sonnen erwünschtes Gesicht. Freude die Fülle Und selige Stille Darf ich erwarten Im himmlischen Garten: Dahin sind meine Gedanken gericht't.»

Das Kirchenlied als Antidepressivum

Als Küken ins Gefieder der Henne sich kuscheln, in den Mutterschoß zurück sich sehnen, einfältig werden, nicht mitrennen, vom Jenseits erst das Glück erwarten: Sind das nicht alles Regressionen, die Mündigkeit verratend, der Wahrheit ausweichend, die Vernunft hintergehend, zurückfliehend in eine bergende Illusion? Gibt es nicht ideologischen Mißbrauch die Fülle? Wo Kirchenlieder dazu dienen, behebbares Leid durch unzeitigen Trost bewußtseinstrübend zu perpetuieren, dort sind sie nicht am Platz. Das ihnen einzig zukommende Reich ist das unaufhebbare Leid. Nicht jede Sehnsucht läßt sich stillen, nicht jeder kann seinen Platz in der Gesellschaft nach Belieben verändern. Ein gewisses Maß an Unglück ist eher die Regel als die Ausnahme. Die unaufhebbare Bedürftigkeit und Unbefriedigtheit «auch in dem besten Leben» läßt diese Lieder zum legitimen Ausdruck einer Sehnsucht nach etwas unbedingt Richtigem, religiös gesprochen nach Heil und Erlösung, psychologisch gesprochen nach Sicherheit und Schutz für das schwache Ich werden. In der Regression sammelt das Ich dann die Kraft zum Kampf. Progression und Regression sind aufeinander bezogen wie Einatmen und Ausatmen. Das Licht muß sein, aber auch der Trost der Nacht. Ohne Kultivierung der Regressionen gibt es keine kultivierte Progression. Es ist nicht gegenaufklärerisch, wenn man die Aufklärung aushaltbar machen will. Progression ohne Regression führt in die Depression. Das Kirchenlied könnte ein wirksames Antidepressivum sein.

Freiheit für die Unmündigen

Was Jung den Schatten nennt, den nichtgewollten, vom Ich verdrängten Teil des Selbst, ist im Kirchenlied wohl aufgehoben. Das Emanzipations- und Mündigkeitsparadigma verdrängt alles nicht Emanzipierte, Unmündige in diesen Schatten: das Kindliche, Einfältige, Ratlose, Autoritätsabhängige, Weiche, Schutzbedürftige, Kranke, Nervenschwache. Das Kirchenlied gibt den Einfältigen Raum und den Küken, es kennt die Metaphern des Kindes, des Opfers, des Schafs, des Wurms, des Verirrten und Verblendeten, des kranken Herzens und der kranken Seele, des hingegeben Liebenden und des gehorsamen Gefolgsmanns. Weil und sofern die Unmündigkeit sich nur Gott anvertraut, keiner irdischen Macht, ist ihr Ausdruck zulässig ohne Verrat an der Aufklärung. Auch die in der Welt Unerwünschten finden auf diese Weise Bestätigung: «Da ich noch nicht geboren war, da bist du mir geboren und hast mich dir zu eigen gar, eh ich dich kannt, erkoren.» (Aus Paul Gerhardts Lied *Ich steh an deiner Krippen hier*) Tilmann Moser nennt das die kindliche Urphantasie, daß die Eltern das Kind genauso gewollt hätten, wie es ist, eine unwiderstehlich beglückende Antwort auf die Zweifel, ob man willkommen und akzeptabel sei. «Du hast mich erkoren.»

Auch der Tod, der blinde Fleck aller Aufklärung, der einen unstillbaren Deutungsbedarf hinterläßt, ruft im Kirchenlied nicht jenes erstickte und wortlose Grauen hervor, das heute die regelmäßige Reaktion auf ihn ist, sondern findet zur Sprache in vielerlei kultivierter Gestalt, in manchen Liedern drastisch, in den meisten tröstlich. Nur das eine, berühmte Beispiel soll stellvertretend erinnert werden: *Wenn ich einmal soll scheiden, So scheide nicht von mir; Wenn ich den Tod soll leiden, So tritt du dann herfür. Wenn mir am allerbängsten Wird um das Herze sein, So reiß mich aus den Ängsten Kraft Deiner Angst und Pein.*

Jacques Wirion — *E-Mail 15. März 2004*

Deine Nachrichten freuen mich innigst (soll ich das so sagen?), und da Du zum ersten Mal erwähnst, daß Du der Herr eines lebenslustigen Hundes bist, mußte ich schmunzeln. Du weißt, woran ich denke.

Um die provisorische Pause, was die Totengespräche anbelangt, tut es mir leid. Was ich daraus kenne, hat mir gut gefallen. Was Deine Beschäftigung mit den frommen Liedern anbelangt, so vermute ich, daß Du insgeheim einen Paradigmenwechsel in der Einschätzung des Katholizismus in bezug auf die Hervorbringung des bürgerlichen Ich-Bewußtseins anvisierst, und daß Du ihn gar herbeiführst, traue ich Dir zu, auch wenn meine besondere Distanz zum Katholischen das nicht gerade genießen würde.

Dein Ausdruck Revertit ist sehr treffend für das, was gemeint ist:

des alternden Menschen Rückkehr zum Glauben seiner Kindheit. Werden wir alle am Ende zu Würmchen und Schäfchen? Wer weiß? Wenn ich müde bin, und das kommt immer öfter vor, scheint mir das auch nicht so schrecklich schlimm. Und trotzdem: Mich hält so etwas wie Scham zurück, Du würdest vielleicht eher an Hochmut denken.

Meine Augustin-Kritik aus dem Glücks-Text hast Du präzise und verständnisvoll resümiert, und Dein Shen Te-Shui Ta-Hinweis ist in der Tat bestechend und verführerisch. So wie Mephisto dauernd die Bibel, zitierst Du den Erz-Marxisten Brecht. (Schlange! Schlange! – Gelt! daß ich dich fange!) Ist Verführung im Geistigen harmloser als im Erotischen? Darüber sollten wir nachdenken. Was Du übrigens über den Geschlechtstrieb sagst, kann ich nur bestätigen. Es ist in der Tat erstaunlich, daß der sexuell ausschweifende Augustin solch eine 180-Grad-Wende mitgemacht hat. Aber vielleicht ist es gerade die unbeherrschbare Gewalt der Geschlechtlichkeit, die solche Konversionen ermöglicht. Seine Sexualität muß von einer geradezu unheimlichen Kraft gewesen sein.

Daß Du den alten Ketzer Origenes so positiv einschätzt, macht mich froh, weil wir hier an einem Strang ziehen. Der «Origenes-Spaß», den sich der alte Heide Goethe am Schluß seines Faust II mit Faust und Mephisto erlaubt, ist von einer Feinheit und Subtilität, die wohl meist nicht verstanden worden ist. Bei Faust funktioniert es, bei dem Erzfeind der Liebe jedoch nicht. Daß der Realist Goethe am Ende den Teufel auf «seinen Stamm» und seine «edlen Teufelsteile» vertrauen und zugleich der allgemeinen Erlösung abschwören läßt (meine Schüler mache ich da immer auf die reale Bedeutung dieser Metaphern aufmerksam), zeigt eben nur, daß die *apokatastasis panton* für die Herren der Hölle doch noch nicht perfekt ist.

Weniger von dem demokratisch einigenden Band gemeinsamer Schuld als von dem gemeinsamer Schwächen würde ich sprechen. Da stehe ich dann den freien Katholiken Montaigne und Voltaire näher als Du. Und hier liegt vielleicht eher ein Philistertum als in der Haltung des unruhigen Augustin, der in Gott ruhen will. Bedenke aber auch, daß viele Selbstmordattentäter eher ihr unruhiges Herz mit Allah vereinigen wollen als diese letzten Menschen, die sich «nur» auf dieses Dasein einstellen.

Noch viele vergnügliche und erholsame Spaziergänge mit Bauschan, Entschuldigung: Jescha, wünsche ich Dir!

PS: Ein erster Eindruck nach dem Einstieg in *Kirchenlied und Psychoanalyse*: Ein überzeugendes Lob auf die Wohltaten eines Gottes, der gestorben ist, und einer Religion, die sich im Verwesungsprozeß befindet.

Hermann Kurzke *E-Mail 16. März 2004*

Du bist milde und einverstanden mit meinem letzten Mail. Erst ganz am Schluß kommt der Settembrini-Ton wieder heraus: «ein Lob auf die Wohltaten eines Gottes, der gestorben ist, und einer Religion, die sich im Verwesungsprozeß befindet» ... Das ist schön und feindselig und wahrhaftig und gefällt mir ... Ich meinerseits beharre zwar wie Naphta auf der durchschnittlichen Unmündigkeit des Menschen, verweigere mich aber der Konsequenz, daß dann Inquisition und Terror die Führung übernehmen müßten.

Ich lebe lieber so ziemlich allein in meinem Wolkenkuckucksheim und suche im Nirgendwo nach einer humanen Kirche. Wenn das nicht überhaupt eine *contradictio in adiecto* ist, dann müßte diese Kirche ihre Kultur und Tradition zwar pflegen, aber auf Gewissenszwang verzichten. Sie dürfte keine pharisäische Gesetzeskirche sein, sondern eine antipharisäische «Wer-von-euch-ohne-Sünde-ist-werfe-den-ersten-Stein»-Kirche. Sie müßte alles verstehen und alles verzeihen, wie Gott selbst, und trotzdem ihre Identität wahren. Sie müßte diese Identität aber auch weiterentwickeln, sich deshalb trennen von unhaltbar Gewordenem (Sexualmoral, Zölibatszwang für Weltpriester, Unfehlbarkeit ...). Sie müßte wieder eschatologisch sein, das Menschsein verantworten vor der Ewigkeit. Sie müßte die Sünde kennen und milde von ihr lossprechen. Sie müßte ein Gericht kennen, aber ohne Hölle auskommen. Sie müßte Gnade sein. Sie müßte eine Heimat bieten für den unverstandenen Schmerz, für die unaufhebbare Einsamkeit, für die unstillbare Sehnsucht, für das unerfüllbare und das unerfüllte Liebesverlangen. Sie müßte postmodern sein, also liberal, klug und kultiviert, nicht fundamentalistisch und borniert, skeptizistisch, nicht selbstgewiß, ironisch sogar aus Einsicht in die eigene Gebrechlichkeit, ehrlich aus Einsicht in die Zeitgebundenheit und unausweichliche Relativität des eigenen Glaubens. Sie müßte aus Lessings Nathan wissen, daß sie die Kraft ihres Ringes an den Tag zu bringen habe, nicht aber zu behaupten habe, ihr Ring sei der echte und einzige. Sie dürfte niemals gewaltsam missionieren, sondern dürfte nur auf die Ausstrahlung ihrer wirklichen Gläubigen vertrauen. Sie müßte alle anderen Überzeugungen achten als aus der Logik der mit ihnen Geborenen stimmige.

Herr und Hund, der Tui mit Jescha – es hat etwas von Geist und Leben. Der Hund ist nicht intellektuell, nicht ironisch, nicht überreflektiert, er ist immer ganz bei sich, ganz spontan, ganz wahrhaftig, überzeugend wie das Leben selbst. Früher ging ich immer mit Notizbuch spazieren. Seit ich mit Jescha gehe, brauche ich das nicht mehr, denn es fällt mir nichts mehr ein, ich bin voll und ganz damit zufrieden, sie zu bewundern, wie sie in weiten Bögen (am liebsten mag sie die liegende Acht) mich als ihre Herde umkreist (ihre Vorfahren waren tibetanische Hütehunde), mal schnell wie ein Hase, so daß der Wind ihre langen Haare und die Flatterohren waagrecht stehen läßt, mal im gemütlichen Zockeltrab.

Des Origenes halber erinnere ich Dich noch einmal an das Totengespräch, das ich Dir im September schickte und in dem ich Brecht und Klopstock verquirlt habe. Es gehört meiner Ansicht nach zu den besten Stücken, die ich bisher in diesem Genre geschrieben habe.

Jacques Wirion *E-Mail 18. März 2004*

Es ist schön, wie positiv Du meine Settembrinismen auffängst. Fast verdirbt mir das den Spaß daran, aber nur fast!

Auf den Text Deines Totengesprächs vom September bin ich schon einmal kurz eingegangen, indem ich wie im letzten Brief auf Mephistos Hinweis auf seine edlen Teufelsglieder zu sprechen kam. Du hast diesen Aspekt in Deiner Antwort nicht berührt, damals nicht und diesmal nicht, hast aber vermutlich die Diskussion über die ganze Origenes-Thematik durch die Erinnerung an jenes Totengespräch am Leben erhalten wollen. Hier liegt in der Tat der Hund begraben: Origenes hat sich gewissen Quellen zufolge selbst entmannt, Mephisto beharrt auf den edlen Teufelsteilen. Ist die apokatastasis ton panton auch für den sexuell nicht Enthaltsamen möglich, wenn man diese Geste des Erfinders der Wiederherstellung des Ganzen in Gott ernst nimmt? Oder soll man auch hier Leben und Werk, Handeln und Denken auseinanderdividieren? Deine Wunschvorstellung von Kirche ist ja durchaus origenistisch, doch Du bist dem Sexus gegenüber tolerant.

Was Du über Deine Beziehung zur Kreatur in Gestalt Jeschas schreibst, zeigt wieder einmal, wie sehr wir uns Bilder machen. Im Augenblick suchst Du verständlicherweise Pausen vom Reflektieren und findest sie beim Tier. Daß Dein Denken damit nicht auf den Hund kommt, bezweifle ich nicht. Aber irre ich mich nicht, so hat TM doch auch aus Bauschans Verhalten Elemente des Geistigen gelesen. Der weise Montaigne schreibt (im 12. Essay des zweiten Buches): «Wenn ich mit meiner Katze spiele, wer weiß denn, ob nicht sie sich die Zeit eher mit mir vertreibt, als ich mit ihr?» Wenn ein Tier sich die Zeit vertreibt, also die lange Weile überbrücken will, so ist das doch ein Zeichen von Geist. Was wissen wir wirklich von den Tieren?

Hermann Kurzke *E-Mail 21. März 2004*

Daß Origenes sich kombabisiert hat (Wieland gebraucht das Wort in bezug auf seine Verserzählung *Kombabus*, in der sich einer, um sich zuverlässig gegen die Versuchung abzusichern, vorsichtshalber das Glied abschneidet), wußte ich nicht und frage wie Du, ob das wohl eine notwendige Vorbedingung der apokatastasis panton ist …

Liebe Sirene in Christo,
hier folgen einige Überlegungen zu Deinem Text *Kirchenlied und Psychoanalyse.*

Auch wenn ich kein Wachs in den Ohren habe, so dringen die verführerisch trostreichen Töne Deiner subtilen und durchaus überzeugenden Rhetorik nicht ins erwachsene und zugewachsene Herz. Es ist einer Musik nicht mehr zugänglich, die dort umherklingen mag, wo weiche Menschen sind. Wenn ich Deine hie und da geäußerten Zweifel bedenke, frage ich mich, ob Du selber an diese Tröstungen glaubst oder ob ich sie nicht eher als Beschwörung Deiner Zweifel deuten soll.

Die aktuelle Weltlage unter dem Zeichen des Terrorismus zeigt deutlich, wie der monotheistische Aberglaube sich in seiner expansiven Tendenz universalistisch gebärdet, d.h. er will nichts weniger als den weltweiten Sieg des eigenen Gottes. Der fremde Gott, der genauso universalistisch von seinen Gläubigen konzipiert ist, wird zum Götzen. Wie muß sich ein deutscher Katholik in den Kriegen gegen die katholischen Franzosen vorgekommen sein, dem die Pfarrer diesen Krieg mit nationalem Pathos verkaufen wollten?

Wenn Du schreibst, es gebe keinen Sieg des Intellekts über den Tod, so erinnere ich Dich an Epikurs berühmten Spruch diesbezüglich. Daß der sowenig wirksam geblieben ist, hat weniger mit dem Intellekt des Menschen als mit seiner Gefühlswelt zu tun.

Was die Arbeit am Mythos anbelangt, so erinnere ich mich an ein wichtiges geistiges Erlebnis aus meiner Abiturientenzeit. Es muß eine Rundfunksendung in bezug auf Mozarts Biographie gewesen sein, die sich kritisch mit deren hagiographischen Tendenzen auseinandersetzte. Mozart war und ist in einer bürgerlich-säkularen Welt zu einem Heiligen avanciert. Dir muß ich ja nicht erklären, daß diese Verschiebung von der Religion auf die Kunst zurückgeht auf den Übergang vom 18. aufs 19. Jahrhundert. Besonders die deutsche Romantik mit Wackenroder ist für diese Entwicklung bahnbrechend gewesen. Die Renaissance-Idee des Künstlers als *alter deus* ist in einem nachaufklärerischen Umfeld der Säkularisierung auf höchst fruchtbaren Boden gefallen. Bei diesem Paradigmenwechsel wurde es nun wichtig, die neuen Götter als rein und makellos erscheinen zu lassen, was ja dann in der Mozartbiographik das Auge für seine koprophilen und erotischen Seiten/Saiten blendete. In dem Sinne ist Arbeit am Mythos für mich Arbeit an der Wahrheit des Menschlichen. Gerade die Heiligenviten haben, indem sie dieser kindlichen Sehnsucht ihrer frommen Leser nach Reinheit nachgaben, die Komplexität und wahre Größe der Ausnahmemenschen verwischt. Daß Genie und Schwäche einander ein Leben lang begleiten, wurde in den Biographien der Heiligen verschwiegen. Licht und Schatten wurden chronologisch getrennt in ein Vorher der Sünde und – nach der Bekehrung und der Erfahrung der Gnade – in ein Dasein der Heiligkeit und Reinheit. Somit wurden schon die Heiligen vergöttlicht, und diese Neigung setzte sich in zahlreichen Künstlerbiographien in säkularer Zeit fort. In diesem Sinn kann u.a. ein Wolfgang Hildesheimer als ein Bultmann in der Mozart-Theologie gelesen werden. Auch was die skeptische Zurückhaltung in bezug auf positive Aussagen über Mozarts Wesen anbelangt, sehe ich eine Parallele zur negativen Theologie.

Du hast bestimmt mitbekommen, wie sehr manche Alt-68er sich über ihres Übervaters Habermas Liebäugeln mit dem Katholizismus erregen. Nun gut, bei einem seiner Vorbilder, Horkheimer, war das ja auch nicht anders. Im Letzeburgischen gibt es ein Sprichwort, das ich Dir im Original mitteile: Wann der Däiwel aal gët, gët e pafeg. Aber Spaß beiseite. Habermas ist ein im höchsten Grade differenzierender Denker, der durchaus Wurzeln in der Tradition hat und dem es nicht auf die Figur ankommt, die er in den Augen mancher Grobdenker aus seinem Gefolge abgeben mag. Wer sich von seinen vermeintlichen Anhängern das freie Denken verbieten läßt, ist kein Denker. Vermutlich ist er in seiner religiösen Sozialisation weniger verletzt, belogen und betrogen worden als mancher andere und das erleichtert dann schon das angstfreie Gespräch mit der anderen Seite.

Ist Dir übrigens schon bewußt geworden, daß für mich unser Austausch als herrschaftsfreier Dialog eine Art Religionsersatz ist? Geht es Dir ähnlich? Über diese Verwandtschaft von Dialog und Gebet sollten wir mal weiter nachdenken.

Um mich recht zu strafen, kopiere ich hier die Epikur-Passage hinein, die ich im Internet gefunden habe:

> Ferner gewöhne Dich an den Gedanken, daß der Tod für uns ein Nichts ist. Beruht doch alles Gute und alles Üble nur auf Empfindung, der Tod aber ist Aufhebung der Empfindung. Darum macht die Erkenntnis, daß der Tod ein Nichts ist, uns das vergängliche Leben erst köstlich. Dieses Wissen hebt natürlich die zeitliche Grenze unseres Daseins nicht auf, aber es nimmt uns das Verlangen, unsterblich zu sein, denn wer eingesehen hat, daß am Nichtleben gar nichts Schreckliches ist, den kann auch am Leben nichts schrecken. Sagt aber einer, er fürchte den Tod ja nicht deshalb, weil er Leid bringt, wenn er da ist, sondern weil sein Bevorstehen schon schmerzlich sei, der ist ein Tor; denn es ist doch Unsinn, daß etwas, dessen Vorhandensein uns nicht beunruhigen kann, uns dennoch Leid bereiten soll, weil und solange es nur erwartet wird!
>
> So ist also der Tod, das schrecklichste der Übel, für uns ein Nichts: Solange wir da sind, ist er nicht da, und wenn er da ist, sind wir nicht mehr. Folglich betrifft er weder die Lebenden noch die Gestorbenen, denn wo jene sind, ist er nicht, und diese sind ja überhaupt nicht mehr da.
>
> Freilich, die große Masse meidet den Tod als das größte der Übel, sehnt ihn aber andererseits herbei als ein Ausruhen von den Mühsalen des Lebens. Der Weise dagegen lehnt weder das Leben ab, noch fürchtet er sich vor dem Nichtmehrleben, denn ihn widert das Leben nicht an, und er betrachtet das Nichtmehrleben nicht als ein Übel. Und wie er beim Essen nicht unbedingt möglichst viel haben will, sondern mehr Wert auf die gute Zubereitung legt, so ist er auch beim Leben nicht auf dessen Dauer bedacht, sondern auf die Köstlichkeit der Ernte, die es ihm einträgt.
>
> Wer nun aber verkündet, der junge Mensch müsse ein schönes Leben haben, der alte aber brauche einen schönen Tod, der ist albern, und zwar nicht nur, weil das Leben stets erwünscht ist, sondern auch darum, weil die Übung eines schönen Lebens gleich-

bedeutend ist mit der Vorübung für ein schönes Sterben. Noch viel minderer aber ist, wer da sagt: «Schön ist's, gar nicht geboren zu sein … Ist man geboren, aufs schnellste des Hades Tor zu durchschreiten.»

Ist dies nämlich seine wirkliche Überzeugung, warum gibt er dann das Leben nicht auf? Das steht ihm ja frei, wenn er es sich fest vornimmt. Redet er aber nur aus Spott so daher, dann gilt er bei denen, die solches Gerede nicht mögen, erst recht als Narr.

Epikur führt mich durchaus in Versuchung, er ist ein gutes Gegengift gegen meine Tod- und Leidensphilosophie. Nimm das als vorläufige Antwort und als Zeichen, daß Dein Brief mich berührt hat. Weiteres folgt bald mit der Schneckenpost, stecke ich morgen in den Briefkasten.

Hermann Kurzke *Brief 28. März 2004*

Heute war ich im evangelischen Universitätsgottesdienst (obgleich ich mich in katholischer Sphäre heimischer fühle, nippe ich gelegentlich bei der Konkurrenz) und schweifte an einer Stelle aus Lesung und Predigt ins Eigene ab: «Als Christus auf Erden lebte, hat er mit lautem Schreien und unter Tränen Gebete und Bitten vor den gebracht, der ihn aus dem Tod retten konnte … Obwohl er der Sohn war, hat er durch Leiden den Gehorsam gelernt …» (Hebr 5,7-8)

Ob Leiden etwas christlich Gutes ist, die Frage beschäftigt mich lange. «Leiden sei all mein Gewinst, Leiden sei mein Gottesdienst», heißt es in einem pietistischen Lied, das in Büchners *Lenz* zitiert wird. ‹Jesus wird Mensch› heißt: er übernimmt Leiden. Wenn wir jemanden lieben, helfen wir ihm, d.h., wir ersparen ihm Leiden und nehmen es auf uns selbst. Lieben heißt fremdes Leid tragen helfen, fremdes Leid verringern. Liebe kann deshalb anstrengend sein. Sie ist oft unökonomisch, oft ineffizient. Sie rentiert sich nicht. Oft folgt ihr die egoistische Reue, wie Schopenhauer das nennt: wenn jemand etwas für seine Verhältnisse *zu* Gutes getan hat, zum Beispiel ein großzügiges Geschenk gemacht hat, das er nachträglich zu teuer findet oder lieber selbst behalten hätte.

Liebe ist vielleicht sogar ungesund. Das Gesundheitsideal der heutigen Medizin und Psychoanalyse ist der entspannte Egoist. Altruismus überfordert immer, erzeugt auf die Dauer psychosomatische Beschwerden. Wie nun, wenn der Christ sie tragen müßte? Wenn Christsein *per definitionem* ungesund wäre? Wenn es deshalb mit Notwendigkeit jenseitig wäre? Wenn diejenigen, die uns eine Art sozialdemokratisches IKEA-Christentum versprechen, das Ideal des gutherzigen Kleinbürgers preisen und auf der Basis des abgezahlten Eigenheims eine Eiapopeia-Liebesreligion pflegen – wenn diejenigen gar keine Christen wären? Wenn Christentum Leidenssolidarität wäre, Leidenssensibilität, auf der Basis der tiefen Unaufhebbarkeit des Leidens? Unbequemlichkeiten kann man verbessern, oberflächliche Krankheiten kann man heilen, aber das tiefe Ungenügen an der Schalheit aller Bedürfnisbefriedigungen ist unheilbar.

Ich habe in der Krozinger Therapie gelernt, mehr auf mich zu achten. Aber ich kann einen Rest schlechtes Gewissen nicht loswerden. Das Leid, das ich mir erspare, indem ich rücksichtsloser meine gesundheitlichen Bedürfnisse durchsetze, das bürde ich doch anderen auf? Ich komme aus den Widersprüchen nicht heraus. Entweder wir finden uns damit ab, daß die Gesellschaft eine Versammlung konkurrierender Egoisten ist (wie schon Mandeville, Adam Smith und andere feststellten), die sich mehr oder weniger gut zurechtrütteln, oder wir protestieren im Namen des Himmels dagegen, konkurrieren nicht, sondern teilen, helfen, leiden für andere, und gewinnen dafür das Himmelreich (vielleicht sterben wir dann ja auch früher).

Eine weniger katastrophische Sicht lautet freilich, daß Liebe alles leichter macht. Einer trage des anderen Last: So ist beiden geholfen, und sie haben ein gutes Gewissen dazu. Liebe, dachte ich als junger Mensch, ist die Lösung aller Probleme. Wenn alle einander lieben, ist alles möglich. Heute überzeugt mich das nicht mehr. Faktisch lieben die Menschen einander eben nicht, sie sind nach einem Wort von Jean Paul wie Tote auf einem Friedhof, die sich die Hand nicht reichen können. Und die Liebesschwärmer sind politisch meistens Dummköpfe, die viel Schaden anrichten.

Wenn Leben Leiden ist (Schopenhauer sagte das nicht ohne Grund), dann ist es konsequent, den Sinn dieses biologischen Verbrennungsvorgangs nicht in der diesseitigen Bedürfnisbefriedigung zu suchen. Die fundamentale Inkontentabilität («Unbefriedigbarkeit» – das Wort habe ich eben erfunden, abgeleitet aus lat. contentus = zufrieden) verlangt als Antwort die Transzendenz. Zu den Gottesbeweisen füge ich hiermit den Inkontentabilitätsbeweis hinzu … (Ist freilich nicht wirklich neu, steckt ja schon im Augustinischen «Unruhig ist unser Herz …»).

Die heutige Mattigkeit des Christentums hängt eng mit diesen Fragen zusammen. Was christliches Handeln sei, ist fast unerkennbar geworden. Das frühere Sich-Opfern für andere ist nicht nur unpopulär, es gilt auch als krankhaft. Der Zweifel an Sinn und Gesundheit selbstlosen Handelns sitzt wie ein Wurm im Kernhaus des christlichen Bewußtseins. Nietzsches Verdächtigung des Mitleids und der Demut kommt dazu. Wenn Mitleid, Demut und Selbstlosigkeit als kränklich und neurotisch gelten, dann wird es schwer, christliches Handeln von anderem guten Handeln zu unterscheiden. Wenn ein Christ ein demokratischer Humanist ist und sonst nichts (obgleich: das ist ja schon viel), wozu muß er dann noch explizit christlich sein?

Unser Freund Naphta aus dem *Zauberberg*, damit möchte ich schließen, bestätigt (im Abschnitt *Operationes spirituales*), daß Tugend und Gesundheit keine religiösen Zustände sind. Die sogenannte Gesundheit nennt er «die Erzphilisterei und Urbürgerlichkeit, als deren absolutes, und zwar absolut geniales Gegenteil die religiöse Welt eben zu bestimmen sei».

Jacques Wirion *Brief (Mail-Attachment) 31. März 2004*

Daß Du Epikur so ausführlich zitierst, freut mich, weil Du somit einen Schritt in meinen Tempel mit seinen nüchternen heidnischen Tröstungen getan hast. Dein Besuch des evangelischen Gottesdienstes hat Dich aber wieder in christliche Leidensbereiche gelockt. Ich glaube nun doch, daß Du an der augustinischen Neurose (wie Tilmann Moser das nennt) erkrankt bist, und daß darauf Dein süchtiger Hang zum Schmerzlichen zurückzuführen ist.

Die Fragen Deiner brieflichen Verarbeitung dieser Erfahrung berühren mich durchaus, besonders da sie den Wert der Gesundheit und vermutlich auch des Glücks von der Leidensseite her berühren. Andererseits hat doch gerade Goethe die melancholische und pathetische Leidensbereitschaft als krankhaft verabscheut und verspottet. Und Thomas Mann überläßt ja auch nicht Naphta das letzte Wort, sondern eher dem kursiv gedruckten Entschluß Hans Castorps im Schneekapitel.

Ich glaube, man sollte Leid und Krankheit nicht als Ziele anstreben, obschon der antinaturalistische und antidarwinistische Zug daran auch mich reizen. Wenn wir anderen zuliebe leiden, so ist das in Ordnung, solange wir ihnen damit helfen, nicht aber wenn wir uns mit ihnen in einen Teufelskreis des Leidens begeben.

Die panische Flucht vor dem Leiden, die heute oft von vielen als Ausweg gesehen wird, wird uns auf Dauer das Glück nicht finden lassen. Wir müssen uns dieser Negativität schon stellen, aber wir sollten sie nicht als Dauerzustand anstreben. Da waren der echte Heide Epikur und die späten Heiden Goethe und Nietzsche in ihrem Streben nach Heiterkeit und Gesundheit doch eher auf dem richtigen Weg. Da die Welt so sehr dem Leid ausgeliefert ist, finde ich es nicht recht, sie noch in dieser Seinsstruktur zu bestätigen. Ich frage mich übrigens, ob ein christlicher Trauerfasan, der das Leiden seiner Mitmenschen auf sich nimmt, diesen wirklich hilft. Er müßte, um das zu bewirken, doch eher eine starke Freude ausstrahlen. Verdrießliche Leidensmienen haben noch nie Leidenden geholfen. Mancher übereifrige und voreilige Leidenschrist kommt mir vor, wie ein Mensch, der selber nicht schwimmen kann, aber ins Wasser springt, um einen Ertrinkenden zu retten. Allerdings sollte man zuerst schwimmen lernen, was aber nicht immer leicht ist. Und die sicher auf dem Trockenen leben, sehen nicht ein, warum sie diesen lästigen Lernprozeß auf sich nehmen sollen. Die Gesunden haben allerdings die nicht besonders edle Neigung, sich von allem Kranken fernzuhalten, und sie übersehen und verachten eine Magdalena Vermehren, die immer hinfällt.

Du hast recht: Altruismus mag überfordern, aber irgendwann

muß er auch dem Altruisten Glück verschaffen in dieser Welt, denn da für mich das Himmelreich im Jenseits eine leere Versprechung ist, muß die Bilanz diesseitig stimmen.

Das Christentum hat sehr hohe Ansprüche gefördert und Bedürfnisse genährt, die nie zu befriedigen sind. Somit hat es diese Welt noch um einiges unerträglicher gemacht, als sie von sich aus schon ist. Das ist es, was man – um einen Begriff H.E. Richters zu benutzen – den Gotteskomplex nennen könnte, der sich so unnachahmlich klar in Augustins Satz ausdrückt: «Gott wurde Mensch, auf daß der Mensch Gott werden kann.» In einem solchen Satz erahne ich schon die letzte Konsequenz dieser christlichen Hybris: den Tod Gottes. Diese Vergöttlichung des Menschen, die gewiß nicht so gemeint war, wie sie sich dann realisierte, bewirkte am Ende, daß die Unruhe des Herzens ihren Frieden nicht in Gott, sondern in den nihilistischen Vernichtungskriegen der Übermenschen fand.

Das Vorbild des leidenden Gottes ist ganz schön provokativ, doch ob es dem Menschen wirklich hilft, bezweifle ich. Wer Jesus auf dem Weg des Leidens folgen will, will durch diese Imitatio Christi auch seine Gottähnlichkeit steigern. Lange vor dem Titanen Faust gab es diese christliche Form des Titanismus, die nie ihr Ziel erreichen kann, aber dadurch die von dir so sinnig bezeichnete fundamentale Inkontentabilität als Dauerzustand des Nicht-Glücks und des schlechten Gewissens erreicht. Warum sind wir Europäer so unfähig, das Gute dieser Welt mit gutem Gewissen zu genießen? Ist die christliche Schuldkultur an diesem Zustand unschuldig? Ich gebe zu, daß dieses schlechte Gewissen durchaus eine seelische Vertiefung und analytische Sensibilisierung unserer Weltwahrnehmung ermöglicht hat, aber ist der Preis nicht zu hoch, wenn das Glück ganz aus dieser Welt entfernt und allein in das Himmelreich verlegt wird?

11. Postmodernes Christentum?

Hermann Kurzke *E-Mail Karfreitag 9. April 2004*

Heute ergab sich eine Art Karfreitagsmeditation; zwei boshafte Karikaturen der Theologie der Erlösung waren ihr Gegenstand; ich will sie Dir nicht vorenthalten. Die erste ist von Thomas Mann (*Buddenbrooks*, 10. Teil), die zweite von Gottfried Keller (*Der grüne Heinrich*, II, 11).

> So aber geschah es, daß Thomas Buddenbrook, der die Hände verlangend nach hohen und letzten Wahrheiten ausgestreckt hatte, matt zurücksank zu den Begriffen und Bildern, in deren gläubigem Gebrauch man seine Kindheit geübt hatte. Er ging umher und erinnerte sich des einigen und persönlichen Gottes, des Vaters der Menschenkinder, der einen persönlichen Teil seines Selbst auf die Erde entsandt hatte, damit er für uns leide und blute, der am jüngsten Tage Gericht halten würde, und zu dessen Füßen die Gerechten im Laufe der dann ihren Anfang nehmenden Ewigkeit für die Kümmernisse dieses Jammertales entschädigt werden würden … Dieser ganzen, ein wenig unklaren und ein wenig absurden Geschichte, die aber kein Verständnis, sondern nur gehorsamen Glauben beanspruchte, und die in feststehenden und kindlichen Worten zur Hand sein würde, wenn die letzten Ängste kamen … Wirklich?

> Wer an eine Sache glaubt, kann ein guter Mann sein, wer nicht, ein ebenso guter. […] Wenn Gott eine Welt geschaffen und mit denkenden Wesen bevölkert hätte, alsdann sich in einen undurchdringlichen Schleier gehüllt, das geschaffene Geschlecht aber in Elend und Sünde verkommen lassen, hierauf einzelnen Menschen auf außerordentliche und wunderbare Weise sich offenbart, auch einen Erlöser gesendet unter Umständen, welche nachher mit dem

> Verstande nicht mehr begriffen werden konnten, von dem Glauben daran aber die Rettung und Glückseligkeit aller Kreatur abhängig gemacht hätte, alles dieses nur, um das Vergnügen zu genießen, daß an ihn geglaubt würde, er, der seiner doch ziemlich sicher sein dürfte: so würde diese ganze Prozedur eine gemachte Komödie sein, welche für mich dem Dasein Gottes, der Welt und meiner selbst alles Tröstliche und Erfreuliche nähme. Glaube! O wie unsäglich blöde klingt mich dies Wort an!

Die Stellen müßten Dir gefallen. Rückgrataufrichtend, stärkend für des aufgeklärten Intellektuellen Herz und Hirn. Und trotzdem ergreift mich der Gekreuzigte. Bei allem Jammer («Wie bist du so bespeit!») wird mir warm ums Herz, wenn ich auf ihn blicke. Ich habe ein Gefühl der Solidarität für ihn, und zwar nicht mitleidig von oben herab wie bei Heine, der Jesus als «armen Vetter» tituliert, sondern von unten: Ich stehe nicht über, sondern unter seinem Kreuz. Er hilft mir mein Leid tragen, denn er trägt das Leid der Welt. – Insofern scheint meine christliche Erziehung erfolgreich gewesen zu sein.

Thomas Manns Spott über die «ein wenig unklare und ein wenig absurde Geschichte» und Gottfried Kellers ironische Floskel «auch einen Erlöser gesendet unter Umständen, welche nachher mit dem Verstande nicht mehr begriffen werden konnten» treffen nur eine Kindertheologie, die alles an dem damals vor zwei Jahrtausenden Geschehenen festmacht. Dieses Damals ist aber nur eine durch die Bibel aus vielen Toden und Erlösungen herausgehobene Geschichte, die sich in Wirklichkeit in jedem Sterben und Auferstehen abspielt und deshalb bis heute jederzeit erfahrbar ist. Jesus hat die Erlösung nicht gebracht wie Milch in einer Henkelkanne, sondern wie ein Symbol, das aus dem Tod ein überwältigendes Wunder macht und uns zur Verfügung steht wie ein Werkzeug, wenn wir Leid und Tod zu verarbeiten haben.

Die Heilige Woche erinnert mich daran, daß ich Dich immer schon fragen wollte nach jener *Settimana profana,* in der Du Deinen Glauben verlorst.

Meine Settimana profana, wie Du meine Befreiung von einem lebensfeindlichen Glauben so schön bezeichnest, kann man nur richtig würdigen, wenn man die Vorgeschichte genauer kennt.

Als Vierzehn- oder Fünfzehnjähriger erlebte ich eine seelische Krise, an der ich jahrelang laborierte. Ich fühlte mich verantwortlich für das Elend in der Welt, etwa den Hunger in China oder … die Scheintoten. Eine Poe-Lektüre hatte mir die Schrecken des Lebendig-Begrabenwerdens vor Augen geführt. Da meine Großmutter vor einiger Zeit gestorben war, imaginierte ich auf eine perfekt selbstquälerische Art ihre Qualen im Sarg. Ich empfand einen starken Appell: Ich sollte dafür sorgen, daß ihr Sarg geöffnet werde. Andererseits hatte ich Angst, daß ein solches Coming out meiner Ängste mich der Lächerlichkeit preisgäbe. So hatte ich mich in eine perfekte seelische Zwickmühle und neurotische Not manövriert, in der ich mich wochenlang intensiv selbst quälen konnte. Ich erinnere noch einen 14tägigen Osterurlaub, in dem es kaum Ruhepausen seelischer Erleichterung gab. Zwar konnte ich mich mit Gegenargumenten («Sie ist in jedem Fall tot, weil sie schon zu lange begraben ist») beruhigen, aber nach kurzer Zeit kamen wieder Zweifel hoch und rissen diese schlecht klebenden Pflaster von der Wunde, die dann wieder zu bluten begann. Diese Ängste nahmen in den folgenden Jahren andere Formen an und dauerten, was ihren religiösen Hintergrund betrifft, bis zu meiner ersten längeren Abwesenheit von zu Hause. Mein zweites und drittes Uni-Jahr habe ich in Tübingen verbracht, und in grauen Novembertagen des Jahres 1965 habe ich dann eine Woche lang mit meiner Gottesvorstellung gerungen und sie besiegt. Noch heute klingt in mir der Vers eines Kirchenliedes nach, den ich vermutlich bei einem meiner letzten Messebesuche gehört hatte: «Die Seelen der Gerechten sind in Gottes Hand». Gerade er hat mich merkwürdigerweise die ganze Zeit und auch später noch begleitet. Damals war ich sehr einsam und suchte Hilfe nur in meiner Lektüre, etwa den religionskritischen Texten von Bertrand Russell. Ich erinnere und besitze noch ein Buch aus der Osianderschen Buchhandlung mit dem Titel *Skepsis,* das mir viel geholfen hat. Die Gottesentgiftungskur zeitigte allmählich Früchte.

Doch meine neurotischen Anwandlungen und Selbstquälerien suchten mich noch jahrelang auf. Eine Schlafkur und anschließende psychotherapeutische Sitzungen waren dann weiter hilfreich.

Was hat das alles mit Religion zu tun? Nun, es war meine tiefste religiöse Erfahrung, weil unausgesprochen hinter den zwangsneurotischen Selbstquälereien, die mir als unerbittliche Befehle erschienen, immer die schreckliche Strafe des obersten Richters lauerte. Vermutlich wären auch die von Dir zitierten Textstellen von Thomas Mann und besonders von Gottfried Keller hilfreich gewesen.

Hermann Kurzke *Ostersonntag 11. April 2004*

In einem sonst trockenen Gottesdienst döste ich vor mich hin, der Prediger säuselte eintönig, da berührte mich plötzlich das abgenützte Wort von der ewigen Osterfreude. Es war lindernd wie sanftes Öl auf wunde Haut, begütigend milderte es essigscharfe Intellektualität. Letztere kennt natürlich die verführerische Psychologie des Religiösen, wollte etwas einwenden von Schwindel und falschem Trost, aber wie eine warme Hand legte sich die Osterfreude auf den Mund der Intellektualität, und warme Lippen flüsterten an ihrem Ohr: Ich weiß, sei still, gib dich zufrieden, ich verstehe deine Einwände, aber sie sind eitel, nimm dich nicht so wichtig, komm heraus aus der Pubertät, geh mit mir. Wir müssen eine zerfallende Welt zusammenhalten! Die Religion ist gestorben, sie muß wiedergeboren werden, sie wurde gekreuzigt, wir müssen ihr beim Auferstehen helfen, sie lebt irgendwo als hungrige und hilfsbedürftige Waise, wir müssen sie finden und nähren.

Daß die Gläubigen die Welt heilen, gilt als unwahrscheinlich, aber daß die Intellektuellen sie heilen werden, ist nicht nur unwahrscheinlich, sondern unglaubwürdig. Ein massenhafter Glaube an die Liebe könnte viel ausrichten. Ama et fac quod vis. Freilich sehe ich keinen gebahnten Weg dahin und bin zu schwach, um allein durchs Ungebahnte zu irren.

Das ist recht wirr und kann keine rechte Antwort sein auf Deine

Bekehrungsgeschichte, für deren offenherzige Mitteilung ich Dir danke. Sie hat mich nicht mitgenommen. Sie erschien mir vielmehr so wirr und beliebig wie meine eigene Geschichte und hinterließ das Gefühl, daß jeder seinen Weg gehen muß mit Notwendigkeit.

Jacques Wirion *E-Mail 12. April 2004*

Immer wieder betonst Du, daß die Intellektuellen die Welt nicht heilen werden. Aber ist das denn ihre Aufgabe? Geht es nicht in erster Linie um Erkenntnis? Früh schon habe ich einen lateinischen Spruch geformt: Magus mavult mentem mutare quam mundum. (Um des Stabreims Willen habe ich den Weisen zum magus gemacht.) Die Welt ist unheilbar, aber unsere Einstellung zu ihr, unsere Erwartungen lassen sich ändern. Die moderne Weltveränderungsmentalität ist in der Tat ein christliches Erbe, das noch in einem Karl Marx und vielen anderen Weltverbesserern nachwirkt, wobei diese nicht weniger Leid verursacht haben als ihre Vorgänger, die christlichen Missionare.

Zu *Frömmigkeit ohne Glauben*, einem Text aus den Anfängen unseres Gesprächs, den ich eben wieder lese: Ist der Titel wirklich ganz treffend oder nicht eher metaphorisch? Das heißt, Du glaubst nicht wie ein Kind, aber Du glaubst doch. Mit anderen Worten: Ich glaube Dir Deinen Unglauben nicht. Hier ein paar Belege für diesen Zweifel:

* Es heißt am Beginn eines Aphorismus: Der Glaube tritt dann in sein Recht, wenn andere Erklärungen versagen.
* Im Aphorismus über den Tod hebst Du die Gelassenheit des Jenseitsgläubigen hervor.
* Wenn man Führung und Geleit ins Leben hineinliest, so ist das doch ein Glaube oder?
* Wer sich einen Himmel vorstellen kann, ist von allem Irdischen weniger abhängig: Nur vorstellen? Das kann ich auch, doch das hilft wenig.
* Die Imitation des überlieferten Glaubens ist schwieriger als ein echter Glaube, weil man sich stets selbst betrügen muß. Und wohin der Dezisionismus des Ästheten Aschenbach, der sehenden Auges

über gewisse Einsichten hinweggeht, führen kann, brauche ich Dir nicht darzulegen.

Also irgendwie ist der Text doch eine Apologie auf den Glauben und nicht nur auf die Frömmigkeit.

Weiter: Die Kränkungen des Lebens sind für mich sinnlos an sich und zufällig, und doch sehe ich in ihnen Gelegenheiten, meine Lebenskunst an ihnen zu üben, durch sie zu reifen. Ich will Struktur und Sinn in mein Leben bringen, da ich sie dort nicht schon vorfinde. Was den Adressaten für meine Dankbarkeit anbelangt, so muß ich wirklich als Atheist das Handtuch werfen und sie auf das Konto eines positiven Zufalls buchen. Aber wenn ich den Zufall akzeptiere, so muß ich keine personale Gottheit mit der Absurdität des Daseins belasten. Hiobs Anklage steht auch am Ende, als er Gottes Allmacht bescheiden anerkennt, genauso unbeantwortet da, als wenn er sie gegen den Zweifel erhoben hätte. Gott tut, was er tut, der Mensch hat es gutzuheißen. Wo liegt da der Unterschied zur Einwilligung in den Zufall?

Zudem: Es ist interessant, wie sehr Du den hochgemuten Mündigen als Täter charakterisierst. Zuweilen habe ich das Gefühl, daß Du in mir einen solchen siehst, doch wenn ich etwas von mir nicht behaupten kann, so, daß ich ein Täter bin. Viel eher rechne ich mich zu den kontemplativen Kindern des Saturn. Eigentlich entspricht der Typus des Melancholikers, mit dem ich mich stark identifiziere, in seiner Einsicht in die Vergeblichkeit, die Sinnlosigkeit und fundamentale Schwäche aller menschlichen Unternehmungen weitgehend der christlichen Idee der Gnadenferne. Der große Unterschied liegt darin, daß der Melancholiker nicht an die Gnade glaubt und nur versucht, irgendwie anständig, wenn auch nicht unschuldig über die Runden des Lebens zu kommen.

Das wirklich Unaufklärbare kann ich schon akzeptieren, aber was ist grundsätzlich unaufklärbar? Werfen da nicht manche die Flinte zu früh ins Korn?

Hermann Kurzke *E-Mail 13. April 2004*

In der Tat galt die Melancholie in der monastischen Tradition als Sünde. Die *acedia*, also die Herzensträgheit, die Lebensmüdigkeit, der Überdruß (modern die Depression), galt als Versuchung des Teufels.

Freilich gibt es auch eine gegenläufige Tradition, für die Romano Guardinis Aufsatz *Vom Sinn der Schwermut* als Beleg dienen kann. Hier ist der Melancholiker kraft seiner Tiefe und seines Ungenügens der eigentliche homo religiosus.

Jacques Wirion *E-Mail 14. April 2004*

Es ist schon interessant, wie kluge Christen frühere Laster zu Tugenden umzudeuten bereit sind und somit die Parameter wechseln. Die alte Vorstellung einer *felix culpa* mag hierbei hilfreich sein. Doch das tun sie meist nur unter dem Druck der veränderten Situation, selten in christlichen Mainstream-Zeiten. Die neuerliche Lektüre Deines Textes *Die gekreuzigte Liebe* hat mich erschreckt. Dieses Loblied auf das Leid war mir so nicht mehr im Gedächtnis. Gerät Dir die Erklärung des Leidens nicht zu sehr zu dessen Verklärung? Ein Jahr vor der medial geschickt eingefädelten Präsentation des Filmes von Mel Gibson hast Du auf das kaum Auszuhaltende in der Folterung und Hinrichtung Jesu hingewiesen. Du bist aber kein katholischer Fundi und ich will glauben, daß Du in dem Hollywood-Produkt die kommerzielle Absicht, mit dem Horror Geld zu machen, nicht gutheißen kannst. Ich will mir den Film nicht ansehen, nachdem ich gelesen und gehört habe, was da dem Zuschauer zugemutet wird. Übrigens soll das Publikum sich schon öfter durch Lachen vom Druck dieser Horrorbilder befreit haben. Für mich wird da ein Mensch bis zum Äußersten gequält und Deinen Hinweis auf die leidende Gottheit kann ich nur verstehen als Hinweis auf eine leidende Schöpfung, die mit einer Gottheit, wie ich sie mir vorstelle, nichts zu tun hat. Wozu diese Erlösungstat einer vermutlich schwachen Gottheit, wenn seit ihrem Auftreten nicht eine Gewalttätigkeit und Grausamkeit in der Welt der

Lebenden weniger passiert, sondern das Gegenteil der Fall ist? Nur der Konjunktiv Deines Schlußsatzes teilt mir mit, daß Du noch nicht abgehoben hast.

Hermann Kurzke *Brief 18. April 2004*

Zu Deinem Mail vom 12. April: Das ist schön von Dir, daß Du mich nicht willkommen heißest im Hause der Atheisten, sondern mich lieber von meiner Gläubigkeit überzeugst ... Ja, ich bin ein aus dem Nest gefallener Vogel, der seine Mutter vermißt, ich wäre so gern gläubig, liebe die Wärme der Mythen und Riten, fürchte mich vor der Kälte – der Wahrheit? Nein, daß Wahrheit in der Gottverlassenheit sei, das glaube ich schon deshalb nicht, weil ich unserem Erkenntnisorgan etwas so Großes wie «Wahrheit» gar nicht zutraue. Es reicht nur zu bedingten Diskursen, deren Vorzeichen immer erst beim Abschied von ihnen sichtbar werden, wenn das Paradigma gewechselt wird. Die Eule der Minerva beginnt ihren Flug bei einbrechender Dämmerung, sie durchschaut nur den vergangenen Tag, nicht den kommenden. Vielleicht muß das sogar so sein. Macht Erkenntnis überhaupt glücklich? Wer das Leben reflektiert, den bestraft das Leben. Pompeji geht erst zugrunde, seit es ausgegraben wird. Wir zerstören es, während wir es erkennend zu konservieren glauben.

Daß ich die Flinte zu früh ins Korn werfe, fürchte ich oft, Du hast recht, das ist die große Gefahr. Hoffentlich überwältigt meine Sehnsucht nach gläubiger Geborgenheit nicht immer wieder die verständige Suche nach anderen Möglichkeiten. Freilich meine ich mit dem Unaufklärbaren nur am Rande die wissenschaftliche Welterkenntnis, sondern das definitiv und auf immer Unbeherrschbare: Tod und Kontingenz, die Wechselfälle des Lebens und Sterbens. Hier wird Aufklärung nie etwas ausrichten. Hier ist Kultur gefragt, oder eben Religion. Gibt es nicht auch die Gefahr, die Flinte zu spät ins Korn zu werfen? Anstelle einer religiösen Kultivierung des Unbegreiflichen nur aufgeklärt mit den Achseln zu zucken und dabei faktisch gar nichts zu tun?

Was folgt aus diesen Erkenntnissen? Du erwähnst ganz zu Recht den Dezisionismus des Ästheten Aschenbach, der erhobenen Hauptes sein Wissen zu leugnen versuchte. Seit Jahrzehnten, spätestens seit meiner Dissertation, beschäftigt mich das Problem der verlorenen Irrationalität, der zerstörerischen Kraft der Reflexion, die Liebe und Leben töten kann, aus der deshalb die Sehnsucht nach den Beseligungen des Bewußtseinsverlusts folgt, nach Naivität, Spontaneität, Handlungssicherheit, nach der Grazie des Kleistschen Marionettentheater-Aufsatzes. Ich habe lange Zeit gedacht, ein Naivitätsverlust sei unumkehrbar, verlorener Glaube desgleichen. Individuell scheint mir das nach wie vor richtig, kulturell und kollektiv aber sieht es anders aus. Der Restaurator verlorenen Glaubens ist notwendig ein Kopfmensch, seine Gefolgschaft jedoch nicht. Der Restaurator ist der Mann mit dem Licht auf dem Rücken, das ihm selbst nicht leuchtet, aber der ihm nachfolgenden Generation Licht und Wärme gibt. Ich füge ein Stück aus einem hymnologischen Aufsatz ein, um das etwas sinnfälliger zu machen. Manche Gedanken daraus wirst Du schon kennen:

Hermann Kurzke

Glanz und Elend religiöser Restaurationen

Was durch die technische, politische, ökonomische, soziale und kulturelle Akzeleration der letzten zweieinhalb Jahrhunderte auf der Strecke blieb, läßt sich am deutlichsten am Geschick der christlichen Religion ermessen. Ihr institutioneller und kultureller Zusammenbruch um 1800 herum hat jedoch wider alles fortschrittliche Erwarten eine große und relativ erfolgreiche Restauration nach sich gezogen.

Es gilt heute meistens als unausgesprochene Prämisse, daß die Säkularisation unumkehrbar sei und Resakralisierungen infolgedessen unmöglich oder unerlaubt. Resakralisierung scheint fast immer mit Reaktion zu tun zu haben und auf Entmündigung hinauszulaufen.

Hinter solchen Vorstellungen ist eine andere Frage ganz in den Schatten getreten: die nach der Möglichkeit des Gelingens von Restaurationen. Ausgangspunkt ist die Feststellung, daß Christen nach der Aufklärung schon lange nicht mehr in einer ungebrochenen Tradition leben, sondern daß sie ihr Christentum aus den Händen einer großangelegten Restauration empfangen haben, die das Ergebnis eines anderthalb Jahrhunderte währenden Prozesses der Zurückdrängung der Aufklärung war.

Es besteht heute außerhalb kleiner Expertenkreise keine Vorstellung davon, mit welcher Radikalität die Aufklärung in die Kirchenliedtradition eingegriffen hat. In den Jahren von 1770 bis 1800 kommt es fast überall zur Einführung neuer Gesangbücher, die mit dem Überlieferten bewußt und rücksichtslos brechen. Was heute als Kernbestand jedes evangelischen Gesangbuchs gilt, die Linie der großen Choräle von Luther über Paul Gerhardt bis zu Tersteegen, wurde damals ausgeschieden oder bis zur Unkenntlichkeit überarbeitet. Die Hauptziele waren die Entmythologisierung, Rationalisierung, Pädagogisierung und Aktualisierung des Christentums. Das Sakrale im engeren Sinne, als vertikale Frömmigkeit und Mystik der heiligen Zeichen, trat zugunsten horizontaler Mitmenschlichkeit und praktischer Weltvernunft zurück. Der Liedbestand wurde konsequent diesem Geist der Zeit angepaßt. Nicht einmal vor Martin Luther selbst machte die Änderungslust halt. Sogar seine bekanntesten Lieder, *Ein feste Burg ist unser Gott* oder *Aus tiefer Not schrei ich zu dir* wurden häufig entweder aussortiert oder überarbeitet oder in Anhänge für Ewiggestrige abgedrängt.

Nun kann man in vielen Büchern lesen, die Spätromantik sei Restaurationszeit gewesen und habe die alten Lieder wiedergebracht. Die rationalistischen Gesangbücher wären so gesehen dann nur ein kurzes Zwischenspiel gewesen, als hätten sie nie wirklich Fuß fassen können. Aber der Weg von der Theorie in die Praxis war in Wirklichkeit sehr lang. Im Ganzen gesehen dauert dieser Prozeß der allmählichen Wiedergewinnung des alten Liedguts und der Reinigung der Texte von den rationalistischen Überarbeitungen weit über hundert Jahre. Die Entwicklung kommt erst mit dem *Evangelischen Kirchengesangbuch* von 1950 zu einem gewissen Abschluß, einem streng puristischen Werk, das sich nach den deprimierenden Erfahrungen, die man mit der Anpassung an den Nationalsozialismus gemacht hatte, strikt zeitgeistunabhängig gibt und einen reformatorischen Kernbestand sichern will. Die Liedauswahl favorisiert intensiv das 16. und 17. Jahrhundert, drängt das 18. und 19. stark zurück und bringt aus dem 20. nur noch Marginales – im Stammteil nicht einmal 20 Lieder (von knapp 400 insgesamt). Dieses vier Jahrzehnte beherrschende, in vielen Millionen Exemplaren verbreitete Buch ist prägend geworden für das, was den heute Erwachsenen als evangelisch gilt. Es ist, um das noch einmal zu sagen, nicht das Erzeugnis einer ungebrochenen Tradition, sondern einer gelungenen Restauration. Es hat allerdings eine krasse Differenz von Sein und Bewußtsein zum Ergebnis, einen tiefen Riß zwischen der gesellschaftlichen Progression, die von 1914 bis 1950 eine Kette katastrophischer Traditionsbrüche gebracht hatte, und einem kulturellen Bewußtsein, das dieser gewalttätigen Akzeleration nicht gewachsen war und sich nicht ohne einen Hauch nostalgischer Wehmut im 16. und 17. Jahrhundert einzurichten versucht.

Im katholischen Bereich ist die Entwicklung nicht prinzipiell anders verlaufen. Es gibt unter Katholiken die gleichen Bemühungen um einen «vernünftigen» Gottesdienst, um Entmythologisierung und Pädagogisierung der Religion, um die Schwächung des Lateinischen als Liturgiesprache und um eine Stärkung des deutschsprachigen Gemeindegesangs. Aber die Kontinuität war vergleichsweise größer als im evangelischen Raum, der Bruch mit den alten Liedern nicht ganz so krass. Freilich hatten auch hier die aufklärerischen Fassungen das Liedgut so stark durchsäuert, war ein so allgemeines Herumkorrigieren an den Liedern üblich geworden, daß wir am Anfang des 20. Jahrhunderts beim Vergleich von zwanzig Diözesangesangbüchern in der Regel keine zwei völlig gleichen Fassungen desselben Liedes mehr vorfinden.

Eine gewisse Reinigung und Konzentration wurde erst durch die einflußreiche, von der Jugendbewegung inspirierte Sammlung *Kirchenlied* von 1938 erreicht und, zum Teil darauf aufruhend, durch die siebzig «Einheitslieder» von 1947. Aus diesen beiden Quellen hauptsächlich speisten sich die Diözesangesangbücher der Nachkriegszeit, entstand der Kernbestand dessen, was als «Tradition» dann in den fünfziger Jahren erfahren wurde, obgleich es genau genommen oft nur ein oder zwei Jahrzehnte alt war und vorher oft jahrhundertelang außer Gebrauch gewesen war.

Der geschichtliche Rückblick zeigt: Es gibt religiöse Restaurationen, es gibt nachaufklärerische Resakralisierungen. Als gelungen muß eine Restauration dann gelten, wenn sie ihrer selbst nicht mehr bewußt ist, ihre Gemachtheit vergessen hat, sich also als lebendige Tradition begreift.

Der Prozeß einer Restauration spielt sich schematisiert und typisiert folgendermaßen ab. Eine erste Generation wird sich des Verlustes bewußt, protestiert gegen das Neue. Eine zweite sammelt das Alte mit System und Wissenschaft und versucht es schließlich wieder in die Praxis einzuspeisen. Deren Kinder bereits, die die dritte Generation bilden, vergessen das Künstliche. Sie nostalgisieren als Erwachsene ihre jeweiligen Kindheitserlebnisse und halten das von ihren Vätern erst Wiederhergestellte für althergebracht.

Was wir als alt empfinden, hat meistens im 19. oder 20. Jahrhundert erst seine Stilisierung zum Alten erfahren. Unser Begriff des Alten ist romantischer Herkunft. Das auf alt Polierte, das uns schmeichelt, wird gern mit dem wirklich Alten verwechselt, das ohne romantischen Charme zu sein pflegt und uns meistens wildfremd, wenn nicht gar langweilig vorkommt. Volkslieder und Märchen wurden gesammelt, als das Volk nicht mehr sang und keine Märchen mehr erzählte. Sie wurden von Intellektuellen herausgegeben, beginnend mit *Des Knaben Wunderhorn*, jener Volksliedsammlung der «Liederbrüder» Achim von Arnim und Clemens Brentano, und den *Kinder- und Hausmärchen* von Jacob und Wilhelm Grimm, und wurden nicht vom Volk, sondern vom Bürgertum rezipiert, das sie von der dritten Generation an für uralt Eigenes hielt. Dabei hatten Arnim und Brentano, hatten die Brüder Grimm ihre Lieder und Märchen zum allergrößten Teil in Büchern gefunden und durch Überarbeitung den Volkslied-, den Märchenton erst geschaffen.

Gelungen nannten wir religiöse Restaurationen, wenn die Kirchgänger sie nicht mehr als solche wahrnehmen. Aber der Abstand zwischen Sein und Bewußtsein ist doch geblieben! Mehr noch: Er wurde vergrößert, sofern auf die Beschleunigung mit Regression geantwortet wurde, indem man im 19. und 20. Jahrhundert nicht etwa das 18. nostalgisierte, sondern bis ins 17. und 16. regredierte. Daß man die evangelischen Kernlieder oder die katholischen Marienlieder im 20. Jahrhundert nicht mit nostalgischer Wehmut sang, sondern mit aufrechtem Trotz, bedeutet, daß man die Differenz in die Definition der christlichen Religion aufgenommen hat. Das Beharren auf dem Alten gibt sich als Bekenntnis, aber in Wirklichkeit hat man damit die Religion ästhetisiert und nostalgisiert. Erfolgreiche Restaurationen werden unweigerlich bezahlt mit einem sentimentalischen Abstand, der auch bei denen objektiv besteht, die subjektiv nichts von ihm wissen oder wissen wollen. Dieser Abstand legt von der unausweichlichen Modernität auch des Menschen Zeugnis ab, der heute noch Kirchenlieder vergangener Jahrhunderte singt. Die Sprache des alten Kirchenliedes ist nicht seine eigene Sprache. Das archaisch Ungehobelte, das die heutigen Sänger von alten Liedern von fernher so herzbewegend anweht, war für die Sänger des 16., 17. oder 18. Jahrhunderts kein Wert, sie haben es gar nicht wahrgenommen. Der heutige Sänger alter Lieder spielt eine Rolle und trägt ein Kostüm, er mag es wissen oder nicht. Bereits Herder war bei aller Gläubigkeit doch schon ein Nostalgiker, wenn er in seiner Vorrede zum Weimarer Gesangbuch von 1783 von der «treuherzigen Altvatersprache» einer «leider! verlebten Zeit» schwärmte. Nostalgie ist eine ästhetische Empfindung, die sehr stark werden kann. Viele, die sich für fromm halten, sind in Wahrheit Romantiker, die ihre nostalgische Liebe zum Glauben mit Glauben verwechseln. Aliud credere aliud credere esse credendum. Zu glauben ist ein anderes als Glaubenwollen, als die Gesten des Glaubens zu inszenieren und zu imitieren. Weil das gesellschaftliche Sein sich nicht zurückentwickeln wird, haben Restaurationen immer und unvermeidlich etwas Gemachtes, Rhetorisches und Inszeniertes.

Dennoch wird es ersprießlicher sein, die abendländischen Mythen kultiviert zu pflegen, anstatt diesen Acker unbestellt zu lassen. Das Singen und Verständlichmachen alter Lieder zu fördern ist besser als aufgeklärt zu verstummen. Wo wir keine eigene Sprache mehr haben, zum Beispiel im Bereich der Kultur des Sterbens, können wir wenigstens historistisch und nostalgisch alte Kulturgesten nachspielen. Wo keine Götter sind, walten Gespenster. Wenn das wahr ist, sollte man, um sich gegen die Gespenster zu immunisieren, lieber bewußt und gekonnt seine Götter pflegen, im Sinne einer aufgeklärten Mythologie, als in einer langweilig gewordenen Religionskritik unproduktiv zu ersticken.

Jacques Wirion *E-Mail 20. April 2004*

Gegen Deine längeren Auslassungen betreffend eine gelungene Restauration im Bereich des Kirchenlieds möchte ich zunächst einwenden, daß diese Restauration ja nur ein Teilgebiet betraf, zudem in eine Zeit fiel, nach 1950, die mal zu Recht als restaurativ bezeichnet worden ist (von Walter Dirks). Du gehst zwar am Ende Deiner Untersuchung dieser Thematik auch ein auf eine allgemeinere Restauration, kommst aber dann mit Formulierungen wie «alte Kulturgesten nachspielen», die in meinen Augen den Ernst vermissen lassen, den eine echte Restauration verlangt. Aber vielleicht sehe ich das zu eng.

Hermann Kurzke *E-Mail 22. April 2004*

Wenn eine «echte Restauration» nicht spielen dürfte, dann müßte sie aus lauter tiefen existentiellen Erweckungserlebnissen bestehen, und diese müßten massenhaft vorkommen. Das gab es zwar manchmal, aber unsere Zeit gibt das nicht her. Sie bietet allenfalls ein postmodernes Christentum, das davon ausgeht, daß es keine Wahrheit gibt, sondern nur Diskurse, Traditionen, Regelsysteme und Metaerzählungen, und daß die Einfügung des Ichs in solche kulturellen Regelwerke heilsam ist. Je länger der postmoderne Christ an diesen kulturellen Regelwerken teilnimmt (zum Beispiel seine Woche strukturiert durch den Besuch eines Sonntagsgottesdiensts), um so mehr wird sich das Spielbewußtsein verlieren, um so «echter» wird seine Haltung. Er darf tief drunten freilich immer wissen, daß sein Gott Menschenwerk ist. Das schützt ihn sogar davor, diesen Gott abzuservieren im Dienst irgendeiner Mündigkeitschimäre. Er hat das nicht mehr nötig. Er ist erwachsen geworden und hat aufgehört, Gott mit pubertär erregten Fragen zu strapazieren à la «Wie kannst du so viel Leid zulassen?» Solche Fragen sind ja auch sinnlos geworden, wenn es darum geht, einer Tradition zu dienen, die leben hilft, indem sie Leid und Tod kultiviert. Gott ist nicht das Gute, sondern das Ganze (Thomas Mann, *Joseph und seine Brüder*). Ein solches Christentum ist frei von Fanatismus, denn jeder ist sich jederzeit der Relativität seiner «Wahrheit» bewußt. Es ist ehrlich und achtet die guten Gründe des Unglaubens. Es verlangt keinerlei *sacrificium intellectus* und kann deshalb auch Intellektuelle zurückgewinnen, die vor den pompösen Zumutungen des dogmatischen Glaubens zurückschrecken. So könnten auch die Kirchen, die kulturell und intellektuell allzuoft Schlußlicht sind, wieder attraktiver werden.

Spielen ist jedenfalls besser als Heucheln. Priester und sonstige Angestellte des Kirchenapparates dürfen ja heutzutage nicht ehrlich sein. Sie müssen so tun, als glaubten sie jedes Wort des Glaubensbekenntnisses. Wenn ich unter Glauben etwas Lebenswichtiges, Begeisterndes und Tragendes verstehe (nicht ein gleichgültiges oder verlegenes Nicht-Bestreiten), dann sind die allermeisten Christen Häretiker, denn sie «glauben» (im emphatischen Sinn) allenfalls an wenige ausgewählte Segmente des Christentums. «Empfangen durch den heiligen Geist, geboren von der Jungfrau Maria ... hinabgestiegen in das Reich des Todes, am dritten Tage auferstanden von den Toten, aufgefahren in den Himmel ... von dort wird er kommen zu richten die Lebenden und die Toten» – ist es nicht viel ehrlicher, diese uralten Bekenntnisformeln postmodern als Mythen zu verstehen und in spielerischem Respekt als Zitate früheren Glaubens zu lesen, als entweder im Kinderglauben zu verharren oder vor ihnen zu verstummen oder sich zu irgendeinem «modernen» Verständnis hinzuquälen (also an ihnen so lange herumzuinterpretieren, bis sie in unser blasses und fades Gegenwartschristentum passen), oder gar fundamentalistisch vorzugeben, man glaubte sie im wörtlichen Sinne wie eh und je?

Jacques Wirion *E-Mail 23. April 2004*

Auf mein Argument, daß *ein* Beispiel gelungener Restauration (Kirchenlied) nicht verallgemeinernd auf den Gesamtbereich des Religiösen übertragen werden kann, bist Du nicht eingegangen. Zudem sollte man bedenken, daß dieser Erfolg auch darauf beruht, daß die Sänger solcher Lieder erfolgreich religiös sozialisiert waren und sind, daß eine solche Restauration aber die Gottlosen kalt läßt.

Deine Option für ein postmodernes Christentum hat durchaus einiges für sich und erinnert an Pascals Gesten des Christentums, die den spielenden Frommen auf die Dauer zum ernsten werden lassen. Mich stört daran am meisten das autosuggestive Moment, mit dem Du die schreckliche Realität verleugnen willst, welche die moderne Wissenschaft uns vor Augen führt. Ich spüre, wie Du den erstarrenden Blick in die Gottesleere mit allen Mitteln verhüllen willst, wie Du aus dem Gottestraum nicht aufwachen willst, und ich denke an Jean Pauls Rede des toten Christus, doch der lebte früher.

Hermann Kurzke *E-Mail 9. Mai 2004*

Die nächste Woche ist stramm, mit einer Tagung unseres Graduiertenkollegs Kirchenlied in Erfurt (Mi bis So), die ich leider leiten muß, in Vertretung eines erkrankten Freundes. Es geht um geistliche Lieder seit 1960, mit Blick auf die bevorstehende Erarbeitung eines neuen katholischen Einheitsgesangbuchs. Wir mischen uns da mehr oder weniger ungefragt ein. Ich fühle mich unerwünscht, habe trotz meiner Mühe um Christentum und Kirchenlied nicht das Gefühl, bei dieser Reform willkommen zu sein. Ich bin selbst schuld daran, mußte ich doch immer meine Unabhängigkeit demonstrieren, immer heterodoxe Frechheiten mit untermischen, so daß mir von kirchlicher Seite ein durchaus folgerichtiges Mißtrauen entgegenschlägt. Die Evangelischen kommen noch besser mit mir zurecht. So war ich ja vor Jahren germanistischer Berater für das Liedgut des 20. Jahrhunderts im *Evangelischen Gesangbuch* (1993 ff.), während meine eigene

Kirche mich derzeit erkennbar umgeht, und das, obgleich das *Geistliche Wunderhorn* viel Zustimmung gefunden hat. Dabei will ich gar nicht wirklich mitmischen. Wenn ich gelegentlich eine Art Sendung spüre, dann richtet sie sich nicht nach innen, nicht in die Kirchen hinein, sondern nach außen, auf der Suche nach Gehör bei denen, die von den Kirchen längst enttäuscht sind, aber einem Außenseiter wie mir manchmal noch zuhören, wenn ich ihnen als Sirene in Christo die Vorteile des Glaubens mundgerecht zu machen versuche …

Heute stechen mich wieder einmal die Füße so sehr, daß ich jetzt um halb drei Uhr in der Nacht an Dich schreibe, weil ich sowieso nicht schlafen kann. Da ich die letzten vierzehn Tage Ruhe hatte, will ich mich nicht beklagen. Wenn du deinen Schmerz nicht besiegen kannst, mach ihn zu deinem Freund …

Jacques Wirion *E-Mail 9. Mai 2004*

Dein heterodoxes Verhalten in der Arbeit am katholischen Einheitsgesangbuch erinnert mich an Goethes Frechheit in der Szene *Bergschluchten,* wo er für die höchste Anredeformel an die Muttergottes gerade dieses entlarvende «Göttin» (Jungfrau, Mutter, Königin, Göttin) gebraucht, das den Katholizismus ja sozusagen nach rückwärts mit dem sogenannten Heidentum verbindet.

Als Anlage sende ich Dir die Ansprache, die ich letzten Freitag vor der LGV-Generalversammlung gehalten habe. Sie ist etwas elegisch geraten. Du kannst mir bestimmt mitteilen, ob meine Darstellung der aktuellen universitären Germanistik zu schwarz geraten ist.

Alles Gute wünscht Dir ein gefährdetes Auslaufmodell.

Jacques Wirion

Ansprache zur 16. Generalversammlung des Luxemburgischen Germanistenverbandes

Liebe Gäste!
Auf der Schwelle des letzten oder sagen wir doch lieber vorletzten Lebensabschnitts möchte ich ein paar nach rückwärts und nach vorne gerichtete Gedanken zu dem, was mich ein Leben lang beschäftigt und auch in Atem gehalten hat, entwickeln. Die Tätigkeit des Lehrens ist ein Thema, das den meisten von Ihnen wohl nicht fremd sein dürfte. Ich nehme mir aber gleich vor, Ihnen keine Ratschläge mit auf den Weg zu geben, weil Schläge, demjenigen, der sie erhält, meist wehtun. Aber noch viel mehr, weil ich trotz meiner 36jährigen Lehrtätigkeit nicht umhin kann, sie noch immer als Lernzeit zu verstehen. Diesen Beruf habe ich nie so erlernt, daß ich hätte sagen können: jetzt bist Du ein Meister in Deinem Fach. Daran hat kein Lehrpraktikum und keine moderne Pädagogik etwas geändert. Denn das Problem liegt weniger im Wissen und der Einsicht als in der praktischen Anwendung. Und so tröstete ich mich immer mit dem sokratischen Ausruf von Brechts Galilei: Ich bin dumm. Ich verstehe rein gar nichts. Und in diesem Sinne habe ich oft die sokratische Methode der Hebammenkunst auch bei meinen Schülern anwenden wollen. Die Geburtenrate blieb allerdings sehr bescheiden, und ich weiß noch heute nicht, ob ich eine schlechte Hebamme war oder die Schüler schlechte Gebärer.

Von mir werden Sie keine Schülerschelte hören, weil ich keinem Menschen einen Vorwurf machen kann, den das, was mir so schrecklich wichtig ist, eigentlich kalt läßt. Wenn ich dann die Pflicht habe und zugleich die Macht, ihm dieses Wissen via Punktedruck aufzuzwingen, komme ich mir vor wie ein Gänsemäster, der seine armen Zweibeiner dauernd nudeln soll. Dabei tröstet mich dann doch der Gedanke, daß diese Dauerüberfütterung bei meinen jungen Zweibeinern nicht zu Leberverfettungen führt, weil sie die ihre Gesundheit schützende Eigenschaft entwickelt haben, die Produkte ihrer Überfütterung während und nach jeder Prüfung unverdaut herauszukotzen wie einst Saturn seine Kinder. Nur Weniges mag sich in Gestalt von Wissensfett bei dem einen oder anderen ansetzen und ihm eher eine Last als eine Hilfe sein. Diejenigen allerdings, denen diese Nahrung zum Wohle gereicht, weil sie den Aufbau ihrer intellektuellen Muskulatur fördert, sind selten. Von ihnen werden sich dann – wenn wir Glück haben – einige unserer Wissenschaft widmen und unsere Nachfolge antreten. Wie der Schüler in Goethes Faust geraten sie aber vielleicht in Mephistos Küche.

Da ist's dann wahrlich oft ein Jammer! Auch wenn wir eine weniger kritische Brille aufsetzen als der Teufel. Lenken wir unser Augenmerk auf die aktuelle Situation der Germanistik, so hat sich seit der Studienzeit der älteren Semester unter uns einiges verändert. Gibt es überhaupt noch eine eigenständige Germanistik heute, oder ist sie dabei, sich in Kulturwissenschaft und Kulturgeschichte aufzulösen? – so fragen einige. Sprachgeschichte und Grammatik verschwinden im weiten Feld der allgemeinen Linguistik, meinen andere. Und inwiefern etwa leistet *Die kurze Geschichte der deutschen Literatur* des Germanisten Heinz Schlaffer denjenigen Begräbnishilfe für eine moribunde deutsche Literaturgeschichte, denen danach ist?

Diese Verschiebungen spiegeln nun einmal nichts anderes wider als den Geist der Zeit, und der weht kaum noch in den Gewächshäusern der Orchideenfächer, zu denen wir unser Fach doch wohl bald zählen können. Aber ist das so schlimm? Orchideen sind doch wunderschön und umweht von einem Hauch des Luxus. Und wenn man dem Philosophen Odo Marquard glauben kann, sind die Geisteswissenschaften unvermeidlich. Dieser Philosoph der Kompensation sieht im rasenden Fortschritt des wissenschaftlich-technischen Bereichs die Notwendigkeit wachsen, einer gewissen Geschichtsblindheit entgegenzuwirken. Und indem die Geisteswissenschaften Geschichten erzählen, in denen Stoffe transportiert werden, die sensibilisieren, bewahren und orientieren können, sollen sie gleichsam kompensierend wirken. Auch weil sie somit einer vorherrschenden Neigung zum gefährlichen Ideal der Eindeutigkeit entgegenwirken.

Doch das sind schöne Wunschträume, und bevor ich nun schließe, will ich meine Kollegen, welchen die mangelnde Fachkompetenz vieler Lehramtsanwärter sauer aufstößt, mit dem Hinweis ironisch trösten, daß diese Art von Kompetenz vermutlich bald entbehrlich sein wird in einer Welt, in der Deutsch immer mehr als Fremdsprache gelten wird, und in der eher praktische Sprachkenntnisse als literarische Epochen, Erzählungen und Grundbegriffe gefragt sind.

Hermann Kurzke *E-Mail 16. Mai 2004*

Deine abschiedswehmütige Ansprache als Präsident des LGV rührt mich in ihrer antirenommistischen Redlichkeit. Daß Du Deinen Beruf als Lehrer liebst, hat man Dir immer angemerkt. Von Odo Marquards Kompensationsthese halte ich viel. Das ist in der Tat die Chance der Geisteswissenschaften. Deshalb mag ich es auch nicht, wenn Germanisten aufgeben. Heinz Schlaffer ist ein kluger Verzweifelter, der die Literatur intelligent preisgibt, anstatt zu kämpfen für das Seine.

Ich kann's nicht lassen, auch die Literatur noch einmal zu theologisieren. Die Literatur ist die aktuelle Gestalt der Offenbarung. Warum sollte diese mit der Bibel abgeschlossen gewesen sein? Alle großen Dichtungen sind Apokryphen zur Bibel, Holz, aus dem man Bibeln schneidet. «Eine Bibel schreiben zu wollen – ist ein Hang zur Tollheit, wie ihn jeder tüchtige Mensch haben muß, um vollständig zu sein.» (Novalis) Auch das heute als «Bibel» publizierte Werk, jene nicht immer geschickt redigierte Kompilation heterogener Schriften, deren Zugehörigkeit oder Nichtzugehörigkeit erst im 4. Jahrhundert nach Christus halbwegs endgültig festgelegt wurde, war ursprünglich Literatur (Biblia = die Bücher), war nicht vom ersten Augenblick an Heilige Schrift.

Jacques Wirion *E-Mail 17. Mai 2004*

Mit Deiner Umschreibung der Literatur als aktueller Gestalt der Offenbarung kann ich mich abfinden, wenn es sich dabei um die Offenbarung weltimmanenter Einsichten handelt.

Wie ich das schon in meinem allerersten Brief an Dich als Reaktion auf Deine Verteidigung der Bibel geschrieben habe, gibt es für mich keine höheren, extrahumanen Offenbarungsquellen. Wenn derartige Ansprüche im Gewand der Pietät daherkommen, so halte ich mich an meinen guten Feuerbach, für den der Mensch des Menschen Gott sein sollte. In der NZZ vom 28. Juli zitiert U. J. Wenzel den Denker zum 200. Geburtstag: «Das Bewußtsein der Welt ist vermittelt durch das Bewußtsein des Du. So ist der Mensch der Gott des Menschen. Daß er ist, verdankt er der Natur, daß er Mensch ist, dem Menschen.» Dann fügt Wenzel hinzu: «Gott verdankt der Mensch mithin nichts. Umgekehrt verdankt Gott dem Menschen alles. Gott ist für Feuerbach lediglich ‹der Spiegel des Menschen›, soll heißen: der menschlichen Gattung.»

In der FAZ vom 15. Mai wird der kolumbianische Aphoristiker Nicolas Gomez Davila von Franco Volpi vorgestellt. Ein kirchenkritischer Katholik in der Nachfolge eines de Maistre oder Donoso Cortés, allerdings als Aphoristiker ohne deren Geschwätzigkeit. Im Artikel werden wunderbare Aphorismen zitiert. Mit einigen davon möchte ich Deinen Appetit anregen, weil ich meine, daß sie zum Teil in der Linie Deines Denkens liegen: «Da die Kirche nicht erreicht hat, daß die Menschen tun, was sie lehrt, lehrt die Kirche heute das, was sie tun.» In seiner Falschheit – ich denke da an die Haltung des aktuellen Papstes – belegt der Satz die Enttäuschung eines reaktionären Denkens, zu dem Davila sich auch explizit bekennt. Aber die folgenden Zitate werden Dir sicherlich besser gefallen: «Der Tod Gottes ist eine interessante Meinung, aber sie berührt Gott nicht.» – «Credo ut intelligam. Übersetzen wir das so: ich glaube, um intelligent zu werden.» Gedankliche Provokationen dieser Art halten meinen Unglauben wirklich wach.

Hermann Kurzke *E-Mail 18. Mai 2004*

Auch ich melde hochherzig ein Fundstück zu Deinen Gunsten. Die Mainzer Universitätsgespräche befassen sich in diesem Semester mit der Frage «Was wir nur glauben können – über die Grenzen von

Wissen und Wissenschaft». Klaus-M. Kodalle (Philosoph in Jena) diagnostiziert und bilanziert eine Nutzlosigkeit des Glaubens. Er fragt nach den Funktionen von Religion zur Bewältigung von Kontingenzangst und für die Fundierung politischer Ordnung (Stichwort Zivilreligion) und kündigt unerschrocken an, sein Vortrag werde aufweisen, daß diese Funktionen allesamt in selbstverschuldete Unmündigkeit (Kant) führen und den autoritätshörigen Infantilismus (Freud) begünstigen. Na also. Da habe ich mein Fett! Das ist doch schön für Dich.

Ein anderer Vortrag dieser Reihe schien mir hingegen zu bestätigen, daß Glauben die Leerstellen des Wissens füllt. Gerhard Börner (immerhin vom Max-Planck-Institut für Astrophysik in Garching) führte aus, daß alle neueren Beobachtungen sehr gut zu dem einfachen Urknallmodell passen, in dem Raum, Zeit und Materie vor 14 Milliarden Jahren entstanden sind und sich seitdem in rascher Ausdehnung befinden. Die Zusammensetzung der kosmischen Materie und Energie sei allerdings sehr rätselhaft. Die normale Materie, aus der auch wir bestehen, mache nur etwa 5 Prozent aus, während 25 Prozent durch noch nicht bekannte dunkle Materie und 70 Prozent durch eine mysteriöse dunkle Energie beigesteuert werden. Auch der singuläre Beginn entziehe sich bis jetzt einer Beschreibung.

Aber was ist eine Theorie wert, die aus 5 Prozent Wissen und 95 Prozent Rätsel besteht? Sind «dunkle» Materie und Energie dann nicht bloße Postulate, gläubige Lückenfüller, um eine Theorie widerspruchsfrei zu machen? Hans-Peter Dürr (ein renommierter Elementarteilchenphysiker in München) sekundiert in seinem Vortrag aus dem Bereich des ganz Kleinen, die Quantenphysik gebe überzeugende Hinweise, daß es prinzipielle Grenzen für Wissen gibt, die nicht nur Grenzlinien zu einem Noch-nicht-Wissen markieren.

Als letztes Fundstück noch ein Stück Eisenbahnphilosophie (gelesen auf einer Wandtafel im Speisewagen): «Ja natürlich, die Wissenschaft hat ungeheure Fortschritte gemacht. Aber in jedem Problem gibt es noch die kleine Ecke Unverständlichkeit, die die Signatur Gottes ist.» (Erwin Chargaff)

Dieser Davila ist trotz schöner Bissigkeit und aphoristischer Kraft nicht meine Richtung. Seinen Satz «Der Tod Gottes ist eine interessante Meinung, aber sie berührt Gott nicht» kann man nur unterschreiben, wenn man sich einen transzendenten Gott vorstellt, der unabhängig ist von Raum und Zeit, unberührt vom Erdenschmutz. Meine Vorstellung ist das nicht. Wir tragen immer Erdenschmutz in unsere Gottesbilder hinein. Daß sie tot seien, irritiert die Götter insoweit beträchtlich. Ich biete einen humoristischen Beleg an. Als Jupiter irgendwann im Mittelalter von einem geistlichen Gremium offiziell für abgesetzt erklärt wurde, gab es eine Beratung auf dem Olymp. Ihren Inhalt kannst Du in dem folgenden Totengespräch nachlesen, für das ich eingestandenermaßen eine Vorlage bei Wieland ausgezogen habe.

Hermann Kurzke
Totengespräch Nr. 12 (Ausschnitt)

JUPITER Du hast dich verspätet, mein Sohn. Was bringst du uns Neues von da unten herauf?

VENUS Wie verstört er aussieht.

MERKUR Das Neue, das ich mitbringe, ist nicht sehr geschickt, die Fröhlichkeit, die ich hier herrschen sehe, zu vermehren.

QUIRINUS Hat etwa ein Erdbeben das Kapitol umgestürzt?

CERES Hat ein Ausbruch des Ätna mein schönes Sizilien verwüstet?

MERKUR Kleinigkeiten, Kleinigkeiten!

JUPITER Nun, so rücke heraus mit deiner Jammergeschichte!

MERKUR Es ist weiter nichts als (*Er hält ein.*)

JUPITER Mache mich nicht ungeduldig. Was ist weiter nichts als?

MERKUR Nichts, Jupiter, als – daß du mit einer Mehrheit der Stimmen förmlich abgesetzt worden bist!

JUNO Du redest irre, Merkur. Aeskulap, fühle ihm den Puls.

HERKULES So wahr ich Herkules heiße (*er schwingt seine Keule*) – das sollen sie mir büßen.

JUPITER (*lacht*) Abgesetzt. Das ist alles?

QUIRINUS Aber wer soll denn künftig an meiner Statt Schutzpatron von Rom sein?

MERKUR Sankt Peter mit dem Doppelschlüssel hat sich dieses Amt ausbedungen.

Quirinus Dieser Sankt Peter mit dem Doppelschlüssel muß ein gewaltiger Zauberer sein. Was man nicht alles erlebt, wenn man unsterblich ist. Inzwischen sind und bleiben wir alle abgesetzt?

Merkur Dabei wird es wohl vorderhand sein Bewenden haben.

Verschiedene Götter Lieber nicht unsterblich sein, als solche Dinge zu erleben!

Jupiter Meine lieben Söhne und Töchter, Oheime, Tanten, Neffen, Vettern und Kusinen, ich sehe, daß ihr diese kleine Revolution, die ich schon lange kommen sah, tragischer aufnehmt, als es die Sache wert ist. Alles in der Natur hat seine Zeit, alles ist veränderlich, und so sind es auch die Meinungen der Menschen, und trotzdem bleibt es, wiewohl unter anderen Masken und Namen, immer die nämliche Komödie. Die albernen Leute da unten haben lange genug Aberglauben mit uns getrieben, und sollten einige unter euch sein, denen damit gedient war, so muß ich ihnen sagen, daß sie Unrecht hatten. Es wäre den Menschen zu gönnen, wenn sie endlich weiser würden, beim Himmel! es wäre nicht zu früh. Aber daran ist vorderhand nicht zu denken. Es ist nun einmal ihr Los, nichts Gutes rein genießen zu können, und eine Albernheit, deren sie endlich, wie Kinder einer abgenutzten Puppe, überdrüssig geworden sind, immer nur gegen eine neue zu vertauschen, bei der sie meistens noch übler fahren als bei der vorigen. Sie sind unser überdrüssig – desto schlimmer für sie! Wir bedürfen ihrer nicht; wenn ihre Priester uns für unreine und böse Geister erklären und dem einfältigen Volk versichern, daß ein ewig brennender Schwefelpfuhl unsere Wohnung sei: was kümmert das mich oder euch? Was die armen Leute ihre Religion nennen, ist ja immer nur ihre Sache, nicht die unsere. Jetzt erheben sie ein gewaltiges Geschrei gegen unsere Priester, weil sie das Volk, das überall abergläubisch ist und immer abergläubisch bleiben wird, mit Täuschungen unterhielten. Aber unsere Priester waren ungleich harmlosere Leute, als diejenigen, denen sie jetzt weichen müssen. Jene vertrugen sich mit jedermann und fochten niemandes Glauben an, diese aber sind herrschsüchtig und unduldsam und verfolgen einander wegen der nichtswürdigsten Wortspiele bis aufs Blut. Aber was geht das uns an, wenn sie sich aus freien Stücken des wohltätigen

Einflusses berauben, durch welchen Athen zur Schule der Weisheit und Rom zur Schule der Regierungskunst wurde? Wenn sie nie wieder diesen Grad der Kultur erreichen? Denn was soll aus Menschen werden, von denen sich die Musen und Grazien mit all ihren Beschützern zurückgezogen haben? Ich sehe alles Böse voraus, das sich in den Platz des Guten eindrängen wird, alles Unförmliche, Verschrobene, Ungeheure und Mißgestaltete, das diese fanatischen Zerstörer der Schönheit auf der Asche der Weisheit und der Kunst auftürmen werden, und mir ekelt vor diesem Anblicke. Jahrhunderte werden vergehen, bis sie die unterste Tiefe ihres Verfalls erreicht haben werden, und Jahrhunderte, bis sie sich, mit unsrer Hilfe, wieder über den Schlamm emporgearbeitet haben werden. Die Zeit wird kommen, da sie uns wieder suchen, unsern Beistand wieder anrufen, und bekennen werden, daß sie ohne uns nichts vermögen, da sie unsere Altäre wieder aus dem Schutt herausgraben und sich vergeblich erschöpfen werden, durch affektierten Enthusiasmus jene Wunder der echten Begeisterung und des wirklichen Anhauchs göttlicher Kräfte nachzuahmen.

APOLLO Ganz gewiß wird sie kommen, Jupiter, diese Zeit! Aber wie halten wir's inzwischen mit den Adepten des neuen Glaubens, wenn sie an unsere Pforte klopfen?

JUPITER Wir werden, mit Sankt Peters Erlaubnis, eine kleine Untersuchung mit ihnen vornehmen. Findet sich, daß sie wegen ihrer übrigen Eigenschaften einen Platz unter uns verdienen, so soll ihnen, wegen des goldnen Zirkels um ihren Kopf, keine Einwendung gemacht werden.

JUNO Mit den Mannspersonen kannst du es halten, wie du willst, Jupiter, aber die Damen will ich mir verbeten haben.

Jacques Wirion *E-Mail 19. Mai 2004*

Es ist schön, daß Du auch Wasser auf meine Mühlen lenkst. Somit wird aus einem Glaubensgespräch das Verbohrte und Fundamentalistische festgefahrener Positionen entfernt.

Dein Totengespräch gefällt mir nicht nur wegen der hübschen Schlußpointe, sondern weil es eine große Gelassenheit in religiösen Dingen offenbart und die üblen Wirkungen der mosaischen Unterscheidung auf erfreuliche Weise untergräbt.

In Chargaffs «Eisenbahnspruch» stört mich der weitverbreitete Tick, das (noch) Unverständliche mit dem Aufkleber «Gott» oder Zeichen Gottes zu versehen. Nietzsche und viele andere Gottlose sind da offener und ehrlicher und weniger voreilig. In Nietzsches Umgang mit dem Tode Gottes, d.h. in seiner Überwindung des Nihilismus durch den Übermenschen – nicht im NS-Sinne –, finde ich schon eine Lösung. Was mich bei ihm stört, ist die Vorstellung der ewigen Wiederkehr des Gleichen. Damit entwertet er doch gerade das Offene in der Vorstellung des Übermenschen. Wenn alles schon unendliche Male sich zugetragen hat, dann doch auch diese Entwicklung zum Übermenschen. Da finde ich die christliche Vorstellung einer linearen Zeit doch spannender, weil das Ergebnis noch aussteht und nicht schon x Male erreicht worden ist.

Jacques Wirion *E-Mail 28. Mai 2004*

Damit Du siehst, wie mein Tastenspiel auch noch weiterhin funktioniert, habe ich Dir einen kleinen Text beigefügt.

Was macht uns kreativ?

Statt diese Frage direkt anzugehen, kann man sich ihr von hinten nähern mit einer anderen Frage: Was hemmt die Kreativität? Und da bieten sich zunächst ein paar unangenehme Zustände an: die Angst, die Müdigkeit, die Depression. Sie lassen den Menschen nicht aus sich heraus, halten ihn gefangen und lähmen ihn, was gerade eine Leichtigkeit des Fliegens und eine Souveränität des Abhebens nicht aufkommen läßt, die unabdingbar zur Kreativität gehören. In diesem Zustand lassen wir uns was einfallen, wir spüren uns inspiriert. Die

Inspiration, also das Einhauchen oder passiv: die Tatsache, daß man vom Hauch oder Geist erfüllt wird, ist eine weitere Umschreibung des Kreativen. Und dorthin bewegen uns folgende Zustände: Die Liebe und ihr Korrelat, der Haß, die Faulheit und die Unzufriedenheit.

Wenn wir lieben, werden wir von einem geistigen Lebensstrom durchflossen, der unsere ganze Haltung zur Welt verwandelt, unseren Geist anfeuert, anspannt, im Altgewohnten Neues entdecken läßt und alle möglichen Erfindungen eingibt, um dem geliebten Wesen nahe zu sein und zu gefallen. Haß hat im tiefsten auch mit Liebe zu tun, deren Kehrseite er ist, und kann auch sehr kreativ und erfindungsreich sein im Aushecken von Schäden und Schmerzen, die der gehaßten Person zuzufügen sind. Denken wir an Jagos geniale Intrigen, die Othello unweigerlich in den Eifersuchtswahn und die Ermordung seiner geliebten Desdemona treiben. Eine ganze literarische Gattung lebt aus jener Kreativität, die der Haß erzeugt: die Satire.

Wer körperlich faul ist, kann diese Untugend wettmachen, indem er seinen Kopf gebraucht, um seine Muskeln zu schonen. Ihm fallen dann so körperliche Kräfte sparende Erfindungen ein wie das Rad, der Hebel, das Fahrrad, das Auto oder schließlich der Roboter.

Kreativität wird dort nicht gefördert, wo sie nicht verlangt wird, d.h. wo der Mensch in seiner Lebenswelt Lösungen und Vorgehensweisen entwickelt hat, die sich gut bewähren, und somit keine anderen braucht. Nur wenn sich Schwierigkeiten ergeben, wenn das Altbewährte nicht mehr greift, macht sich Unzufriedenheit mit dem Bestehenden bemerkbar. Wer dann insgesamt mit seiner Lebenslage unzufrieden ist, hat in dieser Unzufriedenheit eine großartige Antriebsfeder zur schöpferischen Überwindung seines ungeliebten Zustandes. Das uralte Sprichwort: «Not macht erfinderisch» hat nicht auf mich gewartet, um diese Einsicht zu verbreiten.

Wann sprechen wir von Kreativität? Nun, ihr eigentliches Charakteristikum ist das Neue, das, was noch nie dagewesen ist, das was sozusagen aus dem Nichts erschaffen worden ist. Es ist auch das Ungewöhnliche, das Unerwartete, Unübliche, das, was unsere Routine im Denken und Handeln hinter sich gelassen hat. Früher sah man in ihr das alleinige Kennzeichen außergewöhnlicher Menschen wie

Mozart oder Einstein, Genie und Kreativität fielen in eins. Heute hat sich die vielbewunderte und beneidete Kraft demokratisiert. Wenn auch vielleicht nicht jeder ein Künstler ist, wie Beuys mal meinte, so kann doch jeder in seinem Bereich kreativ sein.

Daß die hohe Einschätzung der Kreativität in unserer Zeit ein historisches und kulturelles Novum ist, läßt sich im Vergleich zur eigenen kulturellen Vergangenheit und zu anderen Kulturen, in denen diese Eigenschaft nicht so hoch bewertet wird, feststellen.

Im Mittelalter wäre es niemandem eingefallen, auch keinem Künstler, sich selbst als kreativ zu bezeichnen. Diese Eigenschaft war allein dem Schöpfer aller Dinge vorbehalten. Der Künstler ahmte die göttliche Schöpfung nach, schuf aber keineswegs etwas Neues. Diese Bescheidenheit wurde allmählich im Spätmittelalter und in der Renaissance aufgegeben. Die auf ihre Werke stolzen Künstler setzten immer häufiger mit ihrem Namen ein Gütezeichen ihrer Originalität unter die eigenen Kunstprodukte. Der Künstler avancierte zum *alter deus*, zum zweiten Gott, der als Mensch die Schöpfungskraft Gottes repräsentiert.

In seiner Ballade *Prometheus* treibt Goethe diese Haltung weiter zum Protest an die Adresse der traditionellen Gottheit. Im Laufe des 19. Jahrhunderts und infolge des Glaubensschwundes wird der Mensch dann als Künstler oder Wissenschaftler zum Erben des Schöpfergottes, was diese Eigenschaft anbelangt. Im 20. Jahrhundert öffnen schließlich die Pädagogik und die Psychologie den Weg zur Kreativität für alle in allen Bereichen.

Hermann Kurzke *E-Mail 1. Juni 2004*

Der Künstler als *alter deus*: Ja! Noch heute schafft Gott in ihm. Oder kannst Du erklären, woher der Einfall kommt? Die Inspiration ist immer noch ein Geheimnis, für das der religiöse Ausdruck «Offenbarung» nicht unangemessen ist. Denn wir können die Inspiration nicht mit Absicht erzeugen, nicht methodisch herbeizwingen.

Freilich gibt es unterhalb der Geheimnisebene durchaus eine

Psychotechnik der Inspiration, die über die günstigsten Bedingungen des Ein-Falls nachdenkt. Aus Selbstbeobachtung habe ich die These, daß die Reibung zwischen Anspannung und Entspannung Einfälle zündet. Man kann stundenlang angespannt am Schreibtisch sitzen, ohne weiterzukommen. Unmutig steht man auf, geht an den Kühlschrank oder geht spazieren, und siehe da: plötzlich kommt die rettende Idee geflogen, die sich der Anspannung nicht ergab, aber als freies Geschenk bereitwillig zur Stelle ist. Den optimalen Ertrag seiner Arbeitszeit holt nicht der heraus, der möglichst lange sitzt, sondern der, der den Wechsel von Anspannung und Entspannung am förderlichsten organisiert. Anspannung und Konzentration sind nötig für die saubere Ausführung der Idee, aber die Idee selbst braucht das Medium der Entspannung, ja, der Selbstvergessenheit.

Jacques Wirion — *E-Mail 12. Juni 2004*

Die Christen glauben immer, sie hätten alles Gute in die Welt gebracht, die Inspiration zum Beispiel und die Kreativität, wie Du mir weiszumachen versuchst, und noch die Toleranz und die Menschenrechte, die im Kampf gegen die Kirchen entwickelt wurden, erklären sie zu Säkularisaten des Christentums. Gegen diese Vereinnahmung hat sich bereits Hans Blumenberg zur Wehr gesetzt (in *Die Legitimität der Neuzeit*). In der *Süddeutschen Zeitung* von heute steht ein Artikel von Herbert Schnädelbach, der Blumenbergs Linie fortsetzt. Das Profane ist unser Schicksal, pointiert er. «Wir sind tatsächlich Heiden; als Beleg genügt die Tatsache, daß wir offenbar ans Christentum erinnert werden müssen. Wir sind so heidnisch, daß wir meist nicht einmal wissen, daß wir Heiden sind und warum, und dies deshalb, weil wir vergessen haben, was Christsein bedeutete und überhaupt bedeuten könnte … Die Bitte um das tägliche Brot richten wir nicht an den Vater im Himmel, sondern an den Sozialstaat. Statt um Regen zu beten, schaltet der Landwirt die Tagesschau ein und wendet sich bei anhaltender Trockenheit an Brüssel um Subventionen. Bei Krankheiten sind Wunder vielleicht unsere letzte Hoffnung, aber wir verlassen uns lieber nicht auf die frommen Wunderheiler, sondern auf die Schulmedizin. Was wir leben, nannte Ludwig Feuerbach praktischen Atheismus. Der wird aber nicht mehr begleitet von religiöser Symbolik und Rhetorik wie im 19. Jahrhundert, denn er ist so praktisch geworden, daß Atheismus selbst nicht einmal mehr ein Thema ist; daß die Staatsmarxisten ihn zur Staatsreligion erhoben, hat ihm endgültig den Rest gegeben. Unsere Kultur ist nicht nur postchristlich, sondern auch post-atheistisch.»

Schnädelbach schließt mit einer Wendung gegen Jürgen Habermas. Dessen Befürchtung, unsere Sinnressourcen könnten im Zuge der Aufklärung versiegen, teile er nicht. «Die Quellen unserer religiösen Vergangenheit sprudeln nicht mehr. Das jüdisch-christliche und antike Erbe ist im aufgeklärten Humanismus unserer Tage abgegolten. Das hat nichts mit Undankbarkeit oder gar Respektlosigkeit zu tun. Die profane Moderne ist unser Schicksal. Wir leben jenseits des Christentums.»

Hermann Kurzke — *E-Mail 15. Juni 2004*

Ich bestreite, daß diese Quellen nicht mehr fließen. Das klassische Dogmenchristentum mag erledigt sein, aber die Spuren des Christlichen sehe ich überall, sie sind sogar das Salz in der Suppe, das von ihnen endgültig emanzipierte Profane ist langweilig. Der Schnädelbachsche «aufgeklärte Humanismus» hat kein Verhältnis zum prinzipiell Unaufklärbaren, zur Kontingenz und zum Tod. Das alles hatten wir schon, aber ich suche noch einmal nach neuen Worten dafür. Trost im Tod, wie notwendig ist das! Wie wunderbar tröstet Thomas Manns Joseph den sterbenden Mont-kaw, seinen Vorgänger als Hausmeier bei Potiphar! Wie schön ist hier der Tod! Ich kopiere Dir die Passage hinein:

> Josephs Rechte lag auf den bleichen Händen des Abscheidenden, und mit der Linken hielt er ihm befestigend den Schenkel.
> «Friede sei mit dir!» sprach er. «Ruhe selig, mein Vater, zur Nacht!

Siehe, ich wache und sorge für deine Glieder, während du völlig sorglos den Pfad des Trostes dahinziehen magst und dich um nichts mehr zu kümmern brauchst, denke doch nur und sei heiter: um gar nichts mehr! Um deine Glieder nicht, noch um die Geschäfte des Hauses, noch um dich selbst und was aus dir werden soll und wie es sein mag mit dem Leben nach diesem Leben, – das ist es ja eben, daß alles dies und das Ganze nicht deine Sache und Sorge ist und keinerlei Unruhe dich deswegen zu plagen braucht, sondern du's alles sein lassen kannst, wie es ist, denn irgendwie muß es ja sein, da es ist, und sich so oder so verhalten, es ist dafür bestens gesorgt, du aber hast ausgesorgt und kannst dich einfach betten ins Vorgesorgte. Ist das nicht herrlich bequem und beruhigend? Ist's nicht mit Müssen und Dürfen heut wie nur jemals, wenn dir mein Abendsegen empfahl, doch ja nicht zu denken, du müßtest ruhen, sondern du dürftest? Siehe, du darfst! Aus ist's mit Plack und Plage und jeglicher Lästigkeit. Keine Leibesnot mehr, kein würgender Zudrang noch Krampfesschrecken. Nicht ekle Arznei, noch brennende Auflagen, noch schröpfende Ringelwürmer im Nacken. Auf tut sich die Kerkergrube deiner Belästigung. Du wandelst hinaus und schlenderst heil und ledig dahin die Pfade des Trostes, die tiefer ins Tröstliche führen mit jedem Schritt. Denn anfangs ziehst du durch Gründe noch, die du schon kennst, jene, die dich allabendlich aufnahmen durch meines Segens Vermittlung, und noch ist einige Schwere und Atemlast mit dir, ohne daß du's recht weißt, vom Körper her, den ich hier halte mit meinen Händen. Bald aber – du achtest des Schrittes nicht, der dich hinüberführt – nehmen Auen dich auf der völligen Leichtigkeit, wo auch von ferne nicht und auf das unbewußteste eine Mühsal von hier aus mehr an dir hängt und zieht, und allsogleich bist du jeglicher Sorge und Zweifelsnot ebenfalls ledig, wie es sei und sich etwa verhalte mit dir und was aus dir werden solle, und du staunst, wie du dich jemals mit solchen Bedenklichkeiten hast plagen mögen, denn alles ist, wie es ist, und verhält sich aufs allernatürlichste, richtigste, beste, in glücklichster Übereinstimmung mit sich selbst und mit dir, der du Mont-kaw bist in alle Ewigkeit. Denn was ist, das ist, und was war, das wird sein. Zweifeltest du in der Schwere, ob du dein Ölbäumchen finden würdest in drüberen Gefilden? Du wirst lachen über dein Zagen, denn siehe, sie ist bei dir, – und wie sollte sie nicht, da sie dein ist? Und auch ich werde bei dir sein, Osarsiph, der verstorbene Joseph, wie ich für dich heiße, – die Ismaeliter werden mich dir bringen. [...] Fahr wohl denn, mein Vater und Vorsteher! Im Lichte und in der Leichtigkeit sehen wir beide uns wieder.»

Und die Kontingenz. Von meinem Vater überliefert und in Andeutungen immer wieder zitiert lebt in meiner Familie die Bergpredigt in Gestalt des Wortes von den Vögeln des Himmels und den Lilien auf dem Felde. Eine Tante von mir, die Paramentenstickerin ist, hat uns den Spruch auf einen Wandteppich gestickt, den ich mein Leben lang in all meinen Wohnungen aufgehängt habe:

> Betrachtet die Vögel des Himmels. Sie säen nicht, sie ernten nicht, sie sammeln nicht in die Scheunen und euer himmlischer Vater ernährt sie doch.
> Betrachtet die Lilien des Feldes, wie sie wachsen. Sie arbeiten nicht und spinnen nicht. Nicht einmal Salomon in all seiner Pracht war gekleidet wie eine einzige von ihnen.

Fürchte dich nicht. Sammle nicht in die Scheunen. Laß dich nicht erpressen durch die Sorge ums tägliche Brot oder um dein Aussehen. Laß fahren die Angst um dich selbst. Sei frei. Das ist für mich Christentum. Etwas Schlimmeres als der Tod kann doch gar nicht passieren. Und was ist schon der Tod? Die Schlußstrophe des Liedes vom Schnitter lautet:

Trutz Tod komm her ich fürcht dich nit
Trutz komm und tu ein Schnitt
Wann er mich wegfretzet
So werd ich versetzet
Ich will es erwarten
In himmlischen Garten
Freu dich schöns Blümelein.

Der aufgeklärte Humanist ist ein Träumer. Er hält Schmerzen und Erniedrigungen für inhuman und will sie deshalb besiegen. Unbesiegbare Schmerzen passen nicht in sein Konzept. Er hat für sie keine Deutung und pflegt sie deshalb zu verdrängen. Der Christ ist ein Realist. Er hält Schmerzen und Erniedrigungen für unvermeidlich und deutet sie, um aus ihnen eine Kraft zu machen. Die Schlußstrophe eines Liedes von Paul Gerhardt verspricht:

Er [der Heiland] bringt mich an die Pforten,
die in den Himmel führt,
daran mit güldnen Worten
der Reim gelesen wird:
«Wer dort wird mit verhöhnt,
wird hier auch mit gekrönt;
wer dort mit sterben geht,
wird hier auch mit erhöht.»

Aber nicht nur die christliche, auch die profane Welt kennt die Heiligung von Schmerz und Tod als Preis der Liebe. Im vierten der Wagnerschen Wesendonck-Lieder (wir hörten sie neulich) heißt es poetisch holprig, aber durch Glücksverzicht und wehmütige Musik geadelt:

Und gebieret Tod nur Leben,
Geben Schmerzen Wonne nur:
O wie dank ich, daß gegeben
Solche Schmerzen mir Natur!

Jacques Wirion — *E-Mail 3. Juli 2004*

Tod, Leid und Schmerz sind die nie versiegenden Quellen des Religiösen. Und es ist gerade diese Provokation einer fast zwanghaften Logik des Daseins, die mich in der Immanenz nach Trostgründen suchen läßt. Meine Offenbarung finde ich in den schönen Dingen des Diesseits, in der Liebe, der Kunst, dem Genuß, aber auch in der Hinnahme der Vergänglichkeit als einem trostreichen Geschenk angesichts des

Unerträglichen in dieser Welt. Das Thomas-Mann-Zitat und die meisten religiösen Texte und Lieder Deines Briefes zielen auf die Reduzierung von Angst angesichts des Endes und der Schmerzen und heben damit eine positive Funktion des Religiösen hervor, die bisher im kirchlichen Diskurs nicht nur vernachlässigt, sondern durch die Betonung der Höllenschrecken geradezu pervertiert worden war. Aber reduzierst Du damit nicht die christliche Verkündigung auf ein süßliches Herz-Jesu-Christentum? Wieso kannst Du gegen den Strich der überlieferten Verkündigung das Züchtigungsmittel dieser todernsten Naphta-Akzente auslassen?

Was die Haltung gegenüber dem Schmerz betrifft, so bin ich nicht so sicher, daß der Humanist ein Träumer ist und der Gläubige ein Realist. Wenn die Menschen auf Deine Realisten gehört hätten, so würden wir noch heute narkosefrei operiert. Die Anästhesie ist nicht die Erfindung von Träumern, sondern von Wissenschaftlern, die den Schmerz in seinen vielen Formen als dem Menschen nicht zumutbar empfanden und reale Mittel gegen ihn erfunden haben. Daß damit das Leid nicht aus der Welt geschafft wurde, weiß auch der Humanist, ja er weiß so gut wie der Fromme, daß das Leid Prozesse der Reifung initiieren kann.

Hermann Kurzke *E-Mail 10. Juli 2004*

Unser Gespräch erinnert mich an die Szene aus *Madame Bovary* (so wie sie Thomas Mann in den *Betrachtungen eines Unpolitischen* zitiert), wie der aufgeklärte Apotheker und der Landgeistliche an Emmas Leiche beisammen sitzen und ihre Weltanschauungen aufeinanderprallen:

> ‹Da Gott stets weiß, was uns not tut, wozu das Gebet?› – ‹Sind Sie denn kein Christ?› – ‹Ich bewundere das Christentum, es hat zuerst die Sklaverei abgeschafft ...› – ‹Davon reden wir nicht. Die Bibel ...› – ‹Gehen Sie mir mit der Bibel! Die Jesuiten ...› Zuweilen werden sie durch den Eintritt Karl Bovary's unterbrochen, den es

> zu der Leiche zieht. Er ist es, dessen Frau gestorben ist, und es scheint, als erhöhe ihn dies auf irgend eine Weise über die Streitigkeiten der beiden Biedermänner. Jedenfalls wirkt seine Figur sehr ernst und respektabel, jedesmal, wenn er eintritt. «Sobald Karl das Zimmer verlassen hatte, begannen die beiden ihre Erörterungen von neuem. ‹Lesen Sie Voltaire!› sagte der eine. ‹Lesen Sie Holbach! Die Enzyklopädisten!› – ‹Lesen Sie die Briefe einiger portugiesischen Juden', sagte der andere, ‹lesen Sie die Grundlagen des Christentums von Nicolas!› – Sie regten sich auf, bekamen rote Köpfe und redeten gleichzeitig ineinander hinein. Bournisien war entrüstet über die Vermessenheit des Apothekers, Homais erstaunt über die Beschränktheit des Priesters. Sie waren beide nahe daran, sich Beleidigungen zu sagen ...» Endlich schlafen sie ein. «So saßen sie einander gegenüber, mit vorgestreckten Bäuchen, mit ihren aufgedunsenen Gesichtern voller Stirnrunzeln. Nach all ihrem Zwist vereinte sie die gleiche menschliche Schwäche. Sie regten sich ebensowenig wie der Leichnam neben ihnen, der zu schlummern schien. Karl kam. Er weckte die beiden nicht. Er kam zum letzten Male. Um Abschied von *ihr* zu nehmen.»

Damit möchte ich nicht gerade sagen, wir hätten nur ein müßiges Gestreite veranstaltet in den Jahren unseres Austauschs. Aber daß es jenseits der Frage Atheismus oder Christentum eine starke Gemeinsamkeit gibt. Nicht nur die der Körper – daß wir schlafen müssen wie Homais und Bournisien, und essen und lieben –, sondern auch unserer Lebensauffassungen, und daß der Tod immer ehrwürdiger ist als unsere Worte, und vielleicht auch, daß er uns erhöht wie er Charles Bovary erhöht.

Ich glaube nicht, daß wir in unserem praktischen Verhalten sehr verschiedenen Impulsen folgen. Unsere Leben sehen recht ähnlich aus. Beide versuchen wir, Humanisten und Demokraten zu sein. Dein Atheismus macht Dich nicht zu einem asozialen Egoisten, mein Christentum mich nicht zu einem spanischen Folterknecht. Ist die Frage Atheismus oder Christentum am Ende gar nicht so wichtig? Sitzen wir nicht in ein und demselben Boot?

Was natürlich auch heißen könnte, daß einer von uns seinen Rollenplatz nicht ausgefüllt hätte: Vielleicht bist Du, Deiner katholischen Sozialisation halber, unausweichlich ein Christ geblieben und sitzt in «meinem» Boot. Oder ich bin längst keiner mehr und sitze bei Dir im atheistischen Boot.

Jacques Wirion *E-Mail 15. November 2004*

«Die Wahrheit liegt in der Mitte: zwischen zwei Menschen, die aufeinander zugehen.»

Elazar Benyoëtz

12. Stichomythie

Es ist Zeit für Neugier auf Religion.

Ich kenne einen Fuchs, der sich selber die Trauben höher hängt.

Komm heim, rufen die Glocken.

Religion, die sich im Verwesungsprozeß befindet.

Kontingenzbewältigung prinzipiell unabschließbar,
daher unaufhebbare Notwendigkeit von Religion.

Religion ist das Opium des Volks. (*Karl Marx*)

Ohne Opium ist das Leben gar nicht zu ertragen.

… selbstverschuldete Unmündigkeit …
autoritätshöriger Infantilismus …

Ist Onanieren wirklich besser als Beten?

… der faule Ernst des Dezisionismus

Meine eigenen Kinder übernehmen von mir nicht den Glauben, sondern die Ironie.

Ich glaube dir deinen Unglauben nicht.

Aliud credere aliud credere esse credendum.

Wer die Freiheit liebt, kann sich nicht bereitwillig in einen Sinn einjochen wollen. (*Cioran*)

Wo keine Götter sind, walten Gespenster. (*Novalis*)

Das Glück der Illusion hat etwas Wärmendes, dasjenige der Erkenntnis ist streng und herb.

Unruhig ist unser Herz, bis daß es ruhet in dir. (*Augustinus*)

Du bestehst aus Verweisung, Entschädigung, Ersatz, bist ein Destillat aller frühen, unerfüllten Ahnungen und Ängste. (*Tilmann Moser*)

«Gott» bedeutet Angenommensein, Freiheit, Gelassenheit, Ironie – Glück.

… wie du aus dem Gottestraum nicht aufwachen willst …

Wir tragen immer Erdenschmutz in unsere Gottesbilder hinein.

Ein Gott, der da mitmacht, kann mir gestohlen bleiben.

Ich weiß, daß ohne mich Gott nicht ein Nu kann leben. (*Angelus Silesius*)

Wie? Wann? Und Wo? Die Götter bleiben stumm.
Du halte dich ans Weil und Frage nicht Warum.
(*Goethe*)

Ja, freilich ist Gott ein Erzeugnis der Menschen.

Mythosverzicht ist angesagt.

Aber ist Mythosverzicht nicht auch eine große Erzählung?

… deine Taktik, meine Mythosdistanzierung als einen Mythos hinzustellen …

Gott ist nicht das Gute, sondern das Ganze. (*Thomas Mann*, Joseph und seine Brüder)

Wenn die Leute eine Lebenslüge entwickelt haben, die ihnen hilfreich ist, sollte niemand sie mit der Wahrheit heilen wollen, die sie ja noch tiefer in die Verzweiflung stürzt.

«Die verlorene Hoffnung auf Auferstehung hinterläßt eine spürbare Leere.» (*Jürgen Habermas*)

Die Botschaft hör ich wohl, allein ... (*Faust*)

Wollte man auf Eco eine postmoderne Kirche gründen, dann müßte es eine Kirche der Ungläubigen sein, die nicht Dogmen verkündet, sondern Mythen kultiviert.

Ein Glaube, der nicht mehr darstellt als einen spielerischen Umgang mit der Tradition, scheint mir nicht geeignet, viel Überzeugungskraft zu vermitteln.

Religion ist nicht nur Offenbarung, sondern immer auch ein Produkt kultureller Tätigkeit.

Du lobst den Glauben aus praktischen Gründen in bezug auf Kultur und Lebenskunst, und genau das ist es, was ihn mir anrüchig macht und mich von ihm fernhält: sein praktischer Nutzen.

Die Annahme einer Kommunikationsfigur «Gott» erlaubt befreiende Diskurse, die ohne sie keinen Lebensraum haben.

Können wir die traditionellen Werte wirklich durch den Willen retten, indem wir das Wissen verleugnen?

Liturgie ist Theater.

Wirst du nicht unfreiwillig zu einem Schauspieler?

Wer den Menschen für Gottes Ebenbild hält, will Gott ähnlich werden. Wer ihn für einen Affen hält, muß sich mit Affenähnlichkeit zufriedengeben.

Mich stört das autosuggestive Moment.

Spielen ist besser als Heucheln.

Die Suche nach Sinn entspringt der Furcht vor der Freiheit.

Ein stolzes Wort.

Leben, das Sinn hätte, fragte nicht danach; vor der Frage flüchtete es. (*Adorno*)

Nichts verdrängt der mündige Mensch so sehr wie seine unaufhebbare Unmündigkeit.

Was ist grundsätzlich unaufklärbar? Werfen da nicht manche die Flinte zu früh ins Korn?

Man kann die Flinte auch zu spät ins Korn werfen.

Da die Kirche nicht erreicht hat, daß die Menschen tun, was sie lehrt, lehrt die Kirche heute das, was sie tun. (*Nicolas Gomez Davila*)

Die Wissenschaft wird irgendwann ihre Zauberweisen ausgesungen haben, denn die Erforschung der Welt ist ein endliches Unterfangen.

Der Fortschrittsdenker haßt den Kreis.

Jede erste Bewegung, alles Unwillkürliche ist schön; und schief und verschroben alles, sobald es sich selbst begreift. (*Kleist*)

Je ne puis faire mieux. (*Montaigne*)

Der Zu-Fall ist so unerklärlich wie der Ein-Fall.

Wenn ich den Zufall akzeptiere, muß ich keine personale Gottheit mit der Absurdität des Daseins belasten.

Das Nichts ist eine kulturelle Fiktion ebenso wie Gott, der Sinn oder die Große Ordnung des Seins.

... asketische Annahme der Sinn- und Trostfreiheit ...

... eine Art Romantisierung des Nichts ...

... eine Antwort von Erwachsenen für Erwachsene ...

Ist das Leben überhaupt denkbar, überhaupt schön ohne Schmerz?

... die Gefahren dieser religiösen Vergoldung des Negativen ...

Wenn Glück Schmerzfreiheit ist, ist dann großes Glück möglich ohne Kenntnis großer Schmerzen?

Fatalismus: indem man sich quasi gegen die Gesundheit immunisiert …

Das Gesundheitsideal der heutigen Medizin und Psychoanalyse ist der entspannte Egoist.

Man muß für seinen Arzt geboren sein, sonst geht man an seinem Arzt zu Grunde. (*Friedrich Nietzsche*)

Wenn Christsein per definitionem ungesund wäre?

Da die Welt so sehr dem Leid ausgeliefert ist, finde ich es nicht recht, sie noch in dieser Seinsstruktur zu bestätigen.

Der aufgeklärte Humanist ist ein Träumer. Der Christ ist ein Realist.

Wenn die Menschen auf deine Realisten gehört hätten, würden wir heute noch narkosefrei operiert.

Wenn du deinen Schmerz nicht besiegen kannst, mach ihn zu deinem Freund.

… Dolorismus …

… Inkontentabilität …

Warum? Darum. Basta!

Eine Bibel schreiben zu wollen ist ein Hang zur Tollheit, wie ihn jeder tüchtige Mensch haben muß, um vollständig zu sein. (Novalis)

Für mich stehen Thomas Manns biblische Romane weit über der trockenen biblischen Vorlage.

Alle großen Dichtungen sind Apokryphen zur Bibel.

Das Leben ist eine Summe von kleinen Vergnügen.

Doch alle Lust will Ewigkeit, will tiefe, tiefe Ewigkeit. (*Nietzsche*)

Ich habe noch Schlimmeres an mir als die Unzulänglichkeit: nämlich, daß sie mir kaum mißfällt. (*Montaigne*)

Seid vollkommen, wie euer Vater im Himmel vollkommen ist. (*Bergpredigt*)

Dieses Lebens schmale Leier und schlanke Flamme
ist, dächt' ich, immer auch schon was.

Mein Reich ist nicht von dieser Welt. (*Joh 18, 36*)

… metaphysische Arroganz …

Betrachtet die Vögel des Himmels, sie säen nicht, sie
ernten nicht, sie sammeln nicht in die Scheunen
und euer himmlischer Vater ernährt sie doch.
(*Bergpredigt*)

Ja, davon, vom Glück der Konzentrationslager,
müßte ich Ihnen erzählen … (*Imre Kertész*)

Das Glück ist alles in allem eine unzuverlässige
Dame, die sich nicht manipulieren läßt.

So tut man, als ob man das Glück gar nicht
anvisiere, und blinzelt an ihm vorbei irgendwohin
in die Ferne.

… bis er erkannte, daß rein und groß nur der Traum
ist, niemals die Wirklichkeit …

Die kleinen Tröster: ein schmackhaftes Essen,
schönes Wetter, eine gemütliche Stube, ein gutes

Gespräch, einige Süßigkeiten oder ein Glas erfreulichen Weines …

Das ist doch auch eine Art Freiheit: dem Wohlleben nicht verfallen zu sein, unabhängig zu sein von heiterer Sinnlichkeit, gutem Essen und schönen Frauen.

… daß Augustinus dem eigenen Körper nicht verzeihen kann, daß der Geschlechtstrieb nicht vom freien Willen abhängt.

Gott aber sieht gnädig die Guttat an, habe sie auch in der Fleischlichkeit ihre Wurzel. Absolvo te. (*Gregorius in Thomas Manns Roman* Der Erwählte)

Origenes hat sich gewissen Quellen zufolge selbst entmannt.

Ama et fac quod vis. (*Augustinus*)

Magus mavult mentem mutare quam mundum.

O felix culpa, quae talem ac tantum meruit habere redemptorem. (*Aus dem Exsultet der Osternacht*)

Was an der Schuld beglückend sein sollte, wird heute immer weniger verständlich.

Ein bißchen Sündenbewußtsein täte dem egozentrischen Durchschnittsdummkopf von heute gute Dienste.

Reue vermag das eigene Leben in der Erinnerung zu erniedrigen.

Leiden sei all mein Gewinst,
Leiden sei mein Gottesdienst.
(*Lenz bei Büchner*)

Wenn wir anderen zuliebe leiden, so ist das in Ordnung, solange wir ihnen damit helfen, nicht aber wenn wir uns mit ihnen in einen Teufelskreis des Leidens begeben.

Es ist doch unser Tun umsonst, auch in dem besten Leben. (*Martin Luther*)

Niemand weiß genau, wohin es geht, aber wir müssen halt weiter.

Es gibt tiefere, verborgenere Schuld als die wir wissentlich empirisch auf uns laden (Thomas Manns Goethe, *Lotte in Weimar*)

… Gift der Selbsterniedrigung und -beschuldigung …

Dem Fatalismus trotzen. Das Gute tun, gleich was es fruchte, ob es belohnt wird oder bestraft, ob es fördert oder bremst.

Alles was wir tun, müssen wir um seiner selbst willen tun, nicht weil wir etwas von denjenigen erwarten, denen zuliebe wir es tun.

Altruismus überfordert immer, erzeugt auf die Dauer psychosomatische Beschwerden. Wie nun, wenn der Christ sie tragen müßte? Wenn Christsein per definitionem ungesund wäre?

Altruismus mag überfordern, aber irgendwann muß er auch dem Altruisten Glück verschaffen in dieser Welt, denn da für mich das Himmelreich im Jenseits eine leere Versprechung ist, muß die Bilanz diesseitig stimmen.

Es ist Kultur, die Fratze des Todes zu schminken.

Wer eingesehen hat, daß am Nichtleben gar nichts Schreckliches ist, den kann auch am Leben nichts schrecken. (*Epikur*)

Der Mensch soll an Unsterblichkeit glauben, er hat dazu ein Recht, es ist seiner Natur gemäß. (*Goethe*)

Ist der Preis nicht zu hoch, wenn das Glück ganz aus dieser Welt entfernt und allein in das Himmelreich verlegt wird?

Was mich betrifft, so bilde ich mir ein, der Weltuntergang würde mich nicht überraschen.

Liebe Brüder und Schwestern, wir werden alle sterben, vielleicht auch ich … (*Ein Pfarrer*)

Der Blick auf ein ewiges Leben ist nicht finsterer Aberglaube, sondern verleiht Souveränität.

Das Heil, das uns die Frommen im Jenseits in Aussicht stellen, hat für sie den Vorteil, daß es nicht zu überprüfen ist.

Wir sehen uns, wenn ich tot bin.

Druckvermerke, Quellenhinweise, Übersetzungen fremdsprachiger Zitate

1. *Frömmigkeit ohne Glauben*

11 DAS GEWALTIGE BUCH UNTER KLEINEN GEISTERN Erschienen in der FAZ am 22. 12. 2000, hier stark gekürzt. Bei den besprochenen Büchern handelt es sich um *Haffmans' Profane Bibel-Bibliothek* (Haffmans) und *Das Bibel-Projekt* (Fischer Taschenbuch Verlag).

15 WENN ES WINTER WIRD Aus Hölderlins Gedicht *Hälfte des Lebens*.

16 WEDER EIN FALKE Anspielung auf Rilkes Gedicht *Ich lebe mein Leben in wachsenden Ringen*, mit der Strophe «Ich kreise um Gott, den uralten Turm, und ich kreise Jahrtausende lang; und ich weiß nicht: bin ich ein Falke, ein Sturm, oder ein großer Gesang.»

GLEICH EINER ALTEN Aus der *Zueignung* zu Goethes *Faust*.

17 FRÖMMIGKEIT OHNE GLAUBEN Erschienen in der *Literarischen Welt* am 30. 03. 2002 (hier leicht gekürzt).

22 WELCH EIN FREUNDLICHER AUGENBLICK Am Schluß von Goethes Roman *Die Wahlverwandtschaften*.

2. *Heiliger Thomas Mann oder: Wozu Vorbilder?*

28 NUN, IST DAS EIN WORT Lao-Tse, hier nach Brechts *Legende von der Entstehung des Buches Taoteking auf dem Weg des Laotse in die Emigration*.

29 TEILHABEN LASSEN AM GLÜCK Auszüge aus einem Artikel über mein Buch *Thomas Mann. Das Leben als Kunstwerk* (C.H.Beck München 1999), der in der *Literarischen Welt* am 08. 06. 2002 erschien.

33 TOUT COMPRENDRE Alles verstehen heißt alles verzeihen.

36 VON DER LUST, EIN VORBILD ZU SEIN Zuerst in *d'Lëtzebuerger Land* 08. 11. 2002.

41 Von Strand zu Strand Zitate und Anspielungen aus Thomas Manns Erzählung *Der Tod in Venedig*, einige wenige aus *Buddenbrooks*.

3. *Geist und Fleisch*

49 Weil er er war, weil ich ich war Erschienen in *d'Lëtzebuerger Land* am 01.10.2004 unter dem Titel *Liebe in stiller Gestalt*. Die Montaigne-Zitate finden sich in den *Essais*.

53 Via Traumpost Es wurden hauptsächlich Zitate und Textbausteine verwendet aus Friedrich von Spees Kirchenliedern und seiner *Trutznachtigall* (Erstdruck 1649) sowie aus der *Heiligen Seelenlust* und dem *Cherubinischen Wandersmann* des Angelus Silesius (beide 1657). Der Tonfall der Briefe orientiert sich an dem von Peter Knauer übersetzten Briefwechsel des Ignatius von Loyola.

66 La vanité est Die Eitelkeit ist so tief ins Herz des Menschen gepflanzt, daß ein gemeiner Soldat, ein Troßbube, ein Koch, ein Lastträger sich rühmt und seine Bewunderer haben will; ja selbst die Philosophen wollen dieses. Und die, welche dagegen schreiben, suchen den Ruhm, gut geschrieben zu haben; und die, welche es lesen, wollen den Ruhm haben, es gut gelesen zu haben; und ich, der ich dieses schreibe, habe vielleicht diesen Wunsch, und die, welche es lesen werden, vielleicht …

4. *Vom Kreuz des Fortschritts und vom Fortschreiten des Kreuzes*

68 Hein, le progrès, quelle blague Na ja, der Fortschritt, so ein Witz!

69 Wohin schreiten sie denn bloss fort? Zuerst in: *nos cahiers*, Luxembourg, Heft 2, 2003. Titel in Anspielung auf einen Loriot-Sketch, in dem eine Figur bei einem Pferderennen mit unglücklicher Miene immer die Frage wiederholt: Wo laufen sie denn bloß hin?

J'ai découvert Ich habe festgestellt, daß das ganze Elend der Menschen aus einer einzigen Ursache stammt: Sie können nicht ruhig in einem Zimmer bleiben.

75 Die gekreuzigte Liebe Zuerst in der *Literarischen Welt* am 19.04.2003 (hier gekürzt).

80 Aspice qui transis Schau hin, der du vorübergehst, denn du bist die Ursache meiner Schmerzen.

5. *Die Frage nach dem Glück*

86 Annäherungen Überarbeitete und stark gekürzte Fassung einer Veröffentlichung in zwei Teilen in den *Cahiers Luxembourgeois* 2002,4 und 2003,1)

Si le bonheur Wenn das Glück möglich ist (Und Epikur sagt sogar mehr: daß es existiert, daß er es erlebt hat, und darin sind sich fast alle Weisen einig), wenn das Glück also möglich ist, so setzt es eine Umkehr des Wünschens voraus, und diese Umkehr nennt man Weisheit: nicht mehr das wünschen, was uns fehlt (das ist der Weg des Un-Glücks oder der Religion: Plato, Pascal, Schopenhauer ...), nicht mal das, was wir besitzen (weil wir es verlieren können), nicht mal das, was wir sind (da wir nichts sind), aber das, was wir leben, kennen oder tun. Das ist der wesentliche Punkt, an dem sich die großen Weisheitslehren des Okzidents begegnen, die epikuräische und die stoische, und die der Orient auf seine Art bestätigt. Es geht darum, das Wirkliche zu wünschen – es zu lieben, wenn man kann, es anzunehmen, wenn man das nicht kann –, so wie es ist, statt daß man sich ihm immer verweigert, um das Un-Wirkliche zu wünschen. Das Glück ist so einfach wie ein Grußwort, und deshalb ist es so schwierig: es ist nur ein großes Ja an die Adresse der Welt und des Lebens.

87 am Meeresufer ein Gesicht im Sand Michel Foucault am Schluß seines Buches *Die Ordnung der Dinge* (dt. 1971).

92 I wonder Mich wundert, wie doch Mensch dem Menschen traut. (Shakespeare, *Timon von Athen*, übersetzt von Dorothea Tieck)

96 La foiblesse «Es ist eine Wirkung unseres elenden Zustands, daß die Sachen nicht in ihrer Reinigkeit, und ihrem einfachen Wesen in unsere Sinne fallen können … Kein Vergnügen, kein Glück, das wir genießen, ist von einer gewissen Vermischung von Übel und Verdruß befreit … Der größte Grad der Freude ist mehr ernsthaft als lustig, und ein vollkommenes Vergnügen ist mehr gelassen als scherzhaft. Das Glück selbst, wenn

es nicht gemäßigt ist, wird uns zur Last. (Seneca)» Übersetzt von J. D. Tietz.

99 J'ai encore «Ich habe noch Schlimmeres an mir als die Unzulänglichkeit, dies nämlich, daß sie mir kaum mißfällt und daß ich, eingedenk der Lebensweise, die ich mir vorgenommen habe, kaum versuche, sie zu heilen.» Übersetzt von Herbert Lüthy.

101 Être humain «Mensch sein heißt, vage fühlen, daß von allen etwas in jedem steckt und von jedem etwas in allen. Nichts beweist mir, daß ich nie die gegnerische Seite oder Meinung einnehmen würde. Es gibt Anteile vom Opfer im Henker und vom Henker im Opfer, vom Gläubigen im Ungläubigen und vom Ungläubigen im Gläubigen. Es gibt Übergänge von einem zum anderen; und vielleicht ist es gerade diese Verwandlungskraft, die das eigentliche Wesen des Ichs ausmacht.»

102 Quant à moy «Was mich angeht, so könnte ich wohl allgemein wünschen, anders zu sein; ich kann mein ganzes Wesen verwerfen und mit Mißfallen betrachten und kann Gott um meine gänzliche Bekehrung und um Vergebung meiner natürlichen Schwachheit anflehen. Aber Reue, dünkt mich, darf ich das nicht nennen, sowenig wie das Bedauern, weder ein Engel noch ein Cato zu sein. Meine Handlungen haben ihre Richtschnur und entsprechen dem, was ich bin und wer ich bin. Ich kann es nicht besser machen. Und die Reue kann nicht eigentlich Dinge betreffen, die nicht in unserer Macht liegen, sondern höchstens das Bedauern.» Übersetzt von Herbert Lüthy.

L'homme heureux Glücklich ist der Mensch, der sich mit Vergnügen beim Aufwachen wiederfindet und sich als der erkennt, der er sein möchte.

113 Le fait que la vie Die Tatsache, daß das Leben keinen Sinn hat, ist ein Grund zu leben, der einzige übrigens.

106 O felix culpa O glückliche Schuld, die einen so großen Erlöser verdient hat.

107 Augustin Den Gedanken der Entlastung Gottes auf Kosten des Menschen verdanke ich Hans Blumenberg.

6. Um Himmels willen

129 UTILE ET DULCE EST Es ist nützlich und süß.

MANSIONES CAELOREM Wohnungen des Himmels. Lukullus, römischer Feldherr (117–57 v. Chr.), bekannt durch seine Siege in Asien und seine üppigen («lukullischen») Gastmahle, wird 1939 von Bertolt Brecht vor ein Totengericht zitiert (in dem Hörspiel *Das Verhör des Lukullus*). Die Geschworenen sind einfache Leute, ein Fischer, ein Bauer, ein Lehrer, Legionäre, Plebejer und Proletarier. Die Siege und die Siegesbeute des Lukullus imponieren ihnen nicht. Alexander den Großen, den Lukullus als Zeuge benennt, kennen sie nicht. Sie urteilen vom Standpunkt der Opfer: Ins Nichts mit ihm. Im Text Übernahmen aus Brechts *Verhör des Lukullus*, Klopstocks *Messias*, ferner aus Goethes *Faust* und aus Schriften Gottfried Arnolds.

135 RELIGIÖSE RESIDUEN Zuerst erschienen in *d'Lëtzebuerger Land* 29.08.2003.

137 DAS ÜBERFORDERTE ICH Erstdruck.

138 PREJUDICE IS Das Vorurteil taugt zu sofortiger Anwendung im Notfall; es hält das Denken in einem steten Fluß von Weisheit und Tugend und überläßt den Menschen im Augenblick der Entscheidung keinem Zögern, keinem Zustand von Skepsis, Verwirrung und Unentschlossenheit. Das Vorurteil macht aus der Tugend eines Menschen seine Gewohnheit und nicht eine Reihe unverbundener Handlungen. Dank dem richtigen Vorurteil wird aus seiner Pflicht ein Teil seines Wesens.

7. Von Krankheit und Gesundheit

146 PATER PECCAVI Vater, ich habe gesündigt. (Lk 15,18)

153 ADVENTSFEUILLETON IN DER PATIENTENRUNDE Erschienen in der Zeitschrift *Meditation*, Heft 4, 2003.

8. *Warum? Darum! Basta!*

161 Von der Notwendigkeit des Zufalls Zuerst erschienen in *d'Lëtzebuerger Land* 09.01.2004.

173 Umberto Eco an Kardinal Martini In: Carlo Maria Martini, Umberto Eco, *Woran glaubt, wer nicht glaubt?* Wien 1998.

176 Auf das Spiel verzichten Erstdruck.

9. *Sünde – eine Kosten-Nutzen-Rechnung*

178 Lob der Sünde Erstdruck.

189 Aliud credere Glauben ist etwas anderes als Glaubenwollen.

10. *Altruismus ist ungesund!*

200 Kirchenlied und Psychoanalyse Hier stark gekürzt, vollständig erschienen in: *Das Unbewußte in Zürich. Literatur und Tiefenpsychologie um 1900*, hrsg. v. Thomas Sprecher, Zürich 2000, S. 73–94. Dem Umfeld dieses Bandes entsprechend werden die Lieder im folgenden zitiert nach dem in Zürich um 1900 gebräuchlichen *Gesangbuch für die Evangelisch-reformirte Kirche der deutschen Schweiz*, Zürich 1891. Ferner wurden verwendet C.G. Jungs *Erinnerungen, Träume, Gedanken*, aufgezeichnet und herausgegeben von Aniela Jaffé, Zürich 1962, sowie Tilmann Moser: *Gottesvergiftung*, Frankfurt a. M. 1976.

213 Wann der Däiwel Wenn der Teufel (= Lästerer, Häretiker, Atheist) alt wird, wird er pfäffisch (frömmelnd).

11. *Postmodernes Christentum?*

221 Wie bist du so bespeit! Aus Paul Gerhardts Passionslied *O Haupt voll Blut und Wunden.*

223 Ama et fac quod vis Liebe, und tu was du willst.

224 Magus mavult Der Weise will lieber den Geist verändern als die Welt.

228 Glanz und Elend religiöser Restaurationen Zuerst erschienen als Schlußabschnitt des zusammen mit Rebecca Schmidt geschriebenen Aufsatzes *Fritz Schlosser als Sammler geistlicher Lieder*, in: Helmut Hinkel (Hrsg.): *Goethekult und katholische Romantik. Fritz Schlosser (1780–1851)*. Mainz 2002, S. 105–120.

242 Totengespräch Nr. 12 (Ausschnitt). (Unter Verwendung des sechsten Göttergesprächs von Christoph Martin Wieland, Sämmtliche Werke Bd. 25, Leipzig 1796, S. 76–99)

245 Was macht uns kreativ? Zuerst erschienen in *d'Lëtzebuerger Land* 02.07.2004.

255 Die Wahrheit Elazar Benyoëtz, *Treffpunkt Scheideweg*, München/Wien 1990, S. 85.

12. *Stichomythie*

257 Aliud credere Glauben ist etwas anderes als Glaubenwollen.

261 Je ne puis faire mieux Ich kann es nicht besser machen.

266 Ama et fac quod vis Liebe, und tu was du willst.

Magus mavult Der Weise will lieber den Geist verändern als die Welt.

O felix culpa O glückliche Schuld, die einen so großen Erlöser verdient hat.

Namenregister

Achenbach, Gerd 141
Adorno, Theodor W. 134, 261
Améry, Jean 144
Angelus Silesius siehe Scheffler, Johannes
Aristoteles 50 f.
Arnim, Achim von 231
Arnold, Gottfried 132
Augustinus 57, 107, 116, 121, 124, 198, 208, 257, 266

Barth, Karl 171
Baudelaire, Charles 73
Beethoven, Ludwig van 95
Becker, Hansjakob 145
Benjamin, Walter 191
Benyoëtz, Elazar 255
Benn, Gottfried 97
Beuys, Joseph 247
Bloch, Ernst 129, 174
Blumenberg, Hans 248
Börner, Gerhard 241
Bonhoeffer, Dietrich 171 f.
Brahms, Johannes 98, 163
Brecht, Bertolt 129, 133, 199, 208, 237
Brentano, Clemens 78, 231
Büchner, Georg 9, 215, 267
Burke, Edmund 138
Bultmann, Rudolf 171, 213
Bush, George W. 81

Canetti, Elias 175
Chargaff, Erwin 241, 245
Chopin, Frédéric 96, 111
Cicero 49
Claudel, Paul 149
Claudius, Matthias 205
Clinton, Bill 107
Cioran, Émile M. 113, 257
Comte-Sponville, André 86
Condorcet, Marquis de 72
Cortés, Donoso 240

Darwin, Charles 56, 65, 72, 167
Davila, Nicolas Gomez 240 f., 261
Delumeau, Jean 105, 148
Descartes, René 137
Diogenes 91
Dirks, Walter 233
Drewermann, Eugen 145
Dürer, Albrecht 137
Dürr, Hans-Peter 241

Ebner-Eschenbach, Marie von 177
Ehrenberg, Paul 31 f.
Einstein, Albert 247
Epikur 13, 51, 214 f., 217 f., 268
Emerson, Ralph Waldo 49, 51

Feuerbach, Ludwig 65, 131, 240, 249
Flaubert, Gustave 68, 73
Ford, Henry 177

Francke, August Hermann 197
Freud, Sigmund 65, 87, 103, 131, 153, 167, 241
Frisch, Max 107

Gehlen, Arnold 138
Gellert, Christian Fürchtegott 204
Gerhardt, Paul 9, 78 f., 205, 207, 229, 252
Gide, André 149
Gibson, Mel 226
Goethe, Johann Wolfgang von 13, 22, 26, 28, 54, 63, 80, 96, 102, 109, 111ff., 118, 125, 131, 146, 189, 208, 218, 247, 258 f., 268
Grautoff, Otto 33
Grimm, Jakob und Wilhelm 90, 231
Grünewald, Mathias 78

Habermas, Jürgen 81, 159, 166, 170, 198, 249, 259
Harpprecht, Klaus 34
Heine, Heinrich 170, 221
Herder, Johann Gottfried von 232
Hildesheimer, Wolfgang 34, 213
Hitler, Adolf 33
Hohl, Ludwig 71, 87
Horkheimer, Max 170, 198, 213
Hussein, Saddam 81

Ibsen, Henrik 183

Jean Paul 182, 184
Jung, Carl Gustav 200 f., 203
Jünger, Ernst 119

Kant, Immanuel 139, 241
Keller, Gottfried 65, 193, 220, 223
Kertész, Imre 90, 265
Kleist, Heinrich von 32, 65, 90, 93, 120, 228, 261
Klee, Paul 191
Klopstock, Friedrich Gottlieb 129, 131 f.
Kodalle, Klaus-Michael 241
Kopernikus, Nikolaus 63, 167
Korsch, Karl 129
Kracauer, Siegfried 51
Kudszus, Hans 176
Küng, Hans 145

Leonardo da Vinci 95
Leopardi, Giacomo 73
Lessing, Gotthold Ephraim 118, 176, 210
Lévinas, Emmanuel 175
Lukrez 101
Lukullus 129–133
Luther, Martin 61, 153, 186, 229, 267
Lütkehaus, Ludger 11, 163, 174

Maar, Michael 134
Maistre, Joseph de 240
Mandeville, Bernard de 216
Mann, Thomas 9, 12, 14 f., 18, 24, 28 ff., 32 ff., 36, 39, 41–45, 46, 68, 80, 134, 145 ff., 157, 171, 189, 203, 211, 218, 220 f., 223, 234, 253, 259, 267
Mahler, Gustav 134
Marquard, Odo 25, 110, 238 f.
Marx, Karl 17, 72, 224, 256

Meister Eckhart 92
Michelangelo, Buonarroti 95
Montaigne, Michel de 13, 35, 49 f., 52, 96, 99, 102, 113, 121, 137 f., 188, 208, 211, 261, 264
Moser, Tilman 40, 83, 195 f., 198, 200ff., 218, 257
Mozart, Wolfgang Amadeus 95, 212, 247
Munch, Edvard 17

Nietzsche, Friedrich 30, 65 f., 112, 117, 121, 126, 165, 174 f., 184, 218 263
Novalis 18, 22, 204, 257

Origenes 132, 210 f.

Pascal, Blaise 47, 66, 69, 86
Platen, August von 44 f.
Platon 65, 86

Raffaello Santi 95
Rahner, Karl 16
Raphael s. Raffaello
Ratzinger, Joseph 166, 170 f.
Renan, Ernest 25
Richter, Horst-Eberhard 66, 219
Rilke, Rainer Maria 99, 135, 164
Roth, Joseph 193
Russell, Bertrand 222

Sacher-Masoch, Leopold von 54
Sade, Marquis de 54
Sartre, Jean-Paul 113, 137
Scheffler, Johannes 53-64, 65, 173
Schiller, Friedrich 96, 176, 190
Schlaffer, Heinz 238 f.
Schleiermacher, Friedrich 105
Schnädelbach, Herbert 248
Schneider, Reinhold 154
Schnitzler, Arthur 86
Schopenhauer, Arthur 73, 86, 111, 177, 202, 215, 217
Schubert, Franz 93
Seneca 13, 97
Shakespeare, William 13,k 92
Smith, Adam 216
Sokrates 44
Spee, Friedrich von 53–64
Stein, Gertrude 109
Storm, Theodor 119

Tersteegen, Gerhard 203 f.
Thomas von Aquin 122

Ulenberg, Caspar 57

Valéry, Paul 101 f.
Varro, Marcus T. 116
Volpi, Franco 240
Voltaire 131, 208

Wackenroder, Wilhelm Heinrich 95, 212
Wagner, Richard 32, 252
Weber, Max 47
Wenders, Wim 21
Wenzel, Uwe Justus 240
Wieland, Christoph Martin 211, 242
Wilde, Oscar 112
Willemer, Marianne von 54